国家出版基金项目
NATIONAL PUBLICATION FOUNDATION

青少年讲武堂

总

副总主编　王道伟　郭松岩
　　　　　于玲玲　路志强

战争战役回眸

追寻战争历史的闪亮足迹

主　编　张　伟　刘建吉
副主编　刘小锋　叶　波　张应二

文心出版社
·郑州·

图书在版编目（CIP）数据

战争战役回眸 ：追寻战争历史的闪亮足迹 ／ 张伟，刘建吉主编 ． — 郑州 ： 文心出版社，2016．12
（2019．5 重印）
（青少年讲武堂 ／ 崔常发，马保民，荆博，曾祥旭总主编）
ISBN 978 － 7 － 5510 － 1280 － 5

Ⅰ．①战… Ⅱ．①张… ②刘… Ⅲ．①战争史 － 世界 ②战役 － 军事史 － 世界 Ⅳ．①E19

中国版本图书馆 CIP 数据核字（2016）第 176765 号

出版社：文心出版社
（地址：郑州市郑东新区祥盛街 27 号　　　邮政编码：450016）
发行单位：河南省新华书店
承印单位：三河市金轩印务有限公司
开本：710 毫米×1010 毫米　　1／16
印张：13
字数：286 千字
版次：2016 年 12 月第 1 版　　印次：2019 年 5 月第 4 次印刷

书号：ISBN 978 － 7 － 5510 － 1280 － 5　　　定价：33．00 元

200 多年前,全世界公认的军事理论权威——若米尼在他的著作中深刻地指出: 一个国家即便拥有极好的军事组织,倘若不培养人民的爱国热忱和尚武精神,那么这个国家还是不会强盛的。人类 5000 年血与火的历史表明,若米尼的这番话可谓至理名言。

中华民族是一个既崇尚与热爱和平又富有爱国传统与尚武精神的民族,自古就有"国家兴亡,匹夫有责""位卑未敢忘忧国"之说,"投笔从戎""马革裹尸"等英雄壮歌更是响彻神州大地。

新中国成立之后,党和国家领导人一直高度重视全民国防教育,尤其重视对青少年进行国防教育。毛泽东同志亲自批准在高等院校学生中开展军事训练,为部队培养预备役军官。邓小平同志多次强调,国防教育要从娃娃抓起,要加强对公民特别是青少年的国防教育。江泽民、胡锦涛同志对青少年的国防教育工作作过一系列重要指示,要求国防教育应当成为对公民进行以爱国主义为主要内容的全社会性的教育活动。习近平同志强调指出,要加强国防教育,增强全民国防观念,使关心国防、热爱国防、建设国防、保卫国防成为全社会的思想共识和自觉行动。

全民国防教育是一项极其重要的战略工程,能够激发人们对国家安全的责任感和使命感,激励人们的爱国之心和报国之志,强化人们的忧患意识和国防观念,增强实现中华民族伟大复兴的凝聚力和向心力。而青少年是国家民族的未来,青少年时期是人们世界观、人生观、价值观形成的关键阶段,对青少年进行国防教育是全民国防教育的基础,是一项利在当代、功在千秋的工作。

为适应国内外发展变化了的新形势和国防教育的新要求,我们组织和邀请了中国人民解放军军事科学院、国防大学、空军指挥学院、南京政治学院、海军大连舰艇学院、总参工程兵学院等单位的一些专家、学者、博士、硕士,针对青少年学习军事知识的需求和特点,在注重科学性与通俗性、知识性与可读性、学术性与趣味性有机统一的基础上,编纂了《青少年讲武堂》这套丛书。

该套丛书共分 22 册,分别为《经典兵书导读 走出战争迷宫的理性指南》《著名将帅传略 展现军事翘楚的戎马生涯》《战争战役回眸 追寻战争历史的闪亮足迹》《指挥艺术品鉴 开启军事创新的思维天窗》《军事谋略精要 掀开以一敌万的神秘面纱》《军事科技纵横 领略军事变革的先锋潮流》《武器装备大观 把握军事世界的核心元素》《军事后勤评说 探究战争胜败的强力后盾》《国防建设考量 通晓国强家稳的安全屏障》《军事演习巡礼 体验军力提升的重要环节》《兵要地志寻踪 走近军事活动的天然平台》《军事制度一瞥 透视强军之基的内在支撑》《军事约章评介 揭示军势嬗变的影响因素》《军事文化解读 领悟文韬武略的历史积淀》《军事檄文赏析 解读壮气励士的激扬文字》《军事心理探幽 透析军人情志的心路历程》《军队管理漫话 掌握军事行为的调控方略》《军事情报管窥 练就审敌虚实的玄妙功夫》《军事危机处置 感悟化危为机的高超艺术》《军事代号揭秘 知谙诡秘数码的背后深意》《作战方式扫描 解析军事对抗的表现形态》《世界军力速写 通览当今世界的武装力量》。

本丛书在编纂过程中,参考借鉴了一些相关著作和资料,在此对相关人士一并表示衷心的感谢。同时,也真诚地期望广大读者朋友对丛书提出宝贵的意见,以使其更加完善,更好地服务于青少年国防教育,更好地服务于加快推进国防和军队现代化进程,更好地服务于全面建成小康社会。

丛书全体编者
2015 年 5 月

目 录

1

第二章　中国近代战争战役

第三章　中国现代战争战役

第六章　世界现代战争战役

第一章　中国古代战争战役

武王伐纣定西周：牧野之战

　　商朝末年，政治腐败，统治集团内部矛盾加剧，广大人民生活在水深火热之中。纣王听信费仲、恶来等人的谗言，对箕子、微子、比干等贤能之人一概不用，使许多朝臣纷纷投奔周。纣王纵情娱乐，有"沙丘鹿台""酒池肉林"的生活写照。纣王对百姓横征暴敛，实行严刑酷法，国内民不堪命。因此，商纣王的暴行，不但激起朝中许多大臣的反对，而且引起了平民和奴隶普遍的愤恨。此时，西方周族已崛起，周文王姬昌曾被纣王封为西伯，但他有推翻殷商入主中原的企图。为了避免引起纣王疑虑，他一面装出贪图享乐的样子，一面利用纣王给予的"得专征伐"的大权，争取盟国，剪除殷商的羽翼，以至"三分天下有其二"。纣王一直认为王位天命，对西方周的崛起并不放在心上。当周文王灭黎时，大臣祖伊曾提醒过纣王，但纣王不以为然地说："不是有天命吗？西伯能把我怎么样？"

　　文王死后，周武王姬发即位。他以太公望为师，周公旦为辅，继续进行灭殷商的战争准备。武王为了观察各路诸侯在文王死后的政治态度，检查灭殷商的准备情况，便载文王木主（灵位）兴师东进，前往孟津。大约有八百诸侯国君在孟津会师，准备讨伐纣王。周武王通过这次会师，得知大多数诸侯归附于他，但他认为伐纣时机尚未成熟，便以各诸侯"未知天命"为托词，下令回师。此后，武王一面继续整军备战，一面加紧了谋略进攻。

　　孟津观兵后的两年内，纣王淫纵暴虐，杀死了忠心耿耿的比干，囚禁了箕子，微子也在殷商待不下去，出了朝歌，投奔于周。周武王又了解到殷商朝歌内的军事防御极为薄弱，殷商的主力军远在东南地区讨伐东夷，一时也抽调不回来。武王抓住时机，呼吁诸侯会师孟津，组织联军讨伐纣王。武王亲率兵车 300 乘，虎贲 3000 人、甲士 45000 人以及西部各部族兵,出潼关沿黄河到达孟津。各地诸侯也纷纷率师来会。周武王不失时机地作了动员,发布了誓师令,历数商纣王"自绝于天"的种种罪行,并说要执行上天的旨意惩罚商纣王,勉励将士要一鼓作气杀向暴君老巢。武王还向老百姓们宣告,此次起兵是因为"殷有重罪,不可不伐",而不是与老百姓为敌。深受纣王压迫的百姓们听到后,自然都拥护武王。各诸侯联军同仇敌忾,到达商郊牧野后又举行了阵前的誓师大会,史称"牧誓",流传至今。武王在誓词中揭露商纣听信妇人之言,抛弃祖宗和国家,离异父母兄弟,任用奸佞,虐待百姓。他认为对这样的人要天下共诛之。同时,他还宣布了作战纪律:听从指挥,步调一致,勇猛杀敌,但对于逃跑的纣军不要追杀。这样的战前鼓动使诸侯联军士气高昂,严阵以待。

商纣王听说周武王率大军前来进攻朝歌,匆忙中集结了 17 万大军仓促应战。周武王分析了阵前形势,敌众我寡,根据双方兵力配置,采取灵活机动的作战方法,首先命令勇敢善战的姜子牙率领小股兵力攻破敌阵,乱了敌人阵脚,震慑了敌军,然后亲自率领劲旅攻击纣王的主力军。别看纣王的军队有十几万,但这支军队是仓促集结起来的奴隶大军,士兵们对商纣王的残暴统治不满,因而无心恋战,士气低落,团结不固,一遭突击,即告崩溃。许多士兵纷纷在战场上倒戈,投降武王,助武王伐纣。很快,纣王的部队便土崩瓦解了。商纣王见大势已去,便逃回鹿台,自焚而死。周武王乘胜追击,直捣朝歌,扫清残敌。商朝灭亡,周王朝建立,都城设在镐京(今西安)。

周武王之所以能够在战争中打败商纣王,一方面是周几代人努力奋斗的结果,但更重要的是周武王赢得了民心,而商纣王失去了民心。这正应了后人常说的一个道理:顺民意、得民心者得天下,逆民心者失天下。

牧野之战是我国古代以少胜多的著名战例,它终止了殷商王朝 600 年的统治,确立了周王朝对中原地区的统治秩序,为西周礼乐文明的全面兴盛开辟了道路,对后世历史的发展产生了深远的影响。其体现的谋略和作战艺术,也对古代军事思想的发展具有不可低估的意义,是我国历史上的一次正义之战。

曹刿智胜垂青史:长勺之战

长勺之战是春秋战国时期齐鲁之间的一场战争。齐桓公即位前,鲁国曾经想推公子纠为齐君,但齐公子小白抢先即位,这就是后来的齐桓公。对于鲁国的做法,齐桓公一直怀恨在心,努力寻求时机对鲁国进行报复。周庄王十三年,即位不久的齐桓公就迫不及待,不顾主政大夫管仲内修政治、外结与国、待机而动的正确意见,发兵伐鲁,打算一举征服鲁国,对其进行报复。面对齐国的进攻,鲁庄公决心迎战,深具谋略的鲁国人曹刿也自告奋勇,请求随庄公出战。于是鲁就以曹刿为将,与齐战于长勺(今山东曲阜北)。在曹刿的谋划运筹下，鲁国大败齐军，取得了长勺之战的胜利。

当时，就力量对比而言，齐军占据明显的优势，加之齐桓公骄傲自大，不可一世，齐军的士气很高，颇有一种志在必得的架势；而鲁军相对处于弱势，如果主动出击，胜算不是太大。在这种敌强我弱的情况下，鲁国要想最终成为赢家，必须透彻把握战场的情况，对战争进行正确的策略谋划，制定出合理的战略方针原则，才能达到以弱胜强，最终赢得战争的战略目的。所以，

曹刿与鲁庄公谈论作战

对于鲁军来说，正确认识敌强我弱的客观形势，采取后发制人、敌疲再打的防御方针是赢得战争的必然选择。而对于齐军来说，他们则认为自己力量强大，肯定能取得胜利，于是他们采取先发制人的战略，希望速战速决，尽快打败鲁军，结束战斗。这种迅速求胜的战略方针和齐桓公高傲自大的心理使得齐军滋生了骄傲情绪，为鲁军的后发制人提供了可乘之机。两军列阵完毕后，鲁庄公想要先发制人，被曹刿制止。曹刿认为，敌强我弱，如果主动出击，必然会遭到失败，在战争初期，鲁国只能按兵不动，采取防御态势，而后在战争发展过程中寻求时机，适时反击，才能有机会获胜。鲁庄公采纳了曹刿的这一正确主张，先按兵不动。齐军见鲁军不动，就主动发起了进攻。在声声战鼓中，齐军对鲁军发动了一次又一次进攻，但都没有奏效。在一而再，再而三的冲击之后，齐军不但没有达成战斗的目的，反而使自己成了疲惫之师，大大挫伤了部队的锐气。此时的齐军斗志大减，士气低落，已是名副其实的疲惫之师，再无进攻的勇气了。与此相反，此时的鲁军却是阵势稳固，斗志高昂。曹刿见战场形势已经呈现出了"彼疲我盈"的有利变化，于是就建议鲁庄公实施战略反击。鲁军将士一鼓作气，击溃了齐军，使得齐军战败而逃。见此情景，鲁庄公大为惊喜，随即下令鲁军一鼓作气，对齐军进行追击，以图全歼敌军，扩大胜利的战果。这时，考虑问题比较细致的曹刿见鲁庄公急于追击，就连忙加以阻止。他对鲁庄公说，不必这么着急，以防敌军佯装败逃，沿途设伏。如果真是这样，我们进行追击势必会进入敌人的伏击圈，造成不堪设想的后果。随后，曹刿先下车察看一下齐军的车辙痕迹，又登车仔细眺望了齐军的旌旗，发现车辙痕迹混乱，旌旗也乱作一团，这才判明齐军确实是

败逃,并不是佯败。在这种情况下,曹刿才命令鲁军乘胜追击,一举将齐军驱逐出鲁国国境,最终取得了长勺之战的胜利。综观齐鲁长勺之战的全过程,我们不难看出,曹刿对鲁国的胜利起到了重要的作用,正是他这种非同一般的战略眼光,才左右了战局的发展,使主动权牢牢地掌握在了鲁国的手里。当然,鲁国能战胜齐国,就齐本身来说,也有不少反面的教训值得认真思考。一是齐桓公过于着急。作为新即位的国君,应该很好地发展自己,积累实力,正如他的主政大夫管仲所建议的那样,要内修政治、外结与国,自己确实强大了,战争的胜利才有可靠的后盾;二是过于骄傲自负,听不进不同意见,盲目出击,有勇无谋,最终失败。

齐鲁长勺之战虽然是一次诸侯之间规模不大的战争,但它却在政略、战略和策略上体现了古代一些可贵的军事辩证法思想,给人们以有益的启迪。这次战争充分说明,即使是在冷兵器的古代,最后胜利也总是属于正义之师。曹刿论战所叙述的原则和长勺战例,成为中国后世"后发制人"防御战略思想的宝贵借鉴。

孙膑计赚傲庞涓:马陵之战

战国时期,诸侯争霸,战旗飘摇,各诸侯国为了扩大自己的势力范围而进行了数不清的战争。孙膑和庞涓就生活在这样一个战乱的年代。虽然二人都是鬼谷子的学生,但他们的品性却相差甚远。庞涓高傲骄横,心胸狭窄,一心想成就大业。还在跟从鬼谷子学艺期间,庞涓就时常为自己设想下山后的锦绣前程,希望能找一个大国一展自己的智慧和才能。但孙膑却相反。孙膑是吴国大将孙武的后代,他细致缜密,心地善良,从不把个人的功名看得太重。他和庞涓一同跟从鬼谷子学习兵法谋略,并结成兄弟,感情还算不错。二人出师以后,与孙膑相比,庞涓总是稍逊一筹,"自以为能不及孙膑",因此他非常妒忌孙膑的才能,便想方设法迫害他。他把孙膑骗到魏国借机加害,施以膑刑。后来孙膑在齐国使者的帮助下逃到齐国,被任为军师。当时齐国和魏国是战国时期两个强大的诸侯国,从地理位置上讲,一东一西,为扩张领土称霸中原,两国之间进行了多次战争,马陵之战是其中最为有名的一次,也是孙膑施展其高超战争谋略的代表作。

公元前342年,魏惠王实施了制伏韩国和赵国并挟韩赵与齐国争雄的方针,派大将庞涓率魏、赵军队向韩国发动进攻。弱小的韩国抵抗不住便向齐国求救。齐威王召集大臣们征求意见,有的主张不救,有的主张早救。孙膑认为,齐国应当因势利导,首先向韩表示必定出兵相救,促使韩竭力抗魏,但又必须等到韩国处于危亡关头再行发兵。这样一来,韩国必然感激齐国,齐国又可以在魏军受到严重消耗时和魏军作战。齐威王非常赏识孙膑这一可"深结韩之亲"、又可"晚承魏之弊"的"受重利而得尊名"的两全其美之策。最后，齐威王采纳了孙膑"深结韩之亲，而晚承魏之弊"的建议，对韩国的使者表示了救援的意思，但不同意太早出兵进行救援。等到韩国五战五败，都城郑告急时，齐国认为救韩伐魏时机成熟。公元前341年，齐威王任命田忌为将，孙膑为军师，起兵救韩。

齐国救韩的目的非常明确，一是解韩国之围，使庞涓控制韩国的计划破产；二是乘庞涓疲敝之际，重创其主力。作为军师，孙膑可以说是知己知彼。和庞涓相识这么多年以来，孙膑深知他的这位昔日同门师弟才高气傲的禀性，利用庞涓的这一弱点，设计将其制伏对于孙膑来说不是什么难事。根据庞涓一向骄傲轻敌的特点，孙膑与田忌制定了因势利导、示弱骄敌、诱敌入伏的作战方针。为执行这一计谋，齐军先头部队直指魏都大梁，迫使庞涓回撤，解除了其对韩都郑的包围。目的达到以后，接着便实施了诱敌深入的措施。齐军在进入魏国后不久，便掉头向齐国南部撤退。而齐国南部是其防御薄弱环节，这让庞涓感到有机可乘，从而做出了追击齐军的错误决策；同时，孙膑又实施"减灶示弱"的谋略，命令齐军在入魏第一天设置可供10万人用的军灶，第二天撤军途中设置供5万人用的灶，第三天又设置减至3万人用的灶，造成齐军溃退、士卒大量逃亡的假象，以向庞涓显示齐军"畏怯"至极，以刺激他的"悍勇轻齐"之气。

当魏惠王听说齐军向东撤退以后，认为这是与齐军主力决战的良机，于是派太子申、庞涓为将，率领10万大军向东追击齐军，想一举歼灭齐军主力，从而牵制齐国的西向争霸行动。而齐国按照预定计划，与魏军刚一接触，便立即后退，让魏军追了三天。庞涓在途中得到齐军减灶的情报之后，果然以为齐军逃亡严重，便骄傲地说："我一向知道齐军怯懦，不敢战斗。我们追了三天，他们逃跑的士兵已经超过半数了。"庞涓欲借此机会消灭孙膑，便丢下步兵，只率领部分轻装的精锐骑兵，日夜兼程，逐步进入齐军的包围圈。

孙膑根据庞涓的行动，在其必经之地马陵山设下埋伏。马陵山道路狭窄，地势险要。孙膑判断庞涓将在日落后进入马陵地区，便派人把一棵树的皮剥去后，上写"庞涓死于此树之下"。命弓箭能手埋伏于路两旁，并规定"夜里看到火光一闪，立刻放箭"。果然，庞涓在预定的时间进入了齐军的埋伏阵地。庞涓见剥去皮的树干上有字，但看不清楚，就叫人点起火把看树上的字。字还没有读完，齐军万箭齐发，魏军来不及防备，顿时溃败。庞涓智穷力竭，自知败局已定，在用兵打仗上比不上孙膑，便愤愧自刭而死。齐军乘胜追击，大败魏军，并俘虏了魏太子申。

魏国在马陵之战中遭到重创，之后，元气大伤，国势一蹶不振。而齐国从此声威大振，在中原一时没有敌手，成为东方的强国。孙膑也因马陵之役名声更加显赫，他所著的《孙膑兵法》流传于后世，成为我国军事史上最重要的兵法著作之一。

纸上谈兵的哀歌：长平之战

战国时期,齐、楚、燕、韩、赵、魏、秦七个诸侯国之间斗智斗勇,合纵连横,互相削弱。在斗争中,秦国逐渐强大起来,对外实行了兼并战争。长平之战就是秦国兼并其他诸侯国过程中与赵国进行的一次著名的战役。

当时,每个诸侯国都有许多谋士,为统治者出谋划策,提供战争指导。秦昭王时代,有个叫范雎的谋士,向秦昭王提出了一套系统的"远交近攻"的战略思想,得到了秦昭王的赞赏,很快付诸实施。在周赧王五十三年时,秦军攻占了韩国的野王,从而完全断绝了上党与韩国本土的联系。韩桓惠王非常震惊害怕,想把上党献给秦王以求得安宁。谁知把守上党的郡守意欲抗秦,并不从命,而是想借助赵国的力量来对付秦国。郡守冯亭私下里把上党献给了赵国,赵国便派老将廉颇率领大军驻守在上党郡的长平。

赵国不费一兵一卒得到上党郡,这对于秦国来说,无异于虎口夺食。秦国在恼怒之下,决定派兵进攻上党,与赵军决战。由于秦军远离国土作战,便采取了速战速决的策略,很快攻取了上党的部分城池。在秦强赵弱的情况下,久经沙场的廉颇决定采取坚守不战的战略,修筑城垒,坚壁不出,以逸待劳,使秦军在旷日持久的对抗中不能实现速战速决的企图。这一策略果然非常奏效,秦赵两国的部队在长平一带相持不决。

秦国一看硬取不行,又另生一计。由秦相范雎出面,利用赵国内部的矛盾,实施了离间之计。当时无论秦国军队如何挑衅叫阵,廉颇就是不出战。赵孝成王却认为廉颇是因为惧怕秦军,便对廉颇表示不满。范雎乘机派人携带金银财宝到赵都邯郸贿赂赵国的权臣,到处说:"秦国最怕名将赵奢的儿子赵括了,秦国并不怕廉颇,因为廉颇快要投降秦国了。"

这使得本来就对廉颇不满的赵王更加相信廉颇有降秦之心,便迅速从前线召回廉颇,派赵括为主将领兵与秦军作战。这个决定,立即遭到赵相蔺相如与赵括母亲的大力反对。他们认为赵括只会纸上谈兵,让他带兵打仗,必然会误大事。但是赵孝成王根本不听,仍不改初衷派赵括代替廉颇为将,以实现他速战速决、夺回上党的意图。这样一来,就中了秦国的离间之计,入了秦国所设的圈套。

赵括是赵国名将赵奢之子,从小就学习兵法,讲起领兵打仗的事来总是头头是道,大家都认为将门出虎子,赵括定是一个将才。但知子莫若父,赵奢曾说过:"战争是很残酷的事啊,赵括只会夸夸其谈罢了。赵王不用赵括为将便好,一旦用他做将军,肯定会使赵军大败。"结果不幸被言中了。赵括自命不凡,自认为熟悉兵法,满腹经纶,任主将后,并不分析战场上的情况,而是一到长平就更换部队将领,改变制度和用兵策略,弄得赵军人心涣散,斗志消沉。赵括毫不变通,对兵法死搬硬套,向秦军发动进攻时,企图通过一战而胜,夺回失地。

当秦昭王得知赵括为主将以后,非常高兴,及时调整军事部署,增派军队,暗中任命能征善战的大将白起为上将军,派往长平。白起到任后,针对赵括没有作战经验又求胜心切的弱点,对部队做了严密的部署,采取后退诱敌、分割包围、聚而歼之的方针。知己知彼,方能百战不殆,对秦军动态一无所知的赵括,统率赵军主力向秦军大举进攻。两军刚一交战,秦军假装败退,赵括不管作战的虚实,领兵追击,结果遭到了秦军主力部队的抵抗。与此同时,秦军从两翼包抄,加上秦军5000骑兵封锁了赵军粮道,赵军被迫转攻为守,等待援兵。

在秦军主力的围攻下,赵军断粮46天,军心动摇,内部常有自相杀食的事情发生。面对异常危急的情况,赵括早就没有了主张,索性孤注一掷,率领精锐部队强行突围,结果在乱军中被秦军射中身亡。赵国40万大军缴械投降,却被白起集体活埋。只会纸上谈兵的赵括,在战场上吃了败仗丢了身家性命不说,还送掉了40万士卒的性命,真是误己又误国啊!

陈胜揭竿反暴秦:秦末农民起义

秦始皇灭六国,建立了大一统的封建王朝,功不可没,但他对国家的治理则是"鞭笞天下",皇帝具有至高无上的权力。对内实行无穷的徭役、沉重的赋税和残酷的刑罚,广大的劳动人民生活在水深火热中;对外则是穷兵黩武,连年征战,边地民不聊生。秦始皇在位末年,最高统治集团内部争权夺利,人人自危。秦始皇死后,其子胡亥即位,称为秦二世。秦二世更是昏庸残暴,骄奢淫逸,听信谗言,屠杀宗室大臣,加上奸臣赵高专权,党同伐异,社会矛盾激化,秦王朝的统治摇摇欲坠,农民起义一触即发。

陈胜、吴广二人出身贫苦,但志向远大。他们关心和团结群众,深切同情贫苦农民。秦二世元年(公元前209年)七月,秦王朝从汝阴(今安徽阜阳)、蕲县(今安徽宿县东南)一带征发900多贫民去戍守渔阳。陈胜、吴广也被征入,而且是其中的小头目。当他们走到蕲县大泽乡的时候,正好遇到连阴雨的天气,道路泥泞不能前进,无法如期赶到渔阳。按照大秦的刑律,误期则罪当斩,这900多人都面临着被杀头的危险。怎么办呢?在这进亦死、退亦死的关键时刻,陈胜、吴广开始谋划起义之事。他们认为,与其白白送死,还不如去拼死干一番事业。但只有他们两个不行,为了得到更多人的拥护,他们采取了两种策略。一是打着公子扶苏、楚将项燕的旗号"伐无道,诛暴秦"。他们利用人们对公子扶苏、楚将项燕的怀念,鼓动说,秦二世是秦始皇的小儿子,不应该立他为帝,应该立的是公子扶苏;而楚将项燕战功赫赫,爱护士卒,但不知其所终。果然,大家纷纷响应。这样一来,最大限度地孤立了秦二世、赵高等少数统治者。二是进一步制造舆论,做好思想发动工作。他们利用人们的迷信思想,采取"鱼腹藏书""篝火狐鸣"的办法,提高陈胜的威望和号召力。他们把"陈胜王"三个字写在帛上放入鱼腹。士卒们烹鱼时发现帛与字,惊奇之下,便互相传播开来;吴广又在驻地附近的荒庙中点燃了一堆篝火,学着狐狸的声音叫:"大楚兴,陈胜王。"这两件事发生之后,大家认为陈胜非同凡人,都开始拥戴他。这样一来,就更有利于发动以农民为主体的最广泛的反秦斗争。

一切准备就绪之后,陈胜、吴广便寻找机会发动起义。终于,机会来了。有一天,统率这900多人的两个秦尉喝醉了酒,吴广便故意说大家要逃跑了的言论,激怒了秦尉,要鞭打吴广,吴广不服,秦尉又要斩杀吴广,吴广乘机夺剑杀了秦尉。在陈胜的帮助下,吴广又杀了另一个秦尉。然后,陈胜、吴广召集大家,共商起义反秦大事,并激励众人说:"壮士不死即已,死即举大名耳,王侯将相宁有种乎!"陈胜、吴广一呼百应。以陈胜为将军、吴广为都尉的起义队伍揭竿而起,设坛盟誓,号称"张楚",举起了反对秦王朝的革命旗帜。

陈胜建立政权以后,为了进一步扩大起义军的力量,给秦王朝以更沉重的打击,决定主力向西奔咸阳,并分兵攻取郡县。起义军在荥阳受阻,屡攻不下。后因起义军内部出现分裂,起义军周文部在进攻咸阳时全军溃败,使得久攻荥阳不下的吴广部起义军处于腹背受敌的困境。吴广被部下所杀,秦军章邯率兵歼灭了起义军主力后,直扑陈胜所在的陈邑。陈胜在四方无援的危急情况下,亲自出城督战。部将张贺战死后,陈胜仓皇离阵,在退却途中被车夫杀害,张楚政权遂告灭亡。

陈胜、吴广起义是中国历史上第一次大规模的农民起义。起义军提出了"伐无道,诛暴秦"的口号,建立了中国历史上第一个农民革命政权"张楚"政权,陈胜为王。起义最终因起义军内部不断分裂和秦军的打击不到一年而败亡,但因此而在全国燃起的反秦烈火愈演愈烈,不久就推翻了秦王朝的统治。

刘项争霸演传奇:楚汉战争

在灭秦的战争中,项羽因为建立了特殊的战功而取得了对各路起义军的指挥权,"鸿门宴"之后又取得了对刘邦军队的支配权。权力的大增使其更加骄傲狂妄,不可一世。入关中后,他杀秦王子婴,火烧阿房宫,还把建议他定都关中的韩生给烹杀了。他自称霸王,定都彭城,而后在全国范围内分封诸侯王。

在分封过程中,由于刘邦先入关中,加上当初有一个"先入定关中者王之"的约定,使项羽感到刘邦对他称霸天下形成威胁,范增也认为刘邦有争夺天下的图谋,必须谨慎处理刘邦和关中问题。项羽和谋士们经过一番策划以后,认为巴蜀之地道路险要,出入困难,秦朝许多有罪的人都给发配到蜀地去了,正好可以利用这个地方来困住刘邦。项羽便对刘邦说:"巴蜀之地也属于关中,我把这两个郡封给你吧。"刘邦的谋士张良看穿了项羽的企图,便一再求情,希望连汉中郡也一块儿分给刘邦。加上项羽的叔叔项伯与张良关系很好,项伯又帮助张良在一边说合,项羽便答应把这三个郡给刘邦,并封他为汉王。另外,把关中地区划为三个诸侯国,分别分给了三个秦王朝的降将章邯、司马欣和董翳,让他们监视刘邦,限制刘邦向北上和东下方向发展。

刘邦对未能获得具有战略意义的关中封地感到不满,想不计后果地同项羽决一死战,他的部下将领、谋士等加以劝阻。萧何分析了进入巴蜀的利弊,认为目前刘邦力量薄弱,只有暂且容忍,利用在汉中的机会休养生息,培养实力,而后还定三秦,再图天下大业。为了进一步保存自己,麻痹项羽,楚汉元年(公元前206年)四月,刘邦率众进军汉中。途中,刘邦采纳张良的建议,烧绝了所过的栈道,而栈道是通往汉中的重要的陆上交通线,把栈道烧掉,就等于向项羽表示自己没有北上争夺关中和东进谋取天下的意图。果然,项羽被刘邦布置的假象迷惑了头脑,看到刘邦前往汉中,并烧掉栈道,以为天下从此太平无事,便放心地引兵东归,到彭城去做他的西楚霸王了。

刘邦一到汉中,便积极加强战争准备,收取巴蜀的租税,任命韩信为大将,等待机会北上、东进。项羽分封诸侯以后,一些不满的人开始起兵反楚。刘邦抓住这一有利时机,采纳了韩信的建议,下定"决策东向,争权天下"的决心,及时地做出了北上还定三秦和东向争夺天下的战略决策。趁三秦王(章邯、司马欣和董翳)立足未稳,汉军将士又急盼东归,刘邦于楚汉元年(公元前206年)八月潜兵北进。

为了进一步掩人耳目,刘邦一面伪装派人修筑新的进入汉中的栈道,一面派先锋樊哙率领大军绕开了原来已经被烧绝的栈道,从陈仓故道兼程急进,翻越秦岭,出大散关,涉过渭水,趁关中守军不备,潜出故道,奇袭陈仓。雍王章邯未料到汉军会突然北上,守军仓促应战,被打得晕头转向,溃不成军。章邯弃城而走,退至渭水北岸地区,想在此与司马欣、董翳之军会合,共同抗击汉军。首战告捷以后,韩信果断地分兵进攻,连续突击,三秦军连续受挫。汉军进入咸阳后,分兵攻取陇西、北地、上郡,迫使司马欣、董翳投降。刘邦乘胜扩大战果,在很短的时间内就基本上平定了关中地区。刘邦大军迅速东出武关,向彭城方向挺进。

此时的霸王项羽正在攻齐,听说刘邦已吞并关中地区,一时间拿不定主意是继续攻齐还是回师击汉。在韩国任相的张良写信对项羽说："刘邦只不过是想得到他本来应该被封的关中之地,如果你答应把关中之地给他,他就不会再往东用兵攻楚了。"项羽轻信了张良之言,决定继续攻齐,遭到齐国人民的强烈反抗,陷入对齐战争的泥潭中,无法迅速结束战争。刘邦则乘机攻占了彭城,还定三秦的战争取得了胜利。

这场战争从公元前206年至公元前202年,历时3年多,战地之辽阔,规模之巨大,用兵韬略之丰富,前所未有,在中国古代战争史上占有重要地位。"明修栈道,暗度陈仓"是其著名一例。刘邦还定三秦之战,韩信指挥汉军由南郑向关中进军的战略,为明修栈道,迂回故道,暗度陈仓,奇袭关中,获得了声东击西的成功,不仅在当时作战中起了重大作用,还成为后人效法的军事指挥艺术。

霸王别姬断人肠：垓下之战

秦灭亡之后,刘邦和项羽又开始了旷日持久的楚汉相争。战争之初,刘邦在彭城之战中让项羽打得落荒而逃,但他并不因此而服输。逃亡过程中,他听从了谋士张良的建议,决定以关中为根本,争取楚将英布、彭越反楚,重用韩信,萧何在后方进行物资和兵员的补充。这一招果然奏效,军队逐渐恢复元气,军威重振,在成皋地区与项羽部队形成相持之势。

在相持的过程中,项羽连续进行了三次正面进攻,但由于项羽的有勇无谋,楚军没有两翼配合和后方的可靠保障,加上兵力分散、两线作战,在正面战场上楚军的实力大为削弱。项羽虽然打了很多胜仗,但最后一无所获。而刘邦则充分运用谋略与智慧,使楚内部力量分散,建立了正面、北方、南方和敌后等多个战场,但其军事力量依然薄弱。项、刘经过大小100多次战争后,双方都打得精疲力竭,谁也消灭不了谁。项羽被迫与刘邦议和,划鸿沟为界,并引兵东去。

项羽东去以后,刘邦也想西归。就在此时,谋士张良、陈平向刘邦献策："如今大王已有天下的大半,诸侯纷纷归附,楚军则是兵疲食尽,濒临灭亡,如不乘此良机彻底消灭他们,岂不是养虎遗患?"刘邦听后恍然大悟,便没有践楚河汉界之约西归,而是怀着一统天下的决心,采纳了张良与陈平的建议,决定不给楚军喘息的机会,乘机东进追击,并派人通知韩信、彭越南下,合力歼灭项羽。

公元前202年,刘邦在张良的积极协助下,调动了各路战场上的反楚力量,率领各路大军共40万人,对如何彻底消灭项羽做了全面周密的战略部署:刘邦亲自率领大军由西向东追击,韩信则率兵由东而西,南北两面又有反楚的将军彭越和英布。这样的部署,对项羽形成合围之势,项羽插翅也难飞了。当刘邦率兵追到阳夏时便停止前进。项羽也得知刘邦背约追击,便率10万大军在此地停留,准备与汉军进行决战。刘邦所等待的韩信、彭越之军未按期到达,项羽下令反击,将汉军打得落花流水,被迫退守。张良分析,韩信与彭越之所以不出兵,原因在于二人还未取得自己的封地。于是建议刘邦先分封二人,使其各自为战,合击项羽。刘邦采纳了张良的建议,派使者去分封韩信与彭越。韩信、彭越果然表示马上出兵相援。

刘邦得到韩信、彭越出兵的许诺后,决定再次出击。此时,韩信亲自率数万精兵南下,向彭城进击。攻下彭城后,直逼项羽后背,与刘邦夹击楚军。项羽败退,韩信与刘邦会师。二人会师后,穷追项羽不舍。途中,英布、刘贾、彭越所率之军在歼灭大量楚军后,也赶来会师,这使得刘邦手下的军队达到30万人。刘邦将军队统统交给韩信指挥,继续追击项羽。

在汉军四面云集的形势下,项羽逐渐向东退到垓下,但很快汉军跟踪追到。由于项羽没有一个稳固的后方根据地,结果后方几乎全被刘邦的军队占领了。此时的项羽是前无路可走,后又有追兵逼迫,自己纵有10万大军相随,也很难冲出这包围圈了,一向狂妄自负的楚霸王,仍然不甘心就此把江山拱手送与刘邦,下定决心在垓下列阵同刘邦决一雌雄。

首先进攻项羽的是韩信所率领的30万大军。由于项羽的主力部队战斗力强,韩信首战并未告捷。后来孔将军和费将军从两翼协助攻击,韩信回兵反击,终于使项羽兵力遭到了重大损失,项羽率残余部队退守在垓下的营中,被30万汉军重重围困,兵少食尽,景况凄惨。韩信为使楚军彻底崩溃,便采用了攻心战术。

项羽和虞姬

到了夜里,他让汉军将士故意唱起了楚地的歌。项羽惊闻四面楚歌,还以为汉军已全部占领了楚地,感到大势已去,悲从中来。项羽在帐中对一直跟随他的虞姬唱道:"力拔山兮气盖世,时不利兮骓不逝。骓不逝兮可奈何,虞兮虞兮奈若何!"他让虞姬逃走,但虞姬作歌和曰:"汉兵已略地,四面楚歌声。大王意气尽,贱妾何聊生!"歌罢拔剑自刎,倒在项羽怀中。项羽泪流满面,众将士也都为之哭泣。项羽无力再战,抛下近10万楚军将士,仅率领800名亲兵,骑上骓马,在天亮时分突围,向东南方向逃走。

在突围过程中，800名亲兵拼死征杀，退至东城时，只剩下26人了。项羽自知难以逃脱，便对其随从说："我起兵以来至今已有八载，经历七十余战，所当者破，所击者服，从未败北，才霸有天下。今天困于此，这是天要亡我，而非我作战的过失。今天我决心死于此，但临死也愿为你们斩将举旗，让你们知道是天要亡我，不是我作战的过失。"此时的项羽仍不认输，又斩两员汉将，然后继续南逃。等来到长江的渡口乌江时，乌江亭长用船迎接项羽，劝他回江东重整旗鼓。项羽却说："当初随我渡江的江东子弟有8000多人，今天没有一人生还。纵然江东父老拥我为王，我又有什么面目去见他们呢？纵然是他们不说，我自己也是问心有愧啊！"便谢绝了乌江亭长的好意，下马步行，手持短剑与汉军搏斗。然而，终究是势单力薄，寡不敌众，身负重伤，为了不被汉军提去受辱，便自杀身亡。楚汉相争，至此结束。

项羽死后，刘邦做了大汉的皇帝，统一了天下。自古以来，胜者为王败者寇，但这段战争故事却让后人感到悲壮、惋惜，项羽在人们的心目中依然是一个英雄人物。唐朝大诗人杜牧曾作《题乌江亭》，为项羽做了一番美好的设想："胜败兵家事不期，包羞忍耻是男儿。江东子弟多才俊，卷土重来未可知。"南宋的女词人李清照对项羽更是推崇："生当作人杰，死亦为鬼雄。至今思项羽，不肯过江东。"这也许是对楚霸王项羽最好的评价吧！

以弱胜强成经典：官渡之战

建安三年（198年），曹操消灭了吕布，统一了河南；次年春天，袁绍消灭公孙瓒，统一了河北，从而形成袁、曹两大军事集团。二人都是雄心勃勃，想统一整个北方。但从当时袁曹双方的实力对比来看，袁绍仍处于明显的优势地位。从地理位置上讲，曹操虽然掌握了全国政治中心的中原地区，然而少险固可守，又易造成四面受敌之势；袁绍所据的幽、冀、青、并四州，均是多险之地，易守难攻。从经济力量上讲，袁绍也具有较优越的条件，幽、冀两州战乱少，是重要的产粮区；而曹操占据的兖、豫地区，常年战乱，农业遭到极大破坏。从军事力量上讲，曹操的兵力远远少于袁绍，但他机变多端，用兵如神，作战指导方面又非袁绍所能企及。在当时的环境下，也只有通过战争来决一雌雄了。两大集团都做好了战争的准备，但由于双方实力对比中袁绍居绝对优势，所以袁绍始终是采取战略攻势的一方，曹操是采取战略守势的一方。

袁绍在击灭公孙瓒后，自恃兵多粮足，企图对曹操作战，直捣许昌。他的谋士沮授认为，由于对公孙瓒连续作战三年多，袁军相当疲劳，府库也已空虚，因而不宜再进行大规模的战争，而应当首先发展农业生产，以稳定后方，然后再作南下的打算。但这个合理化的建议并没有被野心勃勃、骄傲自大的袁绍接受。在郭图等人怂恿之下，袁绍点选精兵 10 万，战马万匹，准备进攻许昌。

曹操得知袁绍要来进攻的消息，立即与谋士郭嘉等人分析双方的态势。郭嘉认为曹操必胜，而袁绍必败。其理由有五：第一，袁绍出兵汉都许昌，是一种叛逆的行动，不得人心；曹操则以天子之命作为号召，能得到各方支持。第二，袁绍对有才能的人不去任用；而曹操却能大胆用一些有才能的人。第三，袁绍优柔寡断，而曹操一旦方略确定则坚决实施。第四，袁绍是非不分，赏罚不明；曹操则明断是非，赏罚分明。第五，袁绍不懂兵法，而曹操熟悉兵法，很会用兵。根据郭嘉的分析，曹操决定对袁绍采取积极防御的战略方针。

建安五年（200 年），袁绍打着声讨曹操"专制朝政"的旗号，率领 10 万大军进入黄河北岸的重镇黎阳，官渡大战开始。第一阶段是白马延津初战，曹军获胜。灭曹心切的袁绍企图渡河寻求曹军主力部队进行决战，便命令手下大将颜良为先锋渡河，攻夺白马。袁绍的谋士沮授劝阻说，颜良有勇无谋，不可独自担此重任。但刚愎自用的袁绍哪里听得进去，执意不改初衷。而曹操志在求得初战必胜，深知兵不厌诈之理，采纳谋士荀攸分散袁兵之计，通过示假成功之后，马上兼程奔袭白马，出其不意。当颜良发觉自己离曹军只有十多里时，大吃一惊，仓促之中应战，却被策马赶来的关羽一刀斩于马下，袁军溃败。曹操并不追击，而是沿河西撤，以逸待劳。果然，袁绍不听沮授所言，率大军过河，在延津又被曹军所破，主将文丑被斩杀。两次战斗下来，袁绍的两员大将被斩，曹军初战得胜，士气大振，退至官渡进行防御，战争转入了第二阶段。

第二阶段是对峙相持时期。面对袁军的大军压境，曹军试战失利，困难重重，只好在城中坚守，使袁军受阻于官渡水前，无法前进。谋士许攸建议袁绍进攻曹操所必趋的许都，但骄横傲慢的袁绍依仗着自己兵多将广、粮草充足，盲目自信地说："我就是要通过围攻打败曹操。"两军在官渡一带展开了激烈的攻防作战，打得非常艰苦，双方施展出了各种战法。袁绍依托沙堆立营，东西达数十里。袁军又在曹营外面堆土成山，从上面向曹营中射箭如雨，使得曹军用盾牌挡住身体才能在营中行走。袁绍认为官渡必破，还发给每个士兵一条三尺长的绳子，准备擒缚曹军时用。曹操则在营中发明了发石车，可发射飞石，击毁袁军所设的高橹。两军相持三个月之后，仍未决出胜负。

不久，曹军便内无粮草，外无援兵，加上某些将领又与袁绍暗通消息，曹操几乎不能坚持下去，有了退守许都的想法，便召集谋士们商议。但他的谋士认为，此时的袁绍也是兵势衰竭，虚实暴露，此时谁先退却，谁就会陷入被动之中，从而有被吞并的危险。用兵要重奇，此乃反攻之良机。一语惊醒了梦中人，胸怀大志的曹操要统一北方,必须打败袁绍这一强劲的对手。曹操决定不退却,而是寻找战机进行反攻。这时,曹军俘虏了一名袁军的"仓储吏",得知袁军有运粮车队即将到来。曹操便立刻命徐晃、史涣前往故市截击袁绍的运粮车队,烧毁了数千辆粮车。曹军士气大振,曹操和他的谋士们认为进行反攻的时机到来。

第三阶段是曹军举行反攻。曹操有一故交名叫许攸,在袁绍帐下供职,由于不能取信于袁绍,一怒之下投奔了曹操。曹操深知此人关系到他在此役中的成败,听说许攸来投他,高兴得来不及穿鞋,光着脚出来迎接。通过许攸,曹操得知袁绍屯粮草于乌巢,并派了个不负责任的酒鬼淳于琼在那儿把守。许攸献计:曹军冒充袁军火烧乌巢粮草,袁军必定大乱。曹操果断地采取了这一计策,并亲自率5000精锐士卒,冒充袁军,夜间从小道前往乌巢偷袭。路上遇到袁绍的军队,被询问到何处去。曹军就说袁绍因怕曹操从背后来包抄,所以调他们去加强守备。骗过袁军盘查,到达目的地,便立刻包围淳于琼大营,放火烧其粮草。袁军从梦中惊醒,慌作一团,不知如何是好。曹操集中兵力,大破淳于琼,烧毁了乌巢的全部粮草。

袁绍驻地离乌巢只有40里,夜见乌巢方向火起,还不知是怎么回事。但他也听不进张郃出兵救乌巢的建议,反而认为:"就是曹操攻破了淳于琼,我要是攻下他的官渡大营,他也就没有归路了。"因此,袁绍派张郃、高览率精兵进攻官渡曹营,只派了部分兵力去救乌巢。就在张郃等围攻曹营时,曹操已自乌巢还师。张郃欲退兵避开曹军夹攻,却被督军郭图谣言惑众,一怒之下降了曹操。曹操立即命令发起全面反攻,消息传到袁绍大营后,袁绍大惊,只率领800骑兵渡过黄河,仓皇往北逃窜了。

官渡之战是曹操统一北方之战中最重要的一战。在这次战争中,曹操以绝对劣势的兵力灭袁绍而大获全胜,官渡之战也成为中国历史上著名的以弱胜强的战例。官渡之战以后,袁绍集团分崩离析,曹操借机壮大了自己的势力,在北方没有任何人能够与他相匹敌了。

孙刘抗曹转局势:赤壁之战

官渡之战后,"挟天子以令诸侯"的曹操又经过多年的征战,基本上统一了北方。曹操雄才大略,"志在千里",虽然到了暮年,仍然是"壮心不已",并开始为统一全国做进一步的准备。曹操认为,当世只有刘备与孙权可与之争雄,但二人军事实力都弱于曹操。因此,曹操信心十足,写信给江东的孙权时,还不忘骄傲地显示实力借以恐吓孙权,要在孙权的家门口一较高低:"孤近承帝命,奉词伐罪。旌麾南指,刘琼束手……今统雄兵百万,上将千员,欲与将军会猎于江夏……"

孙权当时正拥兵柴桑观望形势,一看荆州的刘琮投降了曹操,便派鲁肃去见刘备,表达孙刘结盟共举大事之意。诸葛亮便随鲁肃来到柴桑,舌战群儒,孙刘联合取得进展。孙刘谈判中,曹操的信到了,阅信之后,东吴上下不安,许多大臣害怕实力强大的曹操,主张投降,孙权也没有战胜曹军的把握和良策,决心难下。诸葛亮利用孙权顾虑的心理和好胜的性格,用激将法对孙权说:"如果你愿意以江东的人力、物力与曹操抗衡,那就早日同曹操绝交,以争夺天下;如果你认为自己没有这个力量,那就按兵卸甲,趁早降附曹操。如今你既想向曹操屈服,内心又犹豫不决,不想放弃独立,但形势已到了紧急关头,仍未做出决断,恐怕没几天,大祸就要临头了。我主刘备乃汉室后裔,是决不降曹的。你东吴是战是降,应早做决定才是。"诸葛亮的激将之法果然奏效,孙权听后大怒:"我不能拿着整个江东的土地和 10 万大军去受曹操的摆布,我的主意已经拿定了。"不甘心投降的孙权,急忙召回周瑜共商国是。周瑜是坚决的抗曹派,并向孙权分析了曹操用兵江南的诸多不利因素。在诸葛亮、周瑜的启发下,孙权下定决心联刘抗曹。

建安十三年冬季,曹操亲自统率大军自江陵顺流东下,与孙刘联军在赤壁相遇,初战即失败,只好退守到江北的乌林,对面赤壁段有孙刘联军驻守,两军隔岸对峙。曹操与诸葛亮、周瑜都是熟知兵法之人,为了探听双方虚实,做到战争中的知己知彼,两军斗智斗勇。经过周瑜、诸葛亮的分析,此时作战,对孙刘联军有利。正如周瑜、诸葛亮事先所分析,由于水土不服,驻守在乌林的曹操大军多生疾病;加上曹军为北方人,不习水战,又是远道而来,还没有进行休养生息;为了使北方兵士克服风浪颠簸、晕船呕吐现象,曹操下令将战船首尾相连,这样一来,颠簸问题是解决了,但一旦火起,如何逃生?针对曹军的弱点,孙刘联军利用这有利时机发起了乌林火攻战。谁来点燃这第一把火呢?为了取得曹操的信任,智勇双全的东吴老将黄盖与周瑜定下苦肉计,黄盖在致曹操的书信中诈称要降曹。曹操在反复细审了黄盖的降书后,认为是真,便放心地在约定之日等待黄盖带兵来降。

在约定好的时间,黄盖在天不亮的时分调集十艘好船只,装满了干柴干草,灌上鱼油,用帷幕遮盖住,船上插着旌旗。又准备了几艘轻快小船,系在大船的后面。这时东南风刮得很紧,船到江心时,黄盖便举起火把为号,命令士兵齐声大喊:"黄盖来降!"这时,曹军将士纷纷出来观望。当船只接近曹军水寨时,黄盖命令各船同时点火,人员撤到小船上。顿时,火借风势,风助火威,来船如箭,直扑北船,泛起满天浓烟,大火直窜到岸上的营寨。刘备、周瑜一看火起,立即率精锐部队猛杀过来,在乌林与曹军展开了主力决战。曹军人马烧死溺死无数。周瑜以水军挡截企图逃走的曹军战船,然后溯江西上,继续追击曹操,一直追到江陵城下。曹操率主力部队从华容道逃奔到江陵。在逃跑过程中,曹军发生粮荒,兵士挨饿,加上疾病流行,死亡大半,这使得曹操部队损失惨重,再无力组织进攻,便决定结束灭吴的作战,令部下固守江汉平原,自己率部退回北方。

经过赤壁大战,孙权占有了荆州在长江以北的地区,并逐渐向南发展,江东政权更加巩固;刘备则凭着孙刘联盟,占领了荆州在长江以南的地区,并以此为根据地,取了西川;曹操的失败导致他失去了统一全国的大好时机。从此以后,三国鼎立的局面逐渐形成。

刘备遗恨白帝城:夷陵之战

夷陵之战也称彝陵之战,又称猇亭之战,是三国时期吴国和蜀汉为争夺战略要地荆州八郡而进行的一场战争,也是中国古代战争史上一次著名的积极防御的成功战例,是三国"三大战役"的最后一场。夷陵之战大败与刘备的战术错误有很大关系,更是他人生最大的战略错误。他"以怒兴师",恃强冒进,犯了兵家之大忌。在吴军的顽强抵御面前,又不知道及时改变作战部署,而采取了错误的无重点处处结营的办法,终于陷入被动,导致悲惨的失败,自食"覆军杀将"的恶果,令人不胜感慨。夷陵之战打破了孙刘两家联合抗曹的可能,给日后吴蜀两国的先后覆灭埋下了伏笔。

夷陵之战是三国时期吴国与蜀国之间进行的战争。在这场战争中,吴国以劣势兵力战胜了蜀国的优势兵力,使得刘皇叔没能回到西川便遗恨白帝城。曾在赤壁之战大败曹操的孙刘联军为何又反目成仇了呢?这还得从战略要地荆州说起。

在荆州问题上,吴、蜀两国一直存在着争执。吴国认为,当初刘备只是"借荆州",荆州应为吴地,刘备取了西川之后理应还给东吴,但刘备不但不还,还派了大将关羽镇守荆州。东吴为夺取荆州,做出了许多努力,孙刘矛盾增加。东吴偷袭江陵,关羽大意失荆州,导致孙刘联盟破裂。关羽和刘备乃桃园结义的生死之交,关羽被东吴所杀,刘备痛不欲生,决定要为关羽报仇。将军赵云劝道:"篡夺国家政权的是曹操父子,而不是孙权。如果出兵先灭掉曹魏,孙权自然会立即投降,所以不应把大敌曹魏置于一边,而先与孙权作战。"丞相诸葛亮也劝刘备不要进攻孙权。但刘备置主要敌人魏国于不顾,也不听众人劝谏,命诸葛亮留在成都辅佐太子刘禅守国,

刘 备

命赵云留在江州,亲自率 4 万大军兴师攻吴,在三峡的夷陵地区摆下了战场。

刘备率大军进攻三峡,吴都督陆逊认为此时的蜀军锐气正盛,而三峡陆路崎岖难行,水路亦是惊险无比,这对东吴的防御和粮草供应极为不利,便决定实行退却,把三峡让给刘备,率大军退到夷陵地区后,转入防御。因此,蜀军进至夷陵,无法再向前进,在夹江两岸驻兵。由于东吴陆逊坚壁不战,双方转入相持阶段。

刘备报仇心切,丝毫不顾现实情况的变化,急于寻找战机,想方设法向吴军挑战。但任凭蜀军如何挑战,陆逊就是不发一兵一卒前去应战。经过一段时期的相持以后,蜀军的主动优势地位下降,驻扎在山林地的士兵无法展开兵力,后方运输线拉长。而对于新取荆州的东吴来说,则逐步变被动为主动,取得优势。这不能不归功于东吴年轻的后起之秀大都督陆逊。他命令吴军坚持与蜀军相持,不得擅自出战。某些跟随孙策起兵的江东老将,本来就不服气陆逊,见陆逊如此用兵,纷纷表示不满。但陆逊从大局出发,宽容忍让,维护了内部的安定团结。然后他又上书孙权说:夷陵这个要害之处,乃是我们东吴立国的关键,一旦失守,就不仅是损失这一个郡,而是整个荆州都难以保住。我们今日与蜀军在此争夺,一定要一劳永逸。我曾担心刘备水陆大军同时来,那样就得分兵抵抗。现在他不要水军,单靠陆路,又在 700 里内处处结营,兵力分散,而且这布置看来不会再有什么变化。所以,请主公放心,不用再为此事而挂念。陆逊又在坚守夷陵的策略上取得了孙权的支持。于是吴军仍然坚守不战,使蜀军欲进不得。双方相持于高山大川之间。

再说刘备,他完全违背了用兵的常规,进军三峡以后,不采取水陆并进,反而舍船就步,处处结营,结果蜀军进兵夷陵以后,从正月到六月,一直被阻于山林之中。盛夏时节,天气酷热,蜀军疲劳至极,士气不再高昂,也没有谁愿意再采取新的行动与策略。大都督陆逊一看此乃攻城略地之良机,便下定决心进行反攻。却没有想到自己内部集团又出现了矛盾,东吴的许多将军们认为攻击时机已经迟了,当初不打,现在让刘备都深入五六百里了,要害之处也给守得牢不可破,要大破刘备,谈何容易!陆逊则不这么认为,他说,刘备这个人滑头得很,他在开始进攻我们时,考虑周到,用心专一,进攻他我们会吃亏的;现在则不一样了,双方相持那么长时间,他也没占到我们什么便宜,士兵们也疲惫不堪了,此时进攻刘备,正是良机。

陆逊根据蜀军营寨相连的特点来部署反攻策略。他命令兵士拿一把茅草,火攻蜀寨,待火烧连营时,便进行全军反攻。东吴大将朱然作为先锋进攻蜀军大营,陆逊、韩当合兵截断刘备退路。在连攻蜀军 40 多座营寨以后,刘备一路败退。在马鞍山上,面对陆逊的四面围攻,蜀军很快土崩瓦解,战死几万人,尸骸塞江而下。刘备趁着天黑夜暗突围而逃,此时的他又是惭愧又是愤恨。惭愧的是,堂堂的久经沙场的刘皇叔竟然被东吴一介书生陆逊挫败;愤恨的是,作为蜀汉的国君的他竟然吃了败仗逃走,实在是耻辱啊!有何面目再去见西川父老呢?刘备率兵沿水路退至秭归时,收集散兵,改从陆路。没想到后面有东吴李异等追兵,前面有孙桓的阻击。仓皇之下,刘备弃马而走,翻山越岭才幸免于难。在几乎陷入绝望之际,老将赵云率兵到达了白帝,刘备方才脱险。进入白帝城中,刘备把白帝改名为永安。

东吴一方取胜后,许多大将请求孙权批准进入蜀境追击刘备,陆逊则认为不可。他说,此时魏文帝曹丕正大规模地集结部队,朝东吴而来,说是帮我们讨伐刘备,实际上是用心叵测,必须马上撤兵。孙权便命令追击刘备的李异等部退兵,夷陵之战宣告结束。

退守白帝城的刘备愤恨交加,一病不起,自知再难回到西川之地,便召诸葛亮来到白帝,让他辅佐太子刘禅成就蜀汉天下。托孤事毕,刘备便含恨而去。夷陵之战使蜀国元气大伤,国力衰退,成了三国中实力最弱的国家。

七擒七放巧攻心:诸葛亮战南中

在有关诸葛亮的故事中,进军南中七擒孟获是诸葛亮运用攻心战术最有名的代表作。那么,诸葛亮是怎样通过七擒孟获来征服南中的呢?

南中,在古代称为西南夷,是少数民族的聚居地。南中是蜀国的一个地区,具有重要的战略地位。首先,战略物资比较丰富,盛产牛马;其次,这个地方的少数民族勇武善战,是蜀国重要的兵源供应地之一;再次,它又是通往南亚和中亚的陆上交通要道。作为蜀国的大后方,南中是蜀国进行北伐魏国时不可缺少的物资和兵源供应地。鉴于此,诸葛亮非常注意发展与南中地区的沟通与联系,在蜀汉成立之后,施行了许多安抚政策,南中地区得到进一步的发展。

刘备死后,南中局势不稳。孟获是南中地区少数民族的领袖,他趁机造反想另立天下。诸葛亮认为,要北伐必须先南征,这样就可以为北伐解除后顾之忧。为了巩固南中这个大后方,诸葛亮采纳了马谡攻心为上的建议,分兵三路对孟获进行讨伐,一举便将孟获活捉。孟获不服气,对诸葛亮说:"我是中了你们的埋伏才被捉住的,如果是硬拼硬打的话,你们哪里是我的对手?"诸葛亮微微一笑:"好吧,我放你回去,我们可以重新较量一次。"

诸葛亮放走了孟获以后,众蜀将都闹不明白为什么要放走孟获,这不等于放虎归山吗?诸葛亮说:"我们这次对南中的征讨,并非是为争地夺城而来,而是为了使南中各民族的老百姓都甘心服从我们,以后不再叛乱。用兵之道,攻心为上,攻城为下。"众将顿时明白了诸葛亮对孟获擒而又放的用意。

孟获离开蜀营后,收拾残兵败将渡过了泸水,将所有的船只都靠南岸,又命令大小酋长率人马修筑土城,企图凭借泸水天险和土城死守。诸葛亮却派大将马岱从泸水下游水浅处渡水,夜半时分奇袭孟获,再次活捉了孟获。孟获依然不服气,诸葛亮便再次将他释放。就这样一连六次活捉孟获,六次释放孟获。孟获屡战屡败,仍不甘心,又请来了三万藤甲军的外援。这些藤甲军们刀枪不入,蜀兵连吃几个败仗。后来诸葛亮发现了藤甲军怕火的致命弱点,设计将藤甲军引入了一个狭长的山谷中,截断其归路,在山谷中放起火来,藤甲军全军覆没,孟获再一次被活捉。

诸葛亮马上下令:再放回孟获,让他去整顿兵马,然后再决胜负。在诸葛亮的强大攻势之下,孟获满面惭愧,终于心服口服:"七擒七纵,自古以来未曾有过。我虽然不是读书之人,也知道做人的道理啊!我怎么能这样不知羞愧呢?"说完,脱去一只衣袖跪下,向诸葛亮请罪:"丞相天威,我们不再反叛,真心臣服。"诸葛亮摆下宴席,宴请孟获及各路酋长,南中少数民族的首领仍然让孟获来担任。

从此以后,孟获对蜀汉忠心耿耿,南中地区局势稳定,成为诸葛亮北伐魏国时可靠的后方。

鞠躬尽瘁后人仰:诸葛亮五次北伐

诸葛亮是三国时期最著名的军事谋略家之一,他鞠躬尽瘁辅佐刘备,实现了他三分天下的愿望。在刘备托孤之后,为了蜀汉大业,诸葛亮更是不辞劳苦,事必躬亲。但是,三分天下并不是他最终的目的,兴复汉室、统一中国才是他最高的理想。因此,诸葛亮在辅政时期,先后进行了历时七年之久的五次北伐。虽然诸葛亮苦心筹谋,但终因国力不济,粮运艰难,攻强敌于易守之地等原因"师劳功微",最终没有达到目的。

诸葛亮南征以后,北伐魏国提上了日程。诸葛亮深感当初刘备的知遇之恩,加上刘备白帝城临终之时托孤之事,蜀汉也只有诸葛亮有治国治军的才能,北伐的重任自然落到了诸葛亮的肩上。因此,刘备死后,诸葛亮在数年内从政治、外交、经济、军事上全面进行北伐的准备。政治上辅佐后主刘禅负起了全部军政重任,并采取各种措施稳定蜀汉政权;外交上在夷陵之战后立即派使者赴吴,主动与孙权释怨修好,改变蜀汉衰弱孤立的不利处境;经济上休养生息,发展农业生产;军事上训练精兵,扩充力量。诸葛亮本着他在隆中所制定的"西和诸戎,南抚夷越,外结孙权,内修政理"的战略方针,励精图治,巩固了后方,增强了实力,伐魏准备工作进展得比较顺利。

公元226年曹丕死后,孙权乘机攻打魏国,在东部牵制了魏军十多万兵力。诸葛亮认为北伐魏国的时机终于到来。战前,诸葛亮向后主刘禅上《出师表》辞行,提出了"今南方已定,兵甲已足,当奖率三军,北定中原"的决心。后主刘禅立即命诸葛亮率军北上汉中,屯兵于沔水以北的阳平关和白马山,准备攻魏。

公元 228 年,诸葛亮率军首次攻打魏国,并指出陇右是其必争之地,而祁山位于陇南山地的天水郡,是北伐途中的战略要点。北伐伊始,诸葛亮大军迅速攻占祁山、西县,形成了以众击寡的有利态势。但在防守由关入陇的要地街亭时,诸葛亮在关键作战中用将不当,提拔了他一向赏识的马谡来守街亭。在战争中马谡违背常规,失掉街亭,诸葛亮失去了在陇右以强胜弱的战机,不得不退兵整顿。诸葛亮引咎自责,自贬三等。蜀军休整了几个月后,诸葛亮得知魏军攻吴失败,趁关中虚弱之际,马上率军数万人,走故道,出散关,围攻陈仓,开始了第二次北伐。但由于此次北伐是仓促出兵,粮食不足,打的又是魏国有防备的坚城,结果昼夜攻战 20 多天,蜀军粮尽。诸葛亮无功而还。第三次北伐是诸葛亮派陈式率军攻占具有战略意义的扶风、天水两郡。此次进攻比较顺利,魏将郭淮自料不敌,赶紧三十六计走为上,引兵退去。此后,诸葛亮部署了汉中防御体系。

一年以后,诸葛亮再出祁山以图夺取陇右,第四次北伐开始。这时候魏军统帅是足智多谋的司马懿,他决心集中兵力,坚壁不战,迫使蜀军粮尽退兵,并作了具体部署。诸葛亮兵至祁山后,发现魏军早有准备,为了避免断粮的危险,便率军抢收陇上的麦子。司马懿兵至祁山后,蜀军并不出战。疑惑之下,听说有一支蜀军往陇上而去,方恍然大悟。但技逊一筹,迟了一步,失去了陇上的新麦。司马懿心中不甘,引兵偷袭诸葛亮,却被早有防备的诸葛亮杀得大败。在接连受挫以后,司马懿采取据险而守,绝不出战的方针。诸葛亮求战不得,眼看抢来的麦子也快吃完了,只好下令退兵。

在第四次北伐以后,诸葛亮接受了以往因缺粮而导致退兵的教训,三年之内在汉中平原地区休整军队,倡导农业,并发明了木牛流马来运送粮食,为再次兵出祁山做更加充分的准备。在经过三年的准备之后,诸葛亮集中在汉中的十万大军再次北伐。这次北伐,诸葛亮驻军五丈原,以便占据渭水两岸,切断关、陇要道,创造有利态势,然后寻找机会歼灭司马懿的部队。诸葛亮做好了长久之计,在渭水边上进行军屯。而魏大将军司马懿坚决执行以逸待劳的方针,坚壁不战。两军相持百余天以后,诸葛亮屡次派使者送挑战书,百般诱司马懿出战,又向司马懿赠送妇女服饰,嘲笑他胆小非丈夫,借以羞辱司马懿,但司马懿依然不战。

在两军相持过程中,诸葛亮早起晚睡,事务繁重,积劳成疾,病情逐渐加重,但北伐成功的希望依然渺茫。最后,诸葛亮带着无限的遗憾病逝于五丈原军中。一代军事谋略家诸葛亮给后人留下了许多运筹帷幄的谋略故事,也留下了无尽的遗憾,正如杜甫诗中所写:"出师未捷身先死,长使英雄泪满襟。"

五次北伐是诸葛亮贯彻落实"隆中对"策,北定中原,兴复汉室,以成霸业的正确军事举措和重要战略方针。诸葛亮虽苦心筹谋,但最终因国力不济等原因,以致师劳而功微。

风声鹤唳成笑柄:淝水之战

两晋南北朝时期,天下四分五裂,朝代更替频繁,割据势力之间、南北之间战事频发,淝水之战就是发生在这一乱世的战争。这场发生在东晋与前秦之间的战斗,至今给我们留下了许多话题,成语"草木皆兵"和"风声鹤唳"就源于这次战争,这次战争

晋军大破秦军

还创造了古代战争史上又一次以少胜多的奇迹。那么,淝水之战中东晋以少胜多的关键究竟是什么呢?就让我们一起走进这段战史去探寻吧。

公元 370 年,北方的前秦灭掉了前燕与前凉之后,势力进一步扩大,还出兵攻占了东晋的襄阳等地。前秦皇帝苻坚被眼前的胜利冲昏了头脑,自恃"资仗如山""甲兵已足",认为统一天下的时机已经到来,便于公元 383 年调动各地人马 90 万,水陆并进,浩浩荡荡地向南方的东晋杀来。

得到前秦大军杀来的消息,东晋统治者慌了。大敌当前,丞相谢安临危受命,被封为征讨大都督,总领前线抗秦军事,率领 8 万人马前去拒敌。谢安胸有成竹,运筹帷幄,他命谢玄为前锋都督,谢石为代理大都督,指挥全军作战。

苻坚依靠其绝对优势的兵力一举攻克了寿阳,随后派东晋降将朱序到晋营劝降,声称"强弱异势,不如速降"。朱序是 4 年以前与前秦作战兵败后被迫投降的,如今回到晋营中,不但不劝降,反而将前秦的军事部署完完全全地告诉了晋军,并献上破敌之计:"如果百万秦军全部到达,晋军将很难抵挡。应乘现在其诸军尚未集中,迅速发起攻击,只要挫其前锋,秦军就不难对付了。"谢石、谢玄当机立断,调整作战方针,抓住敌人破绽,派精兵夜袭洛涧,出其不意,攻敌不备,歼敌 15000 人,缴获了大量军资器械。东晋部队首战告捷,士气大振。谢石、谢玄率军水陆并进,直逼淝水东岸,与前秦军队对峙。

符坚驻守在寿阳城内,听说晋军与自己的部队隔岸相对,便登上寿阳城头观看军情。他看见晋军队伍严整,将士士气高昂;再看看附近的八公山上草木摇动,以为皆是晋军,回头对他的弟弟大将军符融说:"这也是劲敌啊,怎么能说他们不堪一击呢?"言辞之中流露出畏惧之情。

此时谢玄等率领精兵数万在淝水岸边严阵以待,秦军也在淝水的对岸列阵,两军夹淝水布阵,大战一触即发。符坚人马众多,后勤补给有困难,一心想速战速决;东晋部队也想乘胜击败符坚。谢玄决定利用符坚求胜心切的心理,用计使前秦的军队后退,而后寻找战机进行突然袭击,一举击溃符坚。于是谢玄派人对符融说:"我们这样相持下去怎么能决一胜负呢?希望你们稍稍后退,让出一块儿地方,让我军渡过淝水展开决战,如何?"秦军诸将认为这是晋军的计谋,劝符坚不要上当。符坚和符融却不愿前秦的数十万大军处于被动地位,决定同意退一步使晋军过河,以便将计就计,那就是等晋军上岸立足未稳之机,以骑兵冲杀过去,全歼晋军。

随后,符坚下令他的部队稍向后退,让晋军过河。但秦军不退则已,一退则阵势大乱,士兵们跑的跑,奔的奔,人人唯恐落后。在阵后的朱序一看前秦军队阵势混乱,便乘机指挥自己的部队齐声呐喊:"秦军败了!秦军败了!"后面的大部秦军哪知虚实,信以为真,四散奔逃。整个前秦部队失去控制,结果假后退变成了真溃败,成千上万的士兵如潮水般向后涌去。符融一看情况不妙,连杀数名后退的士兵,企图制止军队后退,没想到不但没有遏住后退的大军,反而连人带马被后退的人马撞倒,被晋军杀死于乱军之中。这些逃跑的秦军自相践踏,死者蔽野塞川。那些逃出战场的士兵更是惊慌失措,闻听风声鹤唳,还以为晋军追过来了,更是昼夜不敢歇息,饥饿困冻之下,死者十之七八,前秦的 90 万大军灰飞烟灭。乱军阵中符坚中了一箭,单骑逃回了淮北。

晋军在淝水之战中大获全胜后,进克寿阳等地,国运也便转危为安。而前秦从此一蹶不振,没过多久就灭亡了。

反隋开创唐盛世:隋末农民战争

隋炀帝杨广即位后,统治残暴,骄奢荒淫,一味"负其富强之资,思逞无厌之欲",成为中国历史上最为著名的残暴帝王之一。为了满足个人的欲望,他连年大兴土木,徭役繁重。他开挖大运河,多次下扬州,所到之处前呼后拥,大肆搜刮民脂民膏;他不断对外用兵,兵役不断,弄得国内田地荒芜,民不聊生,危机四伏;特别是三次出征高丽给人民带来了深重的灾难。隋王朝对兵役和徭役的狂派滥征终于点燃了隋末农民起义的烈火。

隋大业七年(611年),当隋炀帝第一次做东征高丽的准备时,山东一带黄河水泛滥,百姓颠沛流离。邹平人王薄,领导农民首先发难,占领长白山。同年,漳南人窦建德和孙安祖、平原人刘霸道、鄃县人张金称、信都人高士达等,亦聚众反隋。隋炀帝一面派兵残酷镇压农民起义军,一面又第二次东征高丽。这样,因逃避兵役而起义的农民日渐增多。隋大业九年(613年),济阴人孟海公、齐郡人孟让、北海人郭方预、厌次人格谦、渤海人孙宣雅、平原人郝孝德,又相继而起,各部起义军少则数万人,多则10余万人,无不攻州夺县。这时,隋炀帝仍一心征讨高丽,将山东一带的农民起义军视如草芥,全不在意。同年六月,礼部尚书杨玄感也在黎阳反隋,农民起义则突破山东地区,开始在黄河南北以及江南、岭南、淮南、吴中各地蓬勃发展起来。余杭人刘元进、梁郡人韩相国、吴郡人朱燮、扶风郡人向海明、临济人辅公祏、下邳人苗海潮、东海人彭孝才等,各自聚众向隋军进攻。农民起义在斗争中,逐渐会合为三支规模宏大的武装力量,这就是翟让领导的河南瓦岗军,窦建德领导的河北起义军和杜伏威、辅公祏领导的江淮起义军。

翟让领导的瓦岗军,是隋末农民起义军中力量最强的一支。翟让于隋大业七年(611年)在瓦岗寨(今河南省滑县南)起义后,队伍发展很快。大业十二年(616年)十月,翟让击灭隋将张须陀于荥阳。隋炀帝命裴仁基为河南讨捕大使,镇守虎牢,防卫东都洛阳。次年二月,李密向翟让建议:"今东都空虚,越王杨侗难以控制局面,士民离心,可以攻取。"翟让遂派部将裴叔方去洛阳打探虚实。越王杨侗得到这个消息,一面加强守御,一面遣使向正巡幸江都的隋炀帝报告。李密劝翟让先发制人,立即攻夺位于洛阳以东的巩县的兴洛仓,然后在此赈济穷民,传檄四方。翟让采纳了此策。这年三月,李密率精兵7000出阳城,北逾方山,夜袭兴洛仓,一举将其占领。越王杨侗派虎贲郎将刘长恭率步骑2.5万前去讨伐,请河南讨捕大使裴仁基率所部自汜水夹击李密。这时,翟让也率大军赶至兴洛仓,与李密分兵扼守石子河东岸和横岭下。刘长恭等渡汜水攻击翟让,翟让接战失利,李密率部驰援,大败隋军。此次战后,翟让自认才干在李密之下,将最高指挥权交给李密。李密遂自称魏公,建元永平。各地农民起义军闻讯,纷纷赶来归附,瓦岗军迅速扩大到40万人。李密一面派房彦藻率军向东略地,夺取安陆、汝南、淮安、沈阳等地,一面袭击东都洛阳。至隋大业十四年(618年)九月,李密在连续四次进攻东都之后,终于被隋将王世充击败,只好往关中投奔李渊。

隋大业十三年(617年)正月,窦建德在乐寿亦建立农民政权,自称长乐王,后改称夏王。当时,躲在江都的隋炀帝派右翊卫将军薛世雄率精兵3万,企图先扑灭窦建德这支反隋主力,然后南下消灭瓦岗军。窦建德在七里井重创薛世雄,给摇摇欲坠的隋王朝以沉重打击。

　　杜伏威、辅公祐领导的江淮起义军,于隋大业十三年(617年)在历阳建立了农民政权。后来,杜伏威投靠李渊,辅公祐坚决反对,与李唐政权进行了英勇的斗争,直至唐武德七年(624年)兵败被杀。

　　隋末农民起义的结果,首先是灭亡了隋王朝。大业十四年(618年)三月,已成孤家寡人的隋炀帝,在江都被右屯卫将军宇文化及缢死,隋朝宣告灭亡。隋末农民起义军虽然纷纷建立政权,但哪一个也没有存在长久,最后相继被在太原起兵的李渊父子消灭。中国历史从此进入了唐朝。

开疆拓土建帝国:大唐王朝百年战争平定边关

　　从贞观元年(627年)到贞观四年(630年),仅仅用4年的时间,大唐帝国便击灭了最强大的对手突厥汗国,比之汉武恃两朝之积蓄,积年累战方平匈奴,似乎颇令人费解。其中的奥秘在于唐朝经济上的强大、制度的优越性使得唐帝国保持活力,并使得国力蒸蒸日上;同时不断获取人民的信任,激扬尚武精神,使得整个国家与民族迅速走向强悍。

　　突厥汗国是隋朝时期兴起的少数民族政权,不断出兵侵扰北方边境,一直对中原构成威胁。隋末天下大乱之时,中原百姓为逃避战火投奔突厥的很多。突厥乘机扩展势力,日渐强盛。李渊为夺取天下,派人出使突厥,送去厚礼,换取支持。后来,突厥始毕可汗派遣2000骑随李渊平定长安。

　　大唐王朝成立之初,始毕可汗自恃功高,对待唐朝政府的态度较为蛮横,并不断地掠去数不胜数的金银财宝。唐太宗李世民即位之时,突厥虽几易可汗,但对唐朝的入侵、掠夺并没有改变。鉴于当时国家未安,百姓未富,面对突厥大军压境,唐太宗倾府库所有送给突厥可汗以言和。当突厥退兵以后,太宗任贤使能,励精图治,尚节俭,造兵器。经过两三年的厉兵秣马,国家变得富强起来,军队稳定,战斗力提高,唐太宗开始部署反击突厥的计划。

　　贞观三年(629年),颉利可汗率兵攻打河西各州。唐太宗任命李靖等五路人马共十万大军攻打突厥。李靖善用兵法,精通谋略。他于贞观四年(630年)正月,率3000精锐骑兵,出其不意由马邑(今山西朔县)进入恶阳岭。唐军的突然袭击犹如天降,颉利可汗认为李靖绝不敢孤军深入,肯定有唐朝的大批人马前来讨伐,突厥内部惊恐不安。李靖乘机率兵夜袭定襄城,颉利可汗逃走。李靖军与其他四路唐军配合,对颉利的队伍穷追猛打,一举歼灭。颉利乘千里马逃跑,被唐军俘获,押往长安。从此,东突厥灭亡,唐王朝在这一地区设置都护府,对其进行管制,唐朝的版图也随之拓展到大漠。

东突厥灭亡以后,唐朝的国势日益强大,开始着手处理西域诸国。原东突厥的余部有的投降唐朝,有的奔走到西域,归入西突厥的管辖。当时西突厥疆域广大,在西域之地称王称霸。唐太宗在位之时,西突厥就派兵入侵伊州(今新疆哈密),被唐将郭孝恪率兵打败。唐高宗永徽二年(651 年),西突厥借唐太宗驾崩之际,开始阴谋叛唐。七月,西突厥攻陷了金满城(今新疆奇台县)和蒲类县(今新疆乌鲁木齐),杀掠百姓。唐高宗立即发兵征讨,由大将军梁建方等率西部四府 3 万兵力和燕然都护府的回纥兵 5 万,大破西突厥军。永徽六年五月,高宗皇帝再次派兵讨伐西突厥。先后在榆慕谷、咽城等地大破西突厥的歌逻、处月、突骑施、处木昆等部。显庆二年(657 年),唐军在大总管苏定方的率领下,以少胜多,大败西突厥的沙钵罗军。沙钵罗与部下数人逃到石国,人困马乏,当地人诱之以酒食,被抓获送至唐军大营。唐朝经过 16 年的征战后,终于平定了西突厥,使疆域向西扩展到波斯。

唐高宗调露元年(679 年),东突厥灭亡 30 年后,阿史德温传、奉职二酋长率部造反,并立阿史那泥熟匐为可汗。其他州也纷纷起而响应,大约有几十万人。唐朝军队在裴行俭的率领下,歼灭叛军。

圣历元年(698 年)八月,突厥默啜可汗打着出兵消灭武则天、恢复唐室的旗号率 10 万大军入侵中原,直接威胁洛阳,使得满朝文武震惊。武则天派出 45 万人马共四路大军迎击突厥军。默啜可汗闻知唐朝大举出兵,马上率军返回漠北,几乎统辖了原东西突厥的全部地域,盛极一时。武则天只好一面加强防备,一面采取和亲政策,以图消除突厥之患。

唐玄宗即位后,因拒绝与突厥和亲,再次引起突厥的入侵。从开元二年(714 年)到开元二十九年(741 年),唐朝派兵经过多年的征战,突厥最终彻底败亡。

大唐王朝对东西突厥的征战,从开国之初至玄宗"开元盛世"共经历百余年,最终使延续了近 200 年的突厥汗国彻底灭亡。从此,突厥族在历史上消失了。

"安史之乱"伤元气:唐朝平定边镇叛乱之战

唐玄宗天宝末年,大唐王朝的"开元盛世"已走到了尽头。表面看来,民殷国富,繁荣昌盛,而实际上,由于唐玄宗荒淫无度、任用奸佞,已是危机四伏了。唐朝实行节度使制,边疆上九位节度使和一位经略使所掌管的兵力达到了 49 万人,可是朝廷直接指挥的中央禁军只不过 12 万人,形成了尾大不掉的局面。加上内地多年未经战事,人们的战争观念越来越淡薄,马放南山,刀枪入库,很多名城要塞设防不力,军备松弛,形同虚设。

天宝十四载(755 年)是唐朝从盛世走向衰落的转折点。身兼范阳、平卢、河东三镇节度使、手握重兵的野心家安禄山,看到了唐王朝的致命弱点,于是年十一月初以"奉密旨讨杨国忠"为名,在范阳(今北京市)起兵叛乱。范阳叛乱好似一阵强台风,将"开元盛世"的升平景象一扫而光,代之以烟尘蔽日、血光剑影、兵火连天和生灵涂炭。华清宫中的唐玄宗再也无心欣赏霓裳羽衣舞,带着杨贵妃仓皇逃往蜀中。中原地区久无战事,几代人连续生活在和平环境中。面对漫山遍野的叛军,地方官员毫无应变的准备,事到临头,或束手待毙,或弃城逃窜,或开门出迎。安禄山叛军一路势如破竹,连下河北、河南诸郡县,直逼潼关。叛军所到之处,烧杀抢掠,无恶不作,"宫室焚烧,十不存一,人烟断绝,千里萧条"。叛军的暴行引起人们的切齿痛恨。

在这危急之际,刚继位的唐肃宗任命郭子仪为朔方(今宁夏一带)节度使,率本部东讨。郭子仪迅速出兵,先后斩杀安禄山部将周万顷,击败高秀岩,收复云中、马邑等郡,大大鼓舞了唐军的士气。郭子仪见叛军虽然兵临城下,但后方空虚,决定采用"围魏救赵"之计,向朝廷上表保荐李光弼为河东节度使,挥师东进,直捣叛军老巢。郭、李两军内外夹击史思明,拔常山(今河北正定)郡,破贼于九门,南攻赵郡,擒贼4000,获兵仗数万。但叛军势大,难以速战速决,郭子仪遂领兵退驻恒阳(今河北灵寿),"贼来则守,贼去则追;昼则耀兵,夜袭其营",使敌疲劳不堪。郭子仪见攻击时机已到,马上分左右两翼向叛军冲杀,叛军弃甲抛戈,四散溃逃。仅此一役,唐军大获全胜,杀死叛军上万人,活捉5000人,缴获战马5000匹。在混战中,史思明被飞箭射中,仓皇出逃。河北一战,从根本上扭转了唐王朝的危急局面。郭子仪也因此名声大振,他统率的朔方军队成为朝廷所依靠的主力部队。

天宝十六载(757年)九月,郭子仪回师夺回潼关,唐军士气大振。正在这时,安禄山被他的儿子安庆绪杀死。郭子仪乘叛军内讧之际,率兵马15万进军长安。唐军分3路,昼夜兼程,浩浩荡荡开到了长安西番积寺附近,结阵横亘30多里。叛军10万人在北面,同唐军南北对垒。叛军守将李归仁自恃兵多将广,首先出城挑战。郭子仪扬鞭策马,挥舞战刀,率领大军猛击叛军,同时又以奇兵从敌阵之后夹攻。顷刻间,擂鼓声、喊杀声,震天动地,叛军大败,被杀6万多,仓皇逃离长安。第二天,唐军入京,百万百姓夹道欢呼,有的涕泣而言:"没想到今天还能看到官军回来。"长安收复后,唐军乘胜向洛阳进军。安庆绪得知丢失长安,大惊,急派严庆率10万大军迎战。两军在新店(今河南陕县西)相遇,叛军依山扎营,地势险峻,居高临下,这对唐军十分不利。郭子仪为了化劣势为优势,趁叛军还没有来得及休息,便选拔2000名英勇善战的骑兵向敌营冲杀,又派1000多名弓箭手埋伏山下,再命回纥军从叛军背后登山偷袭。他自己率主力军从正面追击,一切布置妥当,立即擂鼓出战。叛军前后被围,左右遭打,既进不得,又不能退,顿时溃不成军,遗尸遍地。安庆绪走投无路，只好放弃洛阳。唐军遂收复两京。

郭子仪屡破强敌，功高震主，引起朝廷的猜忌。相州失利后，郭子仪被解除兵权。叛将史思明闻报大喜，立即带领大军向洛阳进犯，再陷河、洛，逼近京辅。河中、太原等地也相继发生叛乱，节度使被杀。肃宗被迫再度起用郭子仪，封汾阳郡王，出镇绛州。郭子仪忠勇爱国，不计较个人得失，接到作战诏令，马上就要出发。这时，突然传来肃宗病危的消息。郭子仪请求说："老臣受命，将死于外，不见陛下，目不瞑矣。"肃宗把子仪召入卧室，语重心长地对子仪说："河东（今山西省）平乱的事，我都委托给你了。"子仪也呜咽流涕，到了绛州后，立即斩杀了叛乱头子王元振等数十人，河东诸镇想要叛乱的人，都害怕不敢生事了。永泰元年（765年）正月，朝廷任命雍王李适（即后来的德宗）为统兵元帅，郭子仪为副元帅，出兵讨伐史朝义。郭子仪向回纥借来10万大军，唐军和回纥军一起打进了洛阳，史朝义败逃莫州。不久，史朝义的部下见大势已去，纷纷向唐军投降，史朝义看到众叛亲离，走投无路，便自杀了。直到这时，"安史之乱"才算完全平定。

岳家军所向披靡：南宋抗金战争

北宋王朝灭亡以后，金朝统治者以武力控制了北方，与偏安一隅的南宋形成相对立的局面。金朝一直妄图吞并南宋，南宋许多将领主张抗金，收复中原失地。于是，宋金之间展开了大规模的争夺战，涌现了许多民族英雄，岳飞就是其中最著名的抗金将领。

岳飞治军严明，他的军队英勇善战，在当时军风军纪普遍败坏的情况下，他提出"冻杀不拆屋，饿杀不掳掠"的口号，深得民心，人民亲切地称岳飞的军

岳飞

队为"岳家军"。面对金兵的入侵，岳飞在他的词《满江红》中表达了收复失地的迫切心情和北伐中原、驱逐金兵的志向。他的岳家军能征善战，在收复襄阳六郡时组织得力，首战告捷，打败了驻守郢州的"万人敌"荆超。在此之后，岳家军乘胜追击，多次大败金、齐联军，按预定计划胜利收复襄阳六郡。襄汉之战以后，岳飞没有继续挥师北上，而是遵照朝廷的旨意率领主力部队回到鄂州。软弱的南宋朝廷命令岳飞出兵仅限于收复襄汉六郡，不得"称提兵北伐，或言收复汴京"。如有违背，"虽立奇功，必加尔罚"。岳飞不敢违抗朝廷的命令，便按计划撤军。

当金军攻宋之时，驻防在鄂州的岳飞得到金军南下的消息后，积极准备北上

反击金军。绍兴十年（1140年）六月，岳飞兵分三路，指挥七八万人出鄂州北上。接连取得颍昌、陈州、郑州等战役的胜利，为攻击开封扫清了障碍。宋军的胜利，迫使在汴京的金军主帅完颜宗弼改变兵力部署，集中兵力反击岳家军。七月，金军攻打驻扎在郾城的岳家军指挥部。两军在郾城北展开了激战，双方进行了殊死搏斗，鏖战几十回合，岳家军挥舞刀斧，上砍敌人，下砍马足，金兵横尸遍野。金军抵挡不住岳家军的攻势，向临颍方向败退。

完颜宗弼败于郾城后，决定集结大军转攻颍昌。金兵的这一举动完全在岳飞的预料之中，他事先已派其子岳云领兵前去增援。岳家军集结兵力3万人，采取战守结合的方针，三分之一的兵力守城，三分之二的兵力出战。两军血战几十回合，岳家军的将士们和马都被血染成了红色，仍勇战不退。这一仗杀得金军阵脚大乱，全军溃败。

岳家军在取得郾、颍之战的胜利后，继续向汴京进军。岳飞指挥各部到达距开封45里的朱仙镇，与完颜宗弼军对垒而阵。岳家军奋力出击，金军败回汴京。完颜宗弼不禁哀叹：“我自南下以来，还没有像今天这样失败过啊！”金军被岳家军打得闻风丧胆，发出了“撼山易，撼岳家军难”的慨叹，不敢再战，准备渡河北归。

此时的宋军处于非常有利的进攻时机，岳飞满怀信心地对将士们表示：“直捣黄龙府，与诸君痛饮！”并上书请求宋高宗下达“诸路之兵火急并进”的命令。但是，昏庸的宋高宗听信奸臣秦桧的谗言，对这一大好形势视而不见，却一心停战求和，急令各路大军撤军。同时，连下12道金牌，逼迫岳飞火速退兵。无奈之下，岳飞长叹：“十年之力，废于一旦！”班师回朝时，百姓“哭声震野”，收复的失地又被金军占领。

岳飞回京后，被秦桧以“莫须有”的罪名，杀害于风波亭中。此后，南宋朝廷向金称臣，百姓盼望的“王师北定中原日”也变得遥遥无期了。

席卷了亚欧大陆：蒙古大军的西征之战

蒙古大军的西征，从成吉思汗十四年（1219年）开始，到蒙哥汗九年（1259年）征服阿拉伯各国，前后持续了40年。这期间蒙古大军万里长驱，席卷亚欧大陆，铁蹄所至尽是蒙古天下。

蒙古军第一次西征是元朝开国帝王成吉思汗的西征花剌子模国的战争。当成吉思汗崛起于蒙古高原时，中亚的花剌子模国的摩诃末成为伊斯兰教世界最强大的统治者。他妄图东征中国，建立一个世界帝国，不料他的狂想还没有付诸实施，

成吉思汗

就招来了杀身之祸。成吉思汗不能容忍摩诃末的骄横，决意亲自率军西征，向花剌子模兴师问罪。

为了确保西征的胜利，成吉思汗作了西征的总动员，分析了军情形势，拟定了战略、策略。夏天刚到，成吉思汗在也儿的石河畔举行誓师大会。蒙古大军兵分四路，入秋之后便展开了全面进攻，对花剌子模形成包围之势。摩诃末在蒙古军来到之前已逃走，成吉思汗派哲别、速不台等率轻骑追袭摩诃末，摩诃末仓皇西走，逃到一个小岛上，不久病死。蒙古大军乘胜攻占了河中地区，进攻花剌子模旧都玉龙杰赤，遭到了摩诃末的儿子札兰丁的抵抗。蒙古大军一度受挫，成吉思汗亲自率军支援，札兰丁闻讯后马上弃城渡河逃入印度，其军队大部分被消灭。至此，西域各城大抵平定，成吉思汗东归回到蒙古大草原，把他所征服的土地分封给他的四个儿子，这些封地被称为四个汗国。

蒙古军的第一次西征造就了一支战无不胜、攻无不克的铁军，成吉思汗的子孙为了弘扬祖先的战威，以成吉思汗的长孙拔都为统帅发动了第二次西征战争。太宗九年(1237年)秋，拔都召开西征大会，决定进军攻打俄罗斯。蒙古大军首先攻占了里亚占公国，接着又攻占了科洛姆纳。太宗十年(1238年)春，蒙古军攻陷了莫斯科城。到十二月，蒙古大军占领了俄罗斯的全部领土。

被击败的俄罗斯王公逃入匈牙利，这又为拔都入侵匈牙利制造了借口。他留下部分兵力镇守俄，然后率12万大军向匈牙利进发，于太宗十三年(1241年)侵入欧洲腹地。拔都为了一举击溃波兰、波希米亚、日耳曼及匈牙利各国，作了周密的部署。蒙军主力兵分三路侵入匈牙利：一路大军直趋波兰，击破波兰、日耳曼、波希米亚，以阻止他们对匈牙利的援助，而后沿多瑙河与主力军进匈牙利首都布达佩斯会合；一路大军为牵制东罗马帝国可能对匈牙利的援助，先向匈牙利东南方推进，而后也奔赴布达佩斯；拔都率主力军则直接攻打布达佩斯。

西征大军一切按计划行动。攻打波兰的蒙古大军突击波兰，波兰大军溃逃。后遇到日耳曼、波兰、波希米亚三国联军的抵抗，两军在格尼志城下大战，联军全部覆没。此后，转向匈牙利与主力军会合。拔都分兵两路，进攻布达佩斯。蒙军在布达佩斯城中几乎杀死全体居民，而后焚城离去。此时，另一路蒙军也完成了对匈牙利全境的占领。次年4月，雄心勃勃的拔都准备在欧洲展开新的攻势时，太宗驾崩的消息传来，拔都下令全军东返。蒙古大军的第二次西征遂告一段落。

元宪宗蒙哥汗即位后，尊奉祖父成吉思汗的遗训，开拓疆土，扩大疆域，因此决定让其弟弟忽必烈进攻南宋、旭烈兀西征波斯。于是,蒙古开始了以旭烈兀为主帅的第三次大的西征行动。

自成吉思汗西征以来,蒙古大军相继征服了波斯的大部分地区,但在东部伊斯兰世界中,还有两个国家保持独立:一是在里海南部伊斯兰教亦思马因派建立的木剌夷国,立国于麦门底斯;另一个是建都巴格达的黑衣大食国。宪宗六年(1256年)年初,旭烈兀率军渡过阿母河,六月便进入木剌夷境。先锋部队攻下数处堡寨以后,木剌夷教主鲁克奴丁遣其弟请降,自己避而不见。十一月旭烈兀亲率大军攻克麦门底斯,鲁克奴丁投降。后来鲁克奴丁入见蒙哥汗,蒙哥汗不接见他,并派人在其返回波斯途中把他处死。木剌夷灭亡。

灭木剌夷后,旭烈兀集结大军在哈马丹稍作休整,做好进攻黑衣大食的准备。宪宗七年(1257年)九月,旭烈兀遣使赴巴格达,劝黑衣大食国王木思塔辛投降,遭到拒绝,旭烈兀马上兵分三路攻向巴格达,对巴格达完成全围。木思塔辛被迫投降,历时500多年的黑衣大食王朝灭亡。此后,旭烈兀又西行千里,进兵叙利亚。叙利亚各城多不战而降,蒙古大军攻占了大马士革。当旭烈兀进至亚洲西南端欲进攻埃及时,得到蒙哥汗去世的消息,除留部分兵驻守叙利亚外,旭烈兀率主力东归。蒙古大军的第三次西征结束。

蒙古统治者策划和发起的这三次大规模的西征中,蒙古大军横扫亚欧大陆。从军事学角度考察,西征取得了成功,蒙古大军的战略战术值得研究;从社会影响上看,给被入侵的国家和地区带来了严重的破坏和巨大的损失,也延缓了国内统一进程;在客观上也起到了打破一些国家封锁禁闭状态的作用,开通了通往西域的道路,促进了一些国家和地区的经济、文化交流,但也无法弥补战乱带来的损失。

叔侄帝位争夺战:靖难之役

明朝开国皇帝朱元璋去世后,因太子朱标先于太祖朱元璋死去,皇位传给了皇太孙朱允炆,改年号建文。这使得燕王朱棣大为不满,认为皇位应传皇子而不应传给皇孙。朱棣遂有争权夺位之心。建文帝即位以后,着手削除各地的藩王,先后灭周、湘、代、齐、岷五王,就更加危及到燕王朱棣的利益。于是,在建文元年的七月,朱棣在北平称"靖难"之师,以讨伐"奸恶"为名举兵,攻占了居庸关、怀来等要地,巩固了他在北平的势力范围。

朱棣起兵的消息传到京师(今南京)建文帝宫中,仓促之中建文帝急命长兴侯耿炳文为征虏大将军,率领30万大军北上。朱棣得知朝廷派大军来伐,便率军至涿州迎战。八月十五中秋之夜，朱棣大军袭击雄县城，歼灭耿军前锋9000人。继而又伏击耿军援兵，歼灭3万多人。建文帝一看耿军连吃败仗，便于八月底以曹国公李景隆代替耿炳文为大将军，率领50万大军再次北征。朱棣采取了诱敌之策，留小部分兵力驻守北平，他则亲自率主力北上合并宁王朱权的兵马，扩充实力。李景隆一听说朱棣北去，果然命令部队围攻北平，没想到朱棣马上回师北平，与守城的兵马里应外合，配合作战，把李军打得大败。至建文二年四月，朱棣率领10万人马与李景隆的60万人马大战于白沟河。李军在朱棣军必经之地藏了火器，朱棣军防不胜防，伤亡甚多。但到后来战场上刮起了大风，风势正好朝着李军。朱棣认为定有天助，马上采取火攻之策，乘风纵火，前后夹击，李军损兵折将10多万，大将军李景隆逃奔山东济南而去。

李景隆在败退济南的途中，尚拥兵10万，但朱棣乘胜追击，李军遭到重创。朱棣继续围攻济南，久攻不克之后，便撤回北平。建文帝看到李景隆也是不能取胜，便再次撤换大将军，命盛庸取代李景隆，带领大军进行第三次北征。兵不厌诈，朱棣佯称要进攻辽东，当兵至通州时，突然杀了回马枪，转而进攻盛军的驻地沧州。正如《孙子兵法》所云："攻其不备，出其不意。"结果又是连克盛军。一时间朱棣被连续的胜利冲昏了头脑，便生轻敌之心。在南下进攻东昌时，朱棣军遭到盛军火器和弓箭手的突然袭击，主将张玉战死疆场，伤亡数万人，朱棣的南下计划受阻，被迫还师北平。

朱棣回北平后，夺取京师之心不死。在建文帝三年的春天，朱棣再次率兵南下，势不可当。在夹河、滹沱河作战中，歼灭盛军16万人。建文帝一看己方败多胜少，便对朱棣采取了另外的策略。一方面下诏书说赦免燕王一切罪过，实则是诱其懈怠大意；另一方面同时发兵断其粮道，迫使朱棣北归，从而乘机歼灭。但朱棣何等聪明，马上识破此计，当机立断派其部将李远率领6000骑兵南下，在济宁、沛县的大运河上火烧盛军运粮船只，建文帝大为震惊，龙椅也坐不住了。

朱棣率领部队经过一路苦战，到建文帝四年春天时，建文帝在淮河以北的主力已基本被消灭干净了。朱棣认为夺取京师的时机已到，便于五月挥师南渡淮河，攻克盱眙，直抵扬州，准备渡江。建文帝闻讯大吃一惊，皇叔都打到家门口了，急忙和大臣们商议对策。建文帝提出以割地求得和解，但是朱棣根本不理会，而是在六月初便渡过长江，威胁建文帝退位。大兵压境，守城将领是曾经与朱棣交过手连吃败仗的李景隆，他一看建文帝大势已去，便大开城门，迎朱棣军队入城。此时后宫起火，乱作一团，建文帝乘机逃走，不知所终。

朱棣于建文帝逃走当天进入京师，理所当然地成为大明皇帝，是为明成祖，改年号为永乐。后来明成祖迁都北京，明朝的政局逐渐走向稳定。

戚家军扬威海防：明朝抗倭战争

明朝嘉靖年间，东南沿海地区倭寇猖獗。倭寇主要由日本武士、浪人组成，他们在中国东南沿海地带烧杀抢掠，给东南沿海民众带来了极其严重的灾难。从明朝初年，沿海地区就有倭寇的骚扰，但危害不大。嘉靖中期以后，倭寇入侵日甚一日，千里海滨同时告警，半壁山河几无宁土。面对倭寇入侵的加剧，抗倭斗争成为朝廷的当务之急。

明朝的抗倭斗争主要分为两个时期。前期主要由朱纨、俞大猷、张经三人领导。嘉靖二十六年（1547 年），朝廷命朱纨为浙江巡抚，提督浙闽海防军务。朱纨一到任，就着力整顿海防，日夜练兵，在双屿港的抗倭斗争中斩杀倭寇数百人。在抗倭斗争中他触犯了海商大贾和浙闽大姓的利益，被诬入狱，自杀于狱中。从此，倭寇的侵扰空前猖獗，朝廷重新设巡抚，由爱国将领俞大猷为备御都指挥，负责平倭。俞大猷增募水师，增收战船，构筑工事，严督防御。在普陀岛茶山围歼战中，取得了重大胜利。但由于巡抚被调，沿海地区渐渐地又不得安宁起来。接着，朝廷又任张经为右都御史，兼兵部右侍郎，负责御倭。张经是福建侯官人，曾督两广军务，深为当地人民所拥护。他征调两广士兵和苗兵来抗倭，取得了王江泾大捷的胜利。但张经为奸人所陷害，昏庸的朝廷不察真伪，竟将张经处死。有功不赏反处死，一下子寒了将士们的抗倭之心，以致军心涣散，倭患也因此猖獗至极。倭寇的滔天罪行，激起了中国人民的无比愤怒，人民纷纷组织起来进行自卫，出现了"少壮守阵，老稚妇女运砖石"的群众抗倭形势。

在抗倭斗争的后期，明朝军队的组织编制加速了变化，沿海防务有所加强，武器装备有所改进，出现一批爱国的抗倭将领和一支支能征善战的抗倭队伍。其中，戚继光和他率领的"戚家军"最为著名。

戚继光出生于将门，17 岁就世袭了登州卫指挥佥事的职务，在山东专职御倭。他从小就看到了倭寇对中国人民的蹂躏，他怀着对倭寇的刻骨仇恨和对百姓遭遇的极其同情，写下了"封侯非我意，但愿海波平"的豪言壮语，立下了荡平倭寇、救黎民于水火的雄心壮志。在嘉靖三十四年（1555 年），他调任浙江，次年升为浙江都司参将，管辖宁波、绍兴、台州三府军务。这三府是遭受倭害最重的地区，戚继光肩负的责任极其重大。

戚继光在实际作战中，发现朝廷的部队战斗力极差，调来的兵力也缺乏训练，而且纪律败坏，骚扰百姓。为了克服这些影响战斗力的弱点，戚继光从浙江义乌招募农民、矿工共 4000 多人，采取新的编制，进行精心严格的训练，并根据《孙子兵法》中所讲的"先为不可胜，以待敌之可胜"的原则，从倭寇善于格斗、长于短兵相接的作战方式和南方水网地形的特点出发，创造了鸳鸯阵和一头两翼一尾阵等新的阵法。对招募来的士兵，戚继光以"岳家军"为榜样，从思想、武艺、营阵、纪律等各方面进行严格训练。经过三四个月的严酷训练，这支军队纪律严明，战斗力强，很快成为精锐劲旅。戚继光率领这支部队驰骋于闽浙抗倭的战场上，将士们英勇善战，屡建战功，取得了一个又一个尽歼倭寇的胜利，被百姓们誉为"戚家军"。

从嘉靖四十年（1561年）戚家军对江浙倭寇发起战略大扫荡开始到嘉靖四十三年（1564年）消灭闽、广地区的倭寇为止，先后经历了台州之战、横屿之战、平海卫之战和仙游之战等著名战役，"戚家军"也得以名垂青史。中国人民所进行的抗倭斗争，终于取得了最后的胜利。

清王朝平定边陲：平定"三藩之乱"

清军进入北京后，采取以汉制汉政策，大量起用明朝降将。早在清军入关前即降清的吴三桂、孔有德、尚可喜、耿仲明四人，分别率军赴川滇、广西、广东、福建扫荡南明政权，立下汗马功劳，故而吴三桂被封为平西王，孔有德被封为定南王，尚可喜被封为平南王，耿仲明被封为靖南王。后来，孔有德父子在桂林战死，所封四王只剩三个，史称"三藩"。

三藩各守一方，均拥有相当强大的军队。特别是吴三桂，在大破李自成、张献忠和消灭南明政权的过程中，四方精兵猛将多归其麾下，所辖部众达50余万人。吴三桂所居之地僻远，清廷曾允其便宜行事，渐渐在云贵自成独立王国，不把清廷放在眼中。清廷对吴三桂的跋扈一再隐忍，后闻吴三桂竟有想当皇帝的野心，终于忍无可忍，决定撤除吴三桂等三藩。

清康熙十二年（1673年）春天，尚可喜在长子尚之信的逼迫下，自称年老，向清廷请求还乡，由尚之信袭爵。清康熙帝玄烨正以三藩拥兵南陲为国家隐忧，立即下诏，命尚可喜父子同返故乡东海（今辽宁省海城县）。吴三桂闻知此讯，颇为震惊，但认为自己乃开国元勋，功劳远在尚可喜之上，实力亦非尚可喜可比，估计清廷未必也会这样对待自己，遂约耿精忠（耿继茂之子）同时上疏，亦请求撤藩，以窥探清廷意向。果然，清廷王公大臣多主张慰留吴三桂仍在云贵，以免激起事端。只有户部尚书米思翰、兵部尚书明珠、刑部尚书莫洛等，认为吴三桂既然图谋不轨，对其撤藩必反，不撤藩亦必反，不如乘机从其所请，先发制人。康熙帝权衡利弊，立即下达全面撤藩之诏。

吴三桂接到撤藩诏书，不禁大怒，决心举兵谋反。这年，吴三桂杀死云南巡抚朱国治,自称大明天下都招讨兵马大元帅,传檄四方号召反清。吴三桂命部将王屏藩由贵州北取四川,马宝由贵州直向湖南,至次年云、贵、川、湘及广西五省,已俱归吴三桂所有。耿精忠听说吴三桂举兵,又接到吴三桂派人送来的书信,也在福州响应吴三桂,迅速将福建全省及浙江、江西两省大部占领。

在吴三桂的进攻下,康熙帝决心予以还击。他乘吴三桂主力在湖南与清军隔长江之机,紧急调整部署,派重兵坚守长江沿线要地和江西重镇南昌、赣州等地,以浙、赣为东线,以陕、甘为西线,分而制之,同时针对叛军内部矛盾,采取剿抚兼施的策略,竭力分化瓦解叛军。在西线,清廷军事打击和攻心争取双管齐下,使王辅臣归降,动摇了其他叛将,使西线叛军相继瓦解,从而打破了吴三桂与王辅臣合军,东出潼关,夺取中原的企图。在东线,清定远平冠大将军岳乐进入江西后,先攻取建昌、广信,大败耿精忠军,然后转兵西向长沙。喇布亦自南京分兵进入江西,为岳乐军后援。岳乐继而袭破袁州,自超陵围攻萍乡,歼灭吴三桂军万余人。耿精忠军在浙江和福建亦屡遭清军重创,向清军乞降,交出吴三桂所赐印信,愿随清军进剿郑经,以求立功赎罪,尚之信也不满足于吴三桂节制,在清廷召抚下归附。

吴三桂相继失去陕西、广东、福建三大援军之后,地盘日蹙。为鼓舞士气,于清康熙十七年(1678年)三月在衡州称帝,建国号为周。八月,吴三桂暴死。清军很快便收复整个湖南,在四川和广西亦屡战屡捷,节节进逼云贵。清康熙二十年(1681年)清军攻破昆明,延续八年之久的"三藩之乱"终于得以平息。叛乱平定后,为防患于未然,清廷决心不再设藩,且不许各封疆大吏久握兵权,从此清代再无藩镇之祸。

对沙俄自卫反击:雅克萨之战

17世纪,沙俄成为欧洲一个强国,它对外推行扩张政策,从17世纪中叶就不断入侵我国黑龙江流域,骚扰我边民,霸占我领土。清康熙四年(1665年),沙俄犯有重罪的切尔尼戈夫斯基纠集一伙逃犯,占领了我国的雅克萨城,四处扰掠,严重威胁中国边境的安全。沙皇政府利用这伙不法之徒,封切尔尼戈夫斯基为总管,使雅克萨成为沙俄向黑龙江中下游进行武力扩张的前哨阵地。

面对沙俄疯狂的扩张和有增无减的侵略趋势,为了国家领土完整和清王朝的安全,在做了一系列的外交努力后,清朝政府决定以自卫战争抗击沙俄的入侵。康熙完成准备以后,先后两次进行了对沙俄的雅克萨反击战。

康熙二十四年(1685年),康熙帝命令都统彭春等统兵攻打雅克萨。清军从水陆两路出发,于五月二十二日兵临雅克萨城下。清军派三名俄国俘虏给俄军守将托尔布津带去了用满、蒙、俄三种文字写的通牒,以警告俄军,也显示了清政府和平解决中俄两国争端的良好愿望。但是俄军头目托尔布津恃城堡坚固，拒不撤军。清政府意识到，只有诉诸武力，才能驱逐侵略者。于是，二十三日晚上，清军分水陆两军列营，陆师列于城南，水师战船列于城东南，城北列有红衣炮，从南北两个方向夹击敌军，经过彻夜激战，侵略军伤亡甚重。次日清晨，清军在城下三面堆积柴草，准备焚城。托尔布津一看形势不妙，马上遣使到清军大营请降。都统彭春答应了俄军的请降，俄军撤退。清军收复雅克萨之后，也立即回师，只留少部分兵力驻守瑷珲，监视俄军行动。

托尔布津逃出雅克萨城后不久，就遇到了两支前来增援的俄军。他探知清军已从雅克萨全部撤离，马上窜回雅克萨，在旧城址上筑起新城。清朝政府得知俄重新占领了雅克萨，极为愤慨。康熙二十五年（1686年），康熙帝再次下令征讨。清军从瑷珲出发，于七月十八日逼近雅克萨城。与第一次征讨时一样，清军依然是先礼后兵。先写信给俄军，令其主动撤退，托尔布津仍是置之不理。于是，清军开始攻城。九月托尔布津中弹毙命，由拜顿继任。为断其外援，清军将领总结了第一阶段作战的经验教训，改强攻为长久围困。于是在雅克萨城的南、北、东三面掘壕围困，在城西派战舰巡逻。俄侵略军困守孤城近一年，战死病死很多，处境越来越难。清政府托人带信给沙皇，建议两国停战谈判。俄国得知兵败雅克萨后，同意遣使者谈判。为促进谈判，康熙帝下令清军全部撤到瑷珲、嫩江一带，为即将开始的中俄边界谈判创造条件。历时两年多的雅克萨之战终于以清政府的胜利而告终。

雅克萨之战是清朝康熙年间抗击沙俄侵略者的一次重要的自卫战争。在整个清代，在对付外国入侵的战争中，雅克萨之战几乎是清政府取得胜利的仅有的一次战争，这场战争后所签订的《尼布楚条约》，也是清朝历史上清政府与外国侵略者在对等原则下签订的唯一平等条约。

第二章　中国近代战争战役

中国反毒第一战：鸦片战争

　　正当中国晚清王朝危机四伏之际，西方殖民主义列强已经把掠夺的魔爪伸向了东方，把人口众多而经济落后的中国视为一块鲜美的肥肉。为打开清王朝的国门，英国资产阶级竟然丧心病狂地利用一种特殊的商品——鸦片作为工具。1800年，鸦片输入中国4000多箱，到了1838年，也就是鸦片战争爆发的前两年，已经激增到40000多箱了。鸦片的大量输入，不但使得中国人民日益衰弱和贫困，城市工商业和农村生产力遭到极大的破坏，而且使中国的货币（白银）大量地外流，国家的财政经济也出现了严重的危机。这种情况，引起了广大人民对鸦片贸易的激烈反对，清朝统治者为了维护自己的封建统治利益，也被迫进行反对鸦片的斗争。1839年3月，清朝钦差大臣林则徐到达广州，通知外国商人在三天内将所存鸦片烟土全部缴出，听候处理，并宣布："若鸦片一日未绝，本大臣一日不回。"林则徐克服了英国驻华商务监督义律和不法烟商的阻挠、破坏，共缴获各国商人烟土200多万斤，从6月3日至25日，在虎门海滩当众销毁。

　　面对清政府的禁烟措施，英国资产阶级立即掀起一片发动战争的叫嚣。1840年6月，侵华英军总司令懿律率舰只40余艘、士兵4000多名，陆续到达中国南海海面。6月28日，英舰封锁珠江海口，第一次鸦片战争正式爆发。7月初，英军侵占浙江定海，8月初到达天津大沽口外，直逼京畿。道光皇帝连忙撤去林则徐的职务，任命琦善为钦差大臣。年底，琦善在广州与英国侵略者谈判。英军却于1841年1月7日突然在穿鼻洋发动进攻，攻陷沙角、大角炮台。1月中旬，琦善被迫答允英国全权代表懿律提出的割让香港、赔偿烟价600万元、开放广州等条件。26日，英军却不待中国政府同意就占领香港，清政府得知沙角、大角炮台失守后立即对英宣战。2

月下旬,英军攻陷虎门炮台,水师提督、爱国将领关天培与守军数百人壮烈牺牲。5月,英军逼近广州城外,清军全部退入城内。5月下旬,新任靖逆将军奕山向英军乞和,与英国订立了可耻的城下之盟——《广州和约》,规定由清朝方面向英军交出广州赎城费600万元。

英国政府不满足懿律从中国攫取的利益,改派璞鼎查为全权公使,增调援军,扩大侵华战争。1841年8月下旬,璞鼎查率英舰自香港北犯,26日攻陷厦门。9月英军侵犯台湾。10月攻陷定海、镇海、宁波。1842年5月,英军继续北犯,6月攻陷长江口的吴淞炮台,宝山、上海相继失陷。接着,英军溯江西上,8月5日到达江宁江面。腐败无能的清朝政府命令盛京将军耆英赶到南京,于29日与璞鼎查在英国军舰上签订了中国近代史上第一个不平等条约——《南京条约》,外国侵略者从中国得到了割让香港岛,赔款2100万银元,开放广州、福州、厦门、宁波、上海五处为通商口岸,以及协定关税权、领事裁判权、片面最惠国待遇等一系列特权,严重损害了中国的独立主权。

然而,第一次鸦片战争带来的利益并没有使贪得无厌的侵略者满足。不久,他们又有了新的要求。1854年和1856年,英、法、美曾两次以帮助镇压了太平天国运动为借口,向清政府提出包括中国全境开放、鸦片贸易合法化等无理要求,遭到了清政府的拒绝。随后,英法决定以武力来达到其罪恶的目的,他们分别以"亚罗号"事件和马赖神父事件为借口,发动了第二次鸦片战争。1856年10月下旬,英军突然发动进攻,占领广州以南沿江各炮台,并一度冲进广州城内。1857年9月,英国全权代表额尔金统率海、陆军来到香港。10月,法国全权代表葛罗也率兵到达。12月中旬,英法联军5000余人发动了对广州的进攻,29日占领广州。1858年4月,英法舰队到达大沽口外海面。5月20日,联军发动进攻,大沽炮台官兵在经过顽强抵抗后,大沽炮台失陷。英法舰队随即溯白河(即海河)而上,到达天津。清政府慌作一团,立即派大学士桂良等赶往天津议和。在英法的威吓下,桂良于6月下旬分别与英、法签订了可耻的中英、中法《天津条约》。《天津条约》规定:外国公使驻北京;开牛庄(后改营口)、登州(后改烟台)、台湾(后改台南)、淡水、潮州(后改汕头)、琼州、汉口、九江、南京、镇江为通商口岸;中国海关雇用外国人;外国传教士入内地自由传教;外国人往内地游历通商;外国商船可在长江各口来往;中国给英国赔款白银400万两,法国200万两。

1859年年初,英、法政府分别任命普鲁斯和布尔布隆为驻华公使。6月中旬,英法公使率军舰到达大沽口外,拒绝清政府从北塘登陆的指定,蛮横地要经大沽口溯白河进京换约。6月25日,英法军舰向大沽炮台发动进攻。经过整顿的大沽守军奋起反击,击沉击伤英法兵舰十余艘,毙伤侵略军四五百名。1860年4月,英、法全权代表额尔金和葛罗率大批军队再度开到中国。5月下旬，英军占领大连湾。6月初，法军占领烟台，完成了对渤海湾的封锁。8月1日，英法联军在北塘登陆，21日大沽炮台沦陷，24日占领天津。清军退守张家湾、通州(今通县)一线。9月9日，联军向通州推进，21日在通州八里桥打败清军。次日，咸丰皇帝仓皇逃往热河。10月初，联军占领圆明园，在恣意抢劫破坏之后，又放火焚烧，一座世界上最瑰丽多姿的宫苑杰作就这样毁于英法侵略军之手。13日，北京留守当局向英、法投降，交出安定门，联军兵不血刃控制了北京城。10月下旬，清政府代表、恭亲王奕䜣与英、法代表先后交换《天津条约》批准书，并订立《北京条约》。第二次鸦片战争至此结束。《北京条约》规定：增开天津为商埠；准许华工出国；割让九龙司地方一区给英国；发还天主教资产；对英、法赔款增加到白银800万两。

第二次鸦片战争，清政府再一次向外国侵略者屈服，造成了极为严重的后果，中国在半殖民地道路上陷得更深了。但是，广大中国人民反抗外国侵略的斗争从未停止过。他们在英法联军所到之处，奋起进行保卫祖国的斗争，显示了中国人民同敌人血战到底的英雄气概。

战火引向正北方：太平军北伐战争

1853年春天，太平天国定都天京(今南京)后，在派兵西征的同时，又派天官副丞相林凤祥、地官正丞相李开芳、春官副丞相吉文元等率精兵两万多人进行北伐。北伐军从浦口(今属南京)出发，进入安徽境内，经过凤阳、蒙城、亳州等地进入河南，攻克归德(今商丘)，因为找不到船只，无法渡过古黄河，就沿着河南岸西进。5月21日抵达汜水，在这里征到了民船数十只，连续几天抢渡黄河，剩了1000多人没能渡成，折回安徽加入了西征军。太平军北伐主力过河后，进围怀庆(今沁阳)，怀庆只有数百清军，太平军本意速战速决，不料久攻不下，引来了众多清军驰援，相持两月未能攻下。7月28日，北伐军撤围继续西进，经垣曲入山西，过平阳(今临汾)、洪洞、黎城，进入直隶(约今河北)境内，在临洺关(今永年)大败清钦差大臣讷尔经额部，克邢台，北上藁城，东占深州(今深县)。太平军长驱直隶，北京震动，咸丰帝急调兵力合力堵截。北伐军放弃深州乘虚东进，连克献县、交河、沧州等地，9月27日，进占静海和独流镇，前锋直指天津。这时北伐军已由出发时的两万人发展到4万人。清廷朝野震动，急令胜保、绵愉、僧格林沁率步骑4500人进行堵截，分别扎营于良王庄、王庆坨。北伐军驻守三个多月，清军围攻越来越紧，北伐军久待援军不至，时令已是寒冬，北伐军未做好御冬衣物准备，粮食供应也开始不足，遂于次年年初突围南下。清军紧追不舍，在阜城再度围困太平军。洪秀全、杨秀清得知北伐军已到天津附近,才着手组织援军。1854年年初,曾立昌奉命率7500人从安庆出发,经河南永城、夏邑,在盘龙集、包家楼渡过黄河进入山东,不久攻克临清,北距阜城仅200里。临清城内存粮及军火都被敌人烧光了,在清军围逼下,曾立昌采纳了南返主张,弃城南走,这一退招致了全军溃散,最终被清军歼灭。林凤祥、李开芳从阜城突围到了东光县连镇,得知援军在山东的消息,决定由李开芳率领600余骑突围迎接援军。李部到达山东高唐后,得知援军已溃散了。这时清军胜保部赶到,李开芳决定据城固守,从此,林、李分驻两地抗击清军。1855年1月19日,僧格林沁攻陷连镇,北伐军大部分将士阵亡,林凤祥被俘,后来在北京就义。僧格林沁移兵猛攻高唐,29日李开芳突围至茌平县冯官屯。僧格林沁率数万清军围攻两月不克,遂引水灌注,冯官屯被淹。4月16日,李开芳被俘遇害。至此,北伐军全军覆没。

力歼湘军之精锐:太平军三河大捷

太平天国领导集团分裂后,形势急转直下。但洪秀全毕竟是一位杰出的农民领袖,他不甘心天国就此衰弱下去,他想重振军威,力挽狂澜,提拔重用了与清军血战多年的青年将领陈玉成、李秀成、李世贤等为各军主将,重建了领导核心。他们领导太平军奋力战斗,力挽危局,曾使形势一度好转,在军事上也取得了一系列的胜利,三河大捷就是其中的一个典型。

1858年8月,陈玉成、李秀成会集各路将领,在安徽枞阳镇(桐城县东南)召开军事会议,决定采取联合作战方针,同心协力解除清军对天京的包围。9月,陈、李两军在滁州境内会师东进,攻破浦口,再次击溃江北大营,歼敌万余人,并进占江浦。浦口一带战斗的胜利,打通了天京与江北的交通,解除了江北清军对天京的封锁。洪秀全将江浦一带改称天浦省,派重兵驻守。

正当太平军主力进攻江北大营时,湘军主力李续宾部在攻陷九江后,乘势攻入安徽,占领太湖、潜山、桐城、舒城,进逼庐州咽喉三河镇。11月初,陈玉成闻讯自六合、江浦挥师西援,采取迂回包围战术,经巢湖、庐江,昼夜疾行,直插三河镇东南的白石山和金牛岭,包抄湘军后路。同时命庐州守将吴如孝会合捻军南下,切断李续宾部和舒城清军的联系。

三河镇

李秀成也奉洪秀全之命,率部火速赶来支援,两路大军将湘军团团围住,使李续宾部成了瓮中之鳖。11月14日,陈玉成军发起进攻,直逼李续宾大营。第二天,湘军反扑,陈玉成略施小计,诱敌进入口袋阵。是日,白石山大雾迷漫,几米开外人物难辨,可谓苍天有眼,暗助太平军。陈玉成部乘大雾发起猛攻,只听得锣鼓齐鸣,杀声震天,李续宾部乱成一团,拼死突围。太平军又缩小包围圈,敌我双方,犬牙交错,展开了白刃战。湘军兵不见将,将不见兵,左冲右突,终不得出,一败涂地。经过激战,太平军摧毁湘军全部营垒,击毙曾国藩之弟曾国华等文武官员400余人和湘军数千人,李续宾自杀。湘军老家人闻听此信,哭声撼天动地,几乎"处处招魂"。这给曾国藩的湘军以沉重打击,他不得不承认:"三河之败,歼我湘人殆近六千,不特大局顿坏,而吾邑士气亦为不扬。"胡林翼也连连哀叹:"三河败溃之后,元气大伤,四年纠合之精锐,覆于一旦","全军皆寒,不可复战"。这一仗使青年将军陈玉成好不自豪。

三河大捷后,太平军士气重新旺盛起来。陈玉成、李秀成率部乘胜追击,围困安庆的清军不战而逃,皖北复为太平军所有。1859年3月,陈玉成联合捻军在庐州城外击溃清军,擒斩安徽巡抚李孟群。在皖南,1858年12月,李世贤于宁国湾扯镇大破清军,杀提督邓绍良,扭转了不利的局面。在江西,杨辅清于1858年12月攻占景德镇,并屡败湘军张运兰部,牵制了曾国藩的兵力。天京上游局势,至此暂时得到稳定。

远征西走大西南:石达开兵败大渡河

太平天国"天京事变"后,石达开远征出走,回师广西,转战西南。1863年4月1日,石达开进兵深入四川大渡河,遇到山洪暴发和敌军围困而处于孤立无援的境地,形势十分危急,抢渡大渡河已经无望。这时,唯一的出路是猛然回头,离开险境,迅速突围退却,绝处求生。石达开在大渡河未能当机立断,勇敢地退却,犯了拼命主义的错误。这并不是因为智勇双全的石达开没有意识到突围的问题,更不是由于缺少突围的兵力,如果当时石达开有退守的后方和西南各族人民的支持,从大渡河突围撤退不是没有可能的。这样在大渡河坐以待毙、全军覆没的那种危险就可以避免或大大减少了。可是,退路被当地土司岭承恩砍倒千年古木所堵塞,不得不久驻大渡河而"束手望天",陷入敌人重围的时候,远近的各族人民的队伍大小不下数十万,却没有一支驰援和策应石达开。在石达开屯驻的地方,附近的彝、藏、汉各族群众躲避一空,买卖无从开市,石达开四处征粮,但一无所得,部队变成一支又饥又疲的弱军。石达开抢渡无民船可供使用,赶编竹筏无熟悉航道的当地水手导航。面对"山径险仄"的复杂地形，却无人引路，连掳来的当地土人向导200人也皆不肯为其所用。军队驻扎在"彝族走廊"之中，没有得到各族人民的任何支持和拥护，如鱼失水，粮尽援绝，一步一步向敌人布置的圈套走去。与此同时，大渡河附近的彝藏等民族上层已为清朝四川总督骆秉章收买，煽动各族群众敌视和反对石达开。在"夷兵""土练"等配合清军进行围剿、困逐、滥杀、封锁、断粮、绝盐以及欺骗、收买、分化等一系列进攻下，石达开军队陷于四面楚歌的境地，彻底败亡。

没能把西南各族人民发动和组织起来以反对共同的敌人，是石达开不能在西南站稳脚跟、开拓基业的首要原因。石达开进军西南少数民族地区，未能提出正确的民族政策，以反映各族人民的政治和经济要求。石达开借路过境的单纯军事行动，在经济上未能满足西南各族人民强烈的土地要求和物质利益，反而是一二十万大军的过境给各族人民带来沉重的负担和不安，大大方便了清朝和各族统治者在西南的一统天下。石达开大渡河的悲剧正是由于他失去了各族人民的支持。而"严夷夏之防"的大汉族主义思想，正是石达开忽视和不能依靠西南各族人民力量的主要原因。石达开谋四川为业，似乎有如汉末三国鼎立、割据称雄的形势，也可以远播天朝声威、减轻天京的压力。但是石达开没有诸葛亮那种"西和诸戎，南抚夷越，外结孙权，内修政理"的治蜀方针和开明的民族政策，其政治远见和民族思想，显然比前人诸葛亮要逊一筹。在处理民族关系上，石达开缺乏正确的民族政策，还不如同时期的杜文秀、赖文光。

左公武力卫天山：左宗棠收复国土的新疆之战

新疆，自古以来就是中国的领土。它地域辽阔，物产丰富，山川壮丽，有着重要的经济和战略价值。1865年，清朝同治年间，新疆发生反清武装斗争。邻近新疆西部的中亚地区的浩罕国，有个叫阿古柏的侵略者头子，趁机率军侵入，用几年时间占领了新疆大部分领土，并建立了一个叫作"哲德沙尔"（意为七城）的汗国。英国和沙俄为吞并我国西北地区，都支持阿古柏匪帮。英国和沙俄不仅承认阿古柏为国王，并且在军事上、物质上给予支援。1871年7月，沙俄不满足于靠操纵阿古柏侵占新疆，竟亲自出兵，占领了我国新疆的重要城镇伊犁。这样，新疆领土几乎全部被侵略者践踏，新疆各族人民处于侵略者的铁蹄之下。

同一时期的1874年，日本入侵台湾，清政府应允赔款50万两白银，日本才撤出台湾。东南海疆和西北边疆同时遭受外国侵略，引起了清政府内部"海防"与"塞防"的争论。海防派以文华殿大学士兼直隶总督李鸿章为首，主张无力兼顾，应集中力量守海防,而暂停"西征"。他们认为新疆万里穷荒,即使暂时收复,也得不偿失。这批人声势很大,大有放弃新疆之势。在这关键时刻,却有一位老将力排众议,据理力争,驳斥了海防派的谬论,主张坚决收复新疆。他就是时任陕甘总督的左宗棠。左宗棠年轻时就喜欢研究兵法和山川地理,特别熟悉西域的历史地理。他曾经镇压过太平天国和陕甘回民起义,在历史上是有大过的;但在保卫边疆,维护祖国统一这一点上,他又是立了大功的。针对海防派的胡言乱语,左宗棠上书皇帝,他认为,东则海防,西则塞防,二者并重。况且台湾事件已经了结,而西北边疆却是强敌压境,失去大片国土。新疆的战略地位十分重要,沙俄入侵,对内地构成严重威胁。不打掉沙俄的气焰,其他各国也会群起效尤,海防也不会太平。

左宗棠的主张得到了朝廷中有爱国心的大臣的支持,纷纷要求朝廷采纳他的意见。1875 年 5 月,左宗棠被任命为钦差大臣,督办新疆军务。

1876 春,已 64 岁的左宗棠率军进驻肃州(今甘肃酒泉),建立起西征总指挥部,抓紧时间进行了充分的准备工作。他积极筹措粮款,整顿集训军队,并制定了"先北后南,缓进速决"的战略方针,很快连克乌鲁木齐、玛纳斯等城,肃清了北疆的阿古柏势力。1877 年春,左宗棠挥戈率领数万大军,直逼南疆阿古柏巢穴。首先攻破天山要隘达坂城,接着收复吐鲁番、托克逊,阿古柏感到大势已去,遂自杀身亡。在此前后,英国和沙俄都曾出面为阿古柏打气,阻止清军进攻,想保持住侵占新疆的现状,并趁机达到霸占新疆的罪恶目的。沙俄的手法是胁迫朝不保夕的阿古柏与沙俄签订一个"边界条约",以便赶在阿古柏覆灭前造成沙俄占领大片中国领土的既成事实。英国的手法是支持阿古柏的儿子率领残余占据喀什噶尔(今喀什),"立为保护国"。这些卑劣的企图都被左宗棠看穿了。他统率清军马不停蹄,穷追猛打,攻克喀什噶尔、和阗(今和田)等南疆的最后八城,终于把阿古柏匪帮全部赶出了南疆。至此,南北疆除伊犁仍被沙俄占领外,全部回到祖国的怀抱。左宗棠使这里的中国各族人民重见天日,也粉碎了英俄侵略者的阴谋。

左宗棠在收复新疆的战斗中消灭了阿古柏匪帮,但他认为真正的威胁是沙俄。因此在收复南北疆后,他就把收复伊犁作为下一个作战目标,同时他建议朝廷通过外交途径向沙俄交涉。沙俄慑于清军收复南北疆的威风,同时又忙于对土耳其的战争,因此表示愿意谈判归还伊犁问题。但是清政府派往沙俄谈判的代表完颜崇厚却是个昏庸之徒。他在沙俄的愚弄胁迫下,擅自签订了割让大片中国领土、丧权辱国的条约。根据这个条约,沙俄所得到的东西,已经超过了它甘愿冒战争的危险来保持的东西。在全国不满舆论的压力下,清政府终于没有批准这个条约,撤了完颜崇厚的职,又任命驻法公使曾纪泽为使臣赴俄谈判,同时命令已 68 岁的左宗棠准备武力保卫新疆。

　　左宗棠立即制定了三路出兵伊犁的作战部署，接着把大本营又从肃州移到了哈密，他还叫部下为他准备了一口棺材，随军运行，以示他随时准备为国捐躯、身埋沙海的决心。在左宗棠爱国行为的鼓舞下，士兵们也个个不示弱，努力操练，随时准备进军伊犁。谈判桌上，曾纪泽态度也比较强硬，他有左宗棠强大的军事力量做后盾，因而力持收回伊犁的意见。1881 年 2 月 12 日，他与沙俄签订了《伊犁条约》。这个条约仍然是沙俄强加给我国的一个不平等条约，但还是收回了中国的一些主权，这个条约的签订，宣告了沙俄在我国伊犁地区殖民统治的结束。尽管这一功业是各方面的因素促成的，但左宗棠在收复祖国疆土、抵抗帝国主义侵略上的历史贡献却是最突出的，是不可抹杀的。

不败而败的蹊跷：中法战争

　　1883 年，中法战争因越南问题而爆发。从 19 世纪 60 年代，法国就开始侵略越南，英勇的越南人民对法国的武装侵略进行了坚决的斗争。同时，刘永福率领的黑旗军（黑旗军原是 19 世纪 50 年代在广西的一支农民起义军，因以七星黑旗为战旗，所以叫黑旗军。起义失败后，转移到中越边境，非常痛恨法国侵略者）应越南政府的要求，也和越南人民并肩作战，坚决抗击入侵的法军。在越中人民的打击下，法国的两个侵略军头子安邺和李维业在河内城边先后被击毙。但法国侵略者并不甘心于自己的失败，他们蓄意扩大侵略战争，决心把战火烧到中国境内。这时清朝政府应越南政府之请，也派兵到越南。1883 年 12 月，法军在越南山西向清军和黑旗军联合防守的阵地发动进攻，开始了中法战争。

　　战争进行了一年多，在越南战场上，法国侵略军受到越南人民和黑旗军及清军官兵的英勇抵抗，战斗互有胜负。法国政府为了呼应越南的战局，又派海军在中国沿海进行海盗式的骚扰，并把战火烧到中越边境。

　　1885 年年初，法国侵略军得到增援之后，扑向中国边境，2 月，一度占领中越边境的中国要塞镇南关（今友谊关），并在关前插立木柱，用中国字写着"广西的门户已不再存在了"，气焰极其嚣张。在这紧急时刻，张之洞举荐清军总兵爱国老将冯子材出任前敌统帅，率领军队到达前线。冯子材精心谋划，严密组织，众志成城，严阵以待。3 月 22 日，法军分三路猛扑中国军队工事，中国军队英勇反击，经过三天战斗，法军伤亡惨重，全线溃退。冯子材率军追敌出关，又在谅山大败法军，势如破竹，节节胜利。在东线大捷的同时，越南战场的西线也频传捷报，黑旗军等在临洮痛打了法军。尤其是越南各地人民的抗法起义风起云涌，更给法国侵略军以沉重的打击,出现了前所未有的有利形势。就在前线胜利进军声中,卖国投降的清政府却和法国政府加紧谈判,最后竟在 1885 年 6 月 9 日签订了屈辱的投降条约。

为什么这次战争中中国在前线打了胜仗而清廷反而与法国签订了屈辱的条约呢?最根本的原因在于清政府的反动和腐朽。当时,清政府的统治机构已腐朽透顶,政治上十分反动,经济上千疮百孔,军事上也一团糟。1884 年三四月间,在越南北宁、太原、兴化的清军不战而逃;1884 年 7 月,福建官吏不采取任何抵抗行动,就让敌人的战舰开进了闽江,使中国海军遭到失败;1885 年 2 月,广西巡抚潘鼎新在越南谅山的大溃退,几乎使法军长驱直入广西。这些都是在清政府投降路线指导下发生的事情。当前线官兵违反投降派的意愿,在中国和越南人民支持下英勇抵抗,大败法军,取得镇南关和谅山的辉煌胜利时,清政府不是去扩大战果,反而把前线官兵用鲜血和生命换来的胜利作为投降的资本,李鸿章考虑的是"见好就收",而西太后则考虑的是"国库里的银子",他们匆匆忙忙"借谅山一胜之威",和法国侵略者签订了《中法会订越南条约》,使法国不胜而胜,中国不败而败。当消息传到前线,将士们愤愤连声,把李鸿章比作当年的秦桧,纷纷上书,必欲杀之而后快。这触目惊心的事实,使中国人民进一步看清了清政府的反动和腐朽。

黄海呜咽警后人:甲午中日战争

1894 年 8 月 1 日,甲午中日战争因朝鲜问题爆发。日军凭借其强大军力于 9 月 15 日攻占平壤,于 9 月 17 日挑起黄海海战,重创北洋海军;接着又在 10 月份攻占了辽东半岛,烧杀抢掠,仅在旅大,就杀了数万中国人,接着,又把攻击的目标转向了北洋海军。

1895 年 1 月 31 日凌晨,一直停泊在荣成湾的日本联合舰队 21 艘军舰(留 4 艘警戒运输船)起航开向威海,7 时抵达百尺崖南,先后配合陆军轰击杨峰岭、所前岭炮台。南帮炮台陷落后,北洋舰队因威海港东口暴露在敌军陆路炮火之下,遂移至西口。于是,日鱼雷艇得以破坏东口障碍物,潜入港袭击北洋舰只。在此不利的情况下,北洋舰队本应冲破日军舰队的封锁,出到海上,拼力一战。清廷早在 1 月 23 日即曾电谕李秉衡:"现在贼踪逼近南岸,其兵船多只,难保不闯入口内,冀逞水陆夹击之诡计。我海舰虽少,而铁甲坚利,则为彼所无,与其坐守待敌,莫若乘间出击,断贼归路。"李鸿章也于同一天电告丁汝昌:"若水师至力不能支时,不如出海拼战。即战不胜,或能留铁舰等退往烟台。"但是,丁汝昌却表示:"海军如败,万无退烟之理,唯有船没人尽而已。旨屡催出口决战,惟出则陆军将士心寒,大局更难设想。"他决定守株港内,既不出战,又不转移。1 月 30 日,李鸿章再次电告丁汝昌:北洋舰队应冲出威海,"设法保船"。"万一刘(公)岛不保,能挟数舰冲出,或烟台,或吴淞,勿被倭全灭,稍赎重愆。否则,事急时将船凿沉,亦不贻后患。"但是,丁汝昌仍迟不执行。2月3日,日舰及占据南帮炮台的日军以大炮水陆合击刘公岛及北洋舰队,双方相持竟日,刘公岛清军伤亡甚众。当夜,日鱼雷艇队闯入东口袭击北洋舰只,"定远"中雷重伤,不久自毁。但日军也有五艘鱼雷艇被击沉。"定远"毁后,丁汝昌移督旗于"镇远"舰。5日,日军又水陆一起发炮轰击,炸毁日岛弹药库及地阱炮。清军发炮还击,击伤日舰两艘。6日凌晨,日鱼雷艇又入东口,袭沉"来远""威远"等船。7日,管带王登瀛私率12艘鱼雷艇从西口逃出,被日舰追击,全部被俘。此时,刘公岛电讯已中断,形势岌岌可危。在北洋海军服役的洋员唆使下,部分民族败类鸣枪过市,公开要求投降,引起刘公岛居民惶惧,军心涣散。9日,"靖远"被敌击沉。当天,刘步蟾自杀。此时,北洋舰队尚有"镇远""济远""平远"等大小舰船10艘,但弹药将尽。10日,丁汝昌命令沉船,由于洋员的阻挠,无人执行。11日,丁汝昌得到烟台密报,知李秉衡已远逃莱州,陆路增援已无希望,便召集会议研究突围,当即遭到洋员及部分民族败类的反对,迫使丁汝昌等相继自杀。12日晨,一群贪生怕死之徒盗用丁汝昌名义,起草投降书,向日舰投降。北洋海军10艘舰艇以及刘公岛炮台和军资器械,全被日军所掳。他们把北洋海军舰艇的大铁锚弄到日本公园展览,直到1945年,日本在第二次世界大战中惨败,这些代表民族屈辱的大锚才被运到中国国内来。

北洋海军的全军覆灭,是李鸿章等北洋海军的领导人"保船"保守思想的结果,更是北洋海军中一批贪生怕死的卖国贼投降主义路线酿成的苦酒。这一失败再一次清楚地表明了清朝政府的腐败无能,是近代中国所遭受的又一次奇耻大辱。

列强小丑犯北京:八国联军侵华战争

19世纪末,帝国主义列强不仅在政治、经济、文化上加紧侵华,而且不断策划瓜分中国。在民族危机日益加深的情况下,中国北方兴起了义和团反帝爱国运动。1900年夏,京、津地区义和团的声势尤为浩大,引起列强恐惧。4月6日,英、法、德、美等国公使联合照会清政府,限令于短期内将义和团"剿除净灭"。5月底6月初,英、法、德、俄、美、日、意、奥八国又借口保护使馆和租界,陆续派军队进入北京、天津,各国军舰则集结于大沽口外,伺机进犯。

帝国主义的侵略行径,使得以慈禧太后为首的后党集团对义和团的态度发生转变,企图"用拳灭洋",以维护其统治地位。慈禧任命支持义和团的端王载漪总理各国事务衙门,并调董福祥部武卫后军入京,配合义和团行动。6月10日,驻天津租界的八国联军2000余人在英国海军中将西摩尔率领下,分批乘火车向北京进犯,揭开了八国联军侵华战争的序幕。侵略

八国联军入侵中国

军在廊坊、落垡、杨村等地遭到义和团与清军的阻击围攻,死伤惨重,被迫败回天津。正当西摩尔联军受阻于廊坊地区时,17日,联军以水陆夹攻战术突袭天津大沽口炮台。天津镇总兵罗荣光率部顽强抵御,因兵力薄弱,腹背受敌,炮台相继失守。21日,清政府正式向列强宣战。

列强为集中兵力对付北方的义和团和清军,并维护其在南方各省的利益,拉拢东南各省督抚实行所谓"互保",从而使清政府的宣战谕旨在南方数省不能贯彻实施,分散了抗击侵略军的力量。在联军攻占大沽炮台的当日,天津军民开始向盘踞在紫竹林租界和老龙头车站的联军发起进攻。清军与义和团在兵力上占绝对优势,但缺乏统一的作战计划,进攻多限于炮击和袭扰,以致失去有利战机。联军由于兵力有限,只得分区防守,以图自保。7月5日,直隶总督裕禄决定对租界联军实施三面进攻,以浙江提督马玉昆部武卫左军和曹福田部义和团由北面进攻老龙头车站和租界;罗荣光部淮军、总兵何永盛部练军及张德成部义和团从西面进攻租界;直隶提督聂士成部武卫前军从南面进攻租界。经数日激战,清军、义和团虽取得一定战果,但均未攻占预定目标。9日,联军向租界西南发起反击,聂士成在八里台督战阵亡。联军乘势攻占南机器局,后又退回租界。12日,联军在大批援军抵达后由防御转入进攻,13日,一部攻至天津东北城下,14日,另一部由南门攻入城中,天津陷落。

天津失陷后,清政府一面令从天津撤离的部队在北仓、杨村等地设防,一面调派其他部队增强北京及附近地区的防御。京津间清军兵力不下10万人。联军占天津后,决定集中兵力先攻占北运河两岸各战略要点,最后夺取北京。8月4日,1.8万联军沿北运河两岸北犯。5日至12日,连占北仓、杨村、河西务、通州等地。13日由通州出发,分路进攻北京。时守城清军有六七万人,但没有统一部署和指挥,外不设兵阻击,内不构筑工事,以致广渠门、东便门、东直门、安定门、朝阳门于14日相继失守,联军攻入城内。15日至16日,城内清军大部溃散,仅部分爱国官兵和义和团坚持作战。15日晨,慈禧携光绪帝出西华门、德胜门,逃往山西。17日,联军占领

北京全城,烧杀抢掠,为所欲为。在天津军民与联军激战时,清政府即开始谋求与列强议和。8月7日,以新任直隶总督、北洋大臣李鸿章为全权大臣,负责议和事宜。北京失陷后,27日又令庆亲王奕劻立即回京,与李鸿章会同办理和局。联军侵占北京后,为胁迫清政府无条件满足其侵略要求,又以北京、天津为中心,四面出击,至1901年3月,先后侵占了南至正定,北至张家口,东至山海关,西至娘子关的大片中国领土。9月7日,清政府被迫同英、法、德、俄、美、日、意、奥等国在北京签订了丧权辱国的《辛丑条约》。从此,中国半殖民地化程度进一步加深,民族危机更加严重。

舍生取义黄花岗:七十二烈士黄花岗起义

　　同盟会成立以后,曾多次发动武装起义,结果都失败了。到1910年春,部分革命领导者如黄兴等,对革命前途产生了悲观失望的情绪,甚至有的人主张搞暗杀,不要再搞大规模的武装起义。为了鼓舞士气,孙中山召集他们在马来西亚的庇能(今槟榔屿)开会。会上,孙中山鼓励大家说:"今日革命风潮已盛,民心归向我们,只要我们意志不衰,困难是挡不住我们前进的。"经过讨论,大家决定,1911年春在广州集合各省革命之精华,发动大规模起义,先占广州,再由黄兴统率一军出湖南湖北,由赵声带领一军出江西攻南京,两军会师长江,然后长驱北上直捣北京,倾覆清廷。

　　会后,一部分革命党人就到南洋和欧美各地,向华侨募集革命经费,经过革命党人的宣传鼓动,各地爱国侨胞,都积极捐款相助,有的人甚至变卖家产以相捐助。这次捐款共得十几万元,经费问题基本解决。1910年年底,黄兴、赵声等返回香港,着手筹备起义,成立了领导机关"统筹部",黄兴任部长,赵声为副部长,统一领导起义的准备工作。接着,革命党人纷纷潜入广州,熟悉环境,刺探敌情,还设立了许多秘密机关。为了转运军火,他们常常将女同志打扮成新娘,利用花轿来抬运枪支、炸弹。经过几个月的筹划,准备工作大体上就绪,革命党人摩拳擦掌,只等一声号令,就发动起义了。

　　起义的日期原定在1911年4月13日,不料在4月8日发生了革命

黄花岗七十二烈士墓

党人温生才刺杀广州将军孚琦的事件(他本来计划刺杀水师提督李准,结果刺中的是孚琦),清军立即加强了戒备,广州戒严,并且到处搜捕革命党人,这样,原订的起义计划受到影响。以后,形势日有变化,起义日期几次改变,最后确定在4月27日发动。4月27日下午5点半,螺号齐鸣,起义的时间到了,革命队伍人人精神抖擞,斗志昂扬。原定十路,后改为四路,由黄兴率领先锋队200余人直扑总督衙门,两广总督张鸣歧闻风逃跑,黄兴等找不到张鸣歧,就放起火来,当他们退出衙门的时候,碰到了敌人的大队人马。林时爽误信其中有革命党人,便挺身向前,企图晓以大义,不幸话未说完,便中弹牺牲了。接着,激烈的战斗开始了,革命党人数虽少,但人人奋勇当先,十分英勇,给敌人很大打击。如喻云纪等一路,先由后面进攻总督衙门,后又攻打督练公所,喻云纪胸前挂着满满一筐炸弹,所向披靡,敌人十分害怕。革命党人虽然英勇,但他们没有发动广大群众参加斗争,仍然以单纯的军事行动为主,结果,在寡不敌众的情况下,牺牲很大,不得不退出战斗,起义失败,黄兴、朱执信等负伤退回香港。

这次起义,因为是在阴历三月二十九日发动的,所以叫作辛亥三月二十九日广州起义。在这次起义中,许多革命党人壮烈牺牲,一部分人被捕后英勇就义。后来广州人民收得尸体72具,合葬于红花岗,后改为黄花岗,故称为"黄花岗七十二烈士",因此,这次起义又称作"黄花岗起义"。

武昌首义新纪元:推翻清王朝的武昌起义

黄花岗起义失败后,一部分革命党人决定把目标转向长江流域,准备在以武汉为中心的两湖地区发动一次新的武装起义。1911年4月,上海的同盟会中部总会派人到武汉与文学社、共进会联系,加速了武汉革命团体准备起义的进程。两个革命团体的有识之士,深感起义责任重大,日益产生了联合起义的思想倾向。经过多次协商,于1911年8月最终决定联合。

这期间,湘鄂粤川等地的保路运动风起云涌,四川尤甚,已发展成保路起义。清廷慌了手脚,四处调兵遣将前往镇压。9月21日,清廷令端方督率鄂军迅速抵川,鄂军第八镇所属第十六协大部分兵力入川,另一部分兵力驻防汉阳、汉口和市外他县,省城内外兵力仅14个标7000余人,其中参加文学社、共进会等革命团体和倾向革命的兵士占三分之一以上,形势对武昌首义极为有利。9月24日,文学社和共进会在武昌胭脂巷11号共进会机关召开由双方负责人和各标营代表60余人参加的联合会议上,议决了发动起义的计划,并确定了军事上和政治上的负责人选。军事上,文学社负责人蒋翊武被推举为革命军总指挥,共进会负责人孙武被推举为参谋长;政治上,共进会负责人刘公被推举为政治筹备处总理。起义总指挥部设武昌小朝街 85 号文学社机关内，政治筹备处设汉口宝善里 14 号，起义日期定为 1911 年 10 月 16 日(中秋节)。

10 月 9 日，孙武在汉口俄租界宝善里 14 号共进会机关制造炸弹，不慎爆炸。俄国巡捕闻声前往搜查，受伤的孙武与其他在场的人迅速脱逃，但起义的文件、印信、旗帜等重要机密被搜走。与共进会机关相邻的刘公寓所亦被查抄，刘公之弟刘同等人被捕。湖广总督闻报搜查和提审情况，深感事态紧急，立即下令全城戒严，按址搜查革命机关，按名册搜捕革命党人。武汉三镇，笼罩在一片白色恐怖中，当日下午 5 时左右，在武昌小朝街起义总指挥部的蒋翊武、刘复基等军事负责人，得知汉口出事，起义计划暴露，深感已是千钧一发时刻，如不尽快动手，就将坐以待毙，于是断然决定起义提前当晚 12 时发动，以中和门(今起义门)外炮声为号，随即派人火速向新军各兵营革命党人秘密传递起义命令。

当晚小朝街起义总指挥部被包围，军警破门而入。刘复基慌忙中投弹未炸被捕，彭楚藩亦被捉，蒋翊武因身着长袍马褂且蓄长辫未被军警注意，乘隙脱逃。杨宏胜在给各营送弹药途中被军警跟踪，投弹失误自伤而落入敌手。由于全城戒严，城门紧闭，命令未能按时送达城外炮队，当晚 12 时起义计划未能实现。

10 月 10 日晨，彭楚藩、刘复基、杨洪胜三志士在湖广总督署英勇就义的消息传开，军警的搜捕仍在紧张进行。许多革命党人和发动起来的新军兵士自忖生死存亡在此一举，与其坐以待毙，不如拼死求生。起义形势如箭在弦上，一触即发。晚 7 时许，驻中和门内第八镇所属工程兵第八营营房里首先发生兵士哗变，响起了枪声，有几个官佐被击毙，该营党人总代表、新军后队正目(相当于班长)熊秉坤见状，立即率数十名起义士兵奔向中和门附近的楚望台军械库。在本营驻防军械库兵士的策应下，占领了军械库，并打开了库门。起义部队得到军火，士气大振。这时，聚集在楚望台的起义士兵 300 余人。由于孙武负伤住院，蒋翊武在军警搜捕时脱逃，其他起义领导人或殉难，或被捕，现场上群龙无首，无法统一指挥。在场职位最高的熊秉坤，以总代表的身份负责现场指挥，尽力稳住军心。这时，有士兵建议，把起义时躲避起来的左队队官(相当于连长)吴兆麟找来当总指挥。熊秉坤胸怀全局，考虑自己职卑位低，恐难左右局势，给起义带来不良后果，于是欣然顺应士兵要求，推举吴兆麟当临时总指挥。吴兆麟原系日知会会员，后没有参加任何革命组织，但此人干练，有一定的指挥能力。吴兆麟不负众望，立即命令一部分兵力加强楚望台一带的警戒，同时再次派人与城内外其他革命部队联系。城内外得知事起的革命部队纷纷向楚望台集结。

在各起义部队向楚望台集结的同时，吴兆麟、熊秉坤已率起义部队向湖广总督署(今武昌造船厂)发起进攻，战斗进行得很艰苦，不克而返。南湖炮队入城，楚望台、蛇山等处的炮击开始以后，战局出现转机。新军各标营更多的士兵起义响应，营以上军官绝大多数见势不妙,保命离营。此刻,湖广总督瑞澂、第八镇统制兼防营提督张彪、督办公所总办铁忠命令所属各部队长官制止内部响应并组织可靠兵力保卫督署,全剿起义士兵,致使进攻督署之战连连受阻。晚12点以后,起义军再次进攻督署,且兵分三路,在大街小巷展开血战。由于天黑又雨,目标能见度低,炮屡发不中,于是有人冒死冲往督署附近纵火,以火光为标志,提高炮击的命中率。接着,督署签押房被击中。瑞澂和铁忠见大势已去,慌忙中打破署院后墙,逃往长江的一艘兵舰上。张彪仍在其司令部(第八镇司令部在督署附近)顽抗。起义军经过三次进攻,终于在炮队的密切配合下于天明前攻克了总督署及第八镇司令部。张彪在司令部被攻克前逃往汉口。随后起义军所向披靡,藩台衙门很快亦被起义军占领。经过一夜浴血鏖战,到10月11日上午,武昌全城光复。

武昌起义敲响了清王朝封建统治的丧钟,吹响了共和国诞生的号角。它成为对清王朝发动总攻的突破口,并在全国燃起燎原烈火。不久,清帝被迫退位,结束了200多年清王朝封建统治和2000多年君主专制统治。

战争击碎皇帝梦:护国战争

辛亥革命推翻了中国2000多年的封建帝制,然而,孙中山领导下建立的中华民国南京临时政府成立还不满100天,革命的胜利果实就被北洋军阀头子袁世凯窃取。在窃取了中央政权后,袁世凯倒行逆施,对外卖国,对内独裁。他原封不动地保存着封建土地所有制,搜刮民脂民膏,苛捐杂税不计其数,人民仍生活在水深火热之中;他破坏了责任内阁,用武力迫使议会选他为大总统,接着又强行解散国会,修改《临时约法》及《大总统选举法》,由正式总统变为终身总统。但他并不满足于当终身大总统,又搞了一场帝制自为的丑剧。为此,他在社会上掀起了一股尊孔读经的逆流,为复辟帝制大造舆论。为取得帝国主义对他复辟帝制的支持,他大肆出卖中国的主权,特别是与日本订立"二十一条",对我国主权实行了空前规模的大拍卖。他还出卖了中国的大量路权,并通过《中俄声明》《中俄呼伦条约》等,使俄国控制了外蒙古,更加便利于对黑龙江省进行侵略。

在他认为准备工作就绪之后,便公然冒天下之大不韪,着手复辟帝制。他一方面通过其洋顾问、美国政客古德诺发表《共和与君主论》一文,鼓吹中国应采用君主制,制造复辟帝制的舆论;另一方面又指使杨度等人组成"筹安会",作为实行帝制的宣传机关。"筹安会"极力强调中国应改行君主立宪制,并与袁世凯的党羽串通一气,以各省旅京人士的名义,组成各省"公民请愿团",向"参政院"要求改变国体。袁世凯的心腹和"财神"梁士诒也用巨款收买各方,甚至组成"乞丐请愿团""妓女请愿团"等叫嚷实行帝制。袁世凯为使自己称帝披上合法的外衣,示意他的党羽设法"征求"民意,梁士诒策动一些政客成立"全国请愿联合会",向"参政院"要求召开"国民会议",决定国体。据此"参政院"议决组成"国民代表大会",决定国体,并立即制定出《国民代表大会组织法》。1915 年 10 月 8 日,袁世凯急忙公布了这个"组织法"。袁世凯的亲信加紧策划,向袁委派在各地的军政长官发出一道道密电,令各省物色出"国民代表",并就地举行所谓"国体投票"。因"国民代表"是事先经过严格挑选的,袁的党羽对他们又进行了威胁和收买,在选举中又采取记名投票方式,所以在11 月 20 日投票结束后,统计各省区总共 1993 个"代表"所投的票数时,竟造成了全部赞成君主立宪而无一废票的罕见局面。同时,投票代表又全部附有"推戴书",一致"委托"参政院为"国民代表大会总代表",并同声叫嚷"恭戴今大总统袁世凯为中华帝国皇帝"。12 月 11 日,"参政院"一连两次上书,劝袁世凯进帝位。次日,袁世凯认为自己导演的帝制丑剧达到足以遮人耳目的地步,便宣布承认帝位。12 月 13日,他接受百官朝贺,大加封赏。

袁世凯的倒行逆施引起全国人民的激烈反对。1915 年 12 月 22 日,云南将军唐继尧召开军事会议,与会者一致赞同蔡锷所提立即兴师讨袁的主张。23 日,唐继尧等向袁世凯发出最后通牒,要求取消帝制,惩办元凶。袁世凯拒不答复。25 日,唐继尧、蔡锷等通电全国,宣布云南独

云南护国将军

立,以唐继尧为都督,又将云南陆军编成护国军第一、二、三军。由蔡锷、李烈钧分任第一、二军总司令,统兵出征;唐继尧兼任第三军总司令,留守云南,护国战争正式爆发。护国军以夺取四川为首要目标。蔡锷亲率护国第一军向四川进发。1916 年 1月下旬至 3 月下旬,在川南与优势袁军展开激战。此外,护国军还先后开辟了湘西和滇桂边两个战场。1 月 27 日,贵州响应云南独立。2 月 21 日,李烈钧率护国第二军进军广西,迫使袁军缴械投降。3 月 15 日,陆荣廷宣布广西响应云南独立,护国战争达到高潮。袁世凯见大势已去,被迫于 3 月 22 日宣布取消帝制,命四川将军陈宧与蔡锷谈判议和,妄图退保总统地位。护国军坚持袁不退位,无调停可言。此后,广东、浙江先后宣布独立。袁世凯内部又分崩离析,陕西、四川、湖南纷纷宣布独立。

6月6日,袁世凯在恐惧和怨恨中死去。29日,继任大总统黎元洪宣布恢复《中华民国临时约法》和国会。7月14日,唐继尧通电撤销军务院,护国战争宣告结束。

"护国运动"反映了中国人民反对袁世凯反动统治的愿望,粉碎了袁世凯帝制自为的计划,是具有一定的进步意义的。但因它与北洋军阀后起势力妥协,并没有推翻整个北洋军阀的反动统治。因而,这一运动的作用非常有限,谈不到改变中国半殖民地半封建的社会状况。

武装反抗北洋军:护法战争

袁世凯死后,北洋军阀段祺瑞掌握了北京政府的实权,从1916年6月至1920年7月进行了为期4年多的反动统治。段祺瑞完全承袭了袁世凯的衣钵,仍然是对内坚持军事专制独裁,残酷压迫剥削广大人民群众,对外充当帝国主义特别是日本帝国主义的走狗,大肆卖国。

在政治上,他宣布袁世凯统治时期限制报刊的法令继续有效,人民的言论出版自由受到严厉压制。1917年5月,段祺瑞政府宣布实行新闻邮电检查。1918年10月,又公布了《报纸法》。在他整个统治时期,封报捕人的事件接连不断。段祺瑞还视广大工农群众和青年学生爱国有罪,动辄成批逮捕入狱,以致监狱容纳不下"犯人",人民根本没有任何民主权利可言。

在经济上,段祺瑞政府不断增加田赋、捐税,增发内债,甚至预征田赋,巧取豪夺,无所不用其极。1919年比1912年,田赋增加了七倍,盐、烟、酒税各增加了三倍,印花税增加了六倍。仅1918年,就发行了各种名目的内债多达1.39亿元。巨额的外债,最后也全部落到劳动人民头上。有的地区出现了饥民遍野、乞讨无门的悲惨景象。全国各地兵连祸结,天灾频繁,仅河北省在1917年7月至1918年4月,就有103县受水灾,灾民有635万多人,广大农民流离失所,苦不堪言。

外交上,段祺瑞军阀政府在卖国方面大大超过了袁世凯。他为了投靠日本帝国主义,通过大借外债,出卖了大量的国家主权,充当了日本帝国主义控制中国的得力工具。从1917年至1918年,他以"参战"为名,指派陆宗舆、曹汝霖等人,用多种名目向日本寺内正毅内阁借款实额共达3.8亿多日元。在这些借款中,仅由寺内的代表西原龟三经办的就达1.45亿日元,所以通常又称"西原借款",仅此一项,就超过了袁政府时期的全部借款。段祺瑞为取得这些借款,出卖国家主权之多之大,都是十分惊人的。如通过"铁路借款""矿山借款"等,出卖了东北的吉长、吉会铁路和所谓满蒙五铁路,以及吉林、黑龙江两省的森林、金矿;通过"无线电台借款""有线电报借款"等,使中国的电讯事业为日本所控制;通过"参战借款""军械借款""军械军火借款"等,让日本操纵了"参战军"的指挥权,控制了中国的兵工厂及各省煤铁大矿;还使日本得以用"顾问""教官"等名义,把大批间谍、特务、军国主义分子派到中国来进行侵略活动。1918 年,日本提出独占山东各项权利的要求,段祺瑞竟表示"欣然同意",致使日本以此为口实,不肯把山东交还中国。同年 5 月,段祺瑞反动政府又与日本签订所谓《中日陆军共同防敌军事协定》《中日海军共同防敌军事协定》,使日本取得了在中国驻兵、日军自由出入东三省和蒙古的特权,还使日本得以指挥中国军队进攻西伯利亚,并趁机控制了整个东三省。因此,段祺瑞卖国独裁的反动统治同样激起全国人民的多次反抗斗争。

段祺瑞在张勋复辟失败后,自命为"再造共和"的英雄,奉行"武力统一"政策。他蛮横拒绝恢复南京临时政府的《临时约法》和国会,采纳已由"进步党"演变成"研究系"政客的梁启超之流"改造国会"的建议,图谋召集临时参议院,另组所谓新国会,以排斥旧国会中反对他的原国民党议员。段祺瑞的专制独裁行径,成为"护法运动"的导火线。

1917 年 7 月,孙中山提出拥护《临时约法》和国会的号召,率领响应护法的驻沪海军去广州,发起"护法运动"。8 月,一些不满段祺瑞的国会议员也先后到了广州,由于他们尚不足法定人数,便组成"非常国会",召开"国会非常会议",议决成立护法军政府,推举孙中山为大元帅,唐继尧、陆荣廷为元帅。孙中山领导滇、粤军及部分桂、黔、湘、川军,进行"护法战争",抗击段祺瑞的军事进攻,在湖南、四川等地的战斗中打了一些胜仗。但是在"护法运动"中发展起来的滇、桂西南地方军阀,并非真心护法,不过是为了与北洋军阀争地盘和借"护法"的旗帜以自保。所以,当直系军阀冯国璋不满段祺瑞牺牲直系军队为皖系抢地盘而与西南地方军阀进行勾结时,西南军阀便与北洋军阀妥协,转而排挤孙中山。1918 年 5 月,西南滇、桂军阀操纵"非常国会"通过《修正军政府组织法》,将原来的大元帅制改为七总裁制,实际上是由陆荣廷一人独裁。孙中山愤而通电辞职,离粤赴沪。他领导的第一次"护法运动"失败了。

护法运动是旧民主主义革命时期孙中山领导的最后一次反抗北洋军阀的斗争。其失败的原因,是由于孙中山这时仍提不出彻底的反帝反封建的政治纲领,"护法"的口号已不适应形势发展的需要,引不起群众的多大反响和支持;同时孙中山所依靠的护法力量,又是并不真心护法的地方军阀。护法运动的失败,说明资产阶级领导的旧民主主义革命在中国已经没有出路。但是,这次失败,使孙中山认识到南北军阀都是中国的"大患","南与北如一丘之貉"。辛亥革命推翻清王朝的专制后,复生出无数军阀的专制,"其为毒之烈,较前尤甚"这一经验教训,对于孙中山日后继续进行反对军阀的斗争,是有重要意义的。

军阀内部互争斗：直皖战争

1918 年 10 月,冯国璋为皖系军阀排挤,被逐出了北京政府。段祺瑞虽然同时去职,但北京政权实际上仍然控制在皖系军阀手中,段祺瑞本人领有参战督办之名,直接控制着参战军。第一次世界大战结束后不久,参战军先改名为国防军,再改名为边防军。1919 年 6 月,段祺瑞的心腹徐树铮被任命为西北筹边使兼西北边防军总司令,皖系势力深入西北。同年 11 月,徐树铮又以西北筹边使领督办外蒙善后事宜,皖系势力再深入到外蒙。皖系势力的膨胀及其利用安福国会,排斥直系势力,觊觎直系地盘等,引起直系军阀的严重不满。同时,由于皖系势力向外蒙和西北扩张,对奉系军阀造成一定威胁,因此也引起奉系军阀的不安。

直系军阀在英、美帝国主义的支持下,决心要与皖系军阀争夺中央政权。他们利用人民群众反对皖系军阀卖国的革命情绪,与南方军阀相勾结,并且联合东北的奉系军阀,活动倒皖。1919 年秋冬之间,出现了直、苏、鄂、赣和东北三省组成的直奉反皖七省联盟。1920 年 2 月中旬,段祺瑞企图侵吞与直系有关的河南督军赵倜的地盘,这样又引起赵倜对皖系军阀的不满。赵倜乃决定参加七省反皖联盟,使七省联盟扩大为八省联盟。驻在湖南衡阳的吴佩孚,是直系反皖的急先锋,他以没有发兵饷为借口,要求撤防。吴佩孚早与南方军阀秘密商定,一旦北军后撤,南军即行前进。1920 年 5 月 20 日,吴佩孚从湖南衡阳向北撤兵,北京政府急令停止,吴佩孚置之不理。直系军一退,湘军紧紧跟上,于是驱逐了统治湖南两年多的皖系军阀张敬尧。同时,张作霖在沈阳借做寿为名,曹锟在保定以追悼在湘阵亡将士为名,先后召集八省反皖联盟的军阀代表举行秘密会议,策划对付皖系的武力行动。参加八省反皖联盟的是直督曹锟、苏督李纯、赣督陈光远、鄂督王占元、豫督赵倜(以上属直系)、奉督张作霖、吉督鲍贵卿、黑督孙烈臣(以上属奉系),直奉两系联合,渐趋成熟。

6 月初,吴佩孚行抵郑州,军队分驻于河南、河北各地,摆起了对付皖系的架势,然后通电要求召集国民代表大会解决国事,表面上好像是关心国家大事,实际上是利用群众的反皖情绪。同时,奉系军阀张作霖也派兵入关,与直系配合倒皖。在直、奉的活动下,受皖系包围的大总统徐世昌,在 7 月 4 日下令免去徐树铮西北筹边使、西北边防军总司令等职,并将边防军改归陆军部接收。边防军事实上是“皖家军”,将边防军改归陆军部,等于置皖系于无用武之地,直、皖两系矛盾已处于剑拔弩张之势。

皖系军阀积极备战,以对付直系。日本帝国主义准备给皖系军阀段祺瑞以积极

段祺瑞

支持，但遭到英、美帝国主义的阻拦，就连皖系以京绥路作抵押向日本借款500万元提供战费一事，也为英、美干涉而未成。7月14日，日本被迫发表决不助段的声明。尽管如此，皖系仍设法挽救自己。在徐树铮免职令发表的第二天，段祺瑞即以边防督办名义，下令徐树铮"照常办公"，并决定先发制人。7月9日，段祺瑞将边防军改名"定国军"，自任总司令，派徐树铮为参谋长，段芝贵为第一路军司令兼京师戒严总司令，曲同丰为第二路军司令兼前敌司令，魏宗瀚为第三路军司令。同日，段祺瑞派兵包围总统府，逼迫徐世昌下令免去吴佩孚本兼各职，交陆军部"依法惩办"；免去曹锟本兼各职，"褫职留任"。段祺瑞声称："大总统任免黜陟，不能为一党一派所挟制；关于徐树铮、张敬尧免职，余不过问，唯湖南问题，四省经略使曹锟，任吴佩孚自由撤防之罪，不可不问；余为维持国家纲纪计，必兴问罪之师。"7月10日，皖系军阀以吴佩孚不交卸军队，反而开进，下令向直系发动进攻，于是，直皖两系军阀狗咬狗的战争就此爆发。

直系军阀为对付皖系的进攻而组织"讨逆军"，以吴佩孚为前敌总司令兼西路总指挥，曹锟为东路总指挥，王承斌为后路总指挥。7月12日，曹锟、张作霖等联名通电讨伐段祺瑞，说皖系军阀盗胜专横，唯有厉兵秣马，共伸义愤。第二天，在琉璃河一带两军开始交战。开始两天，战斗甚为猛烈，激战两昼夜，互有损伤，直军先败。17日，奉军投入战斗，协助直系。吴佩孚所率直军西路突入涿州、高碑店一线，皖军大败，第二十五师二十九旅旅长张国溶、三十旅旅长齐宝善，均向直军投降。吴佩孚率兵冲入皖军前敌总部，生擒皖军第二路军司令兼前敌总司令曲同丰及司令部全体高级将领。曲同丰表示投降，并向皖军发出"共起讨贼"的通电。这样皖系主力曲同丰部4万余人或投降或被歼或溃散。此外，东路之皖军徐树铮部、湖北之皖军吴光新部，以及察哈尔之皖军，连吃败仗，吴光新被冯玉祥所俘，其他重要将领皆丧师逃走。18日，胜负已决，皖系大败。

这次战争，双方各投入近10万人的兵力。段祺瑞亲自培植两三年，花了巨大代价的参战军，仅在四五天内即全军覆没。丧失了武装力量的段祺瑞，不得已于7月20日自请免去本兼各职，逃出北京。23日以后，直、奉两军以胜利者的姿态进入北京，直皖战争以皖系军阀的失败而告终，北京政权落入了以直系为主的直、奉两系军阀手中。

第三章　中国现代战争战役

统一两广根据地：东征之战

东征是指 1925 年 2 月至 11 月，广州革命政府在中国共产党、苏联顾问、东江农工群众支持和帮助下，以黄埔军校校军为主力组成东征军，两次讨伐军阀陈炯明的作战。这两次东征沉重地打击了帝国主义和反动军阀，有力地保卫和推动了工农革命运动，增强了中国人民反帝反封建斗争的胜利信心，为国民革命军出师北伐奠定了基础。

1925 年年初，全国革命形势日益高涨，客观上为广东革命根据地的统一提供了大好时机。革命政府平定商团叛乱以后，虽得到了初步的巩固，但是广东革命政府仍处在广东地方军阀陈炯明的直接威胁之下。陈炯明自从退守东江一带后，和北洋军阀和帝国主义相勾结，公然与革命政府分庭抗争，时刻准备卷土重来，对广州革命政府造成严重的威胁。孙中山多次征讨，但都没有成功。这年年初，孙中山在北上到达北京后身患重病，生命垂危，陈炯明乘机自封"救粤军总司令"，并积极联络滇、桂军阀，准备大举进攻广州。为了解除这一隐患，广州革命政府出师东征。

东征军以黄埔学生军3000 人为主力，黄埔军校教导团、粤军第二师张民

国民革命军东征总指挥部

达部、第七旅许济部,在黄埔军校校长蒋介石的率领下,于1925年2月1日开始了第一次东征。黄埔学生军初出茅庐就锋芒毕露,连下东莱、石龙、常平、深圳,14日进攻淡水,与陈炯明叛军展开一场血战。经过两天两夜的激烈战斗,消灭了陈炯明大批叛军。3月12日,叛军在棉湖组织1万余顽敌包围了东征军。正在此时,孙中山在北京逝世的消息传来,全体东征军将士将自己的悲愤之情化作对叛军的仇恨,面对十倍于己的敌军,教导第一团和黄埔学生军拼死杀敌,双方展开了激烈的拉锯战,许多阵地失而复得,最后在教导二团和粤军第七旅的支援下,将顽敌击退,并乘胜追击,击溃了陈炯明军的主力。

正在此时,滇、桂军阀杨希闵、刘震寰在广州叛乱,大本营急令东征军回师广州,平定刘、杨叛乱。滇、桂军原系旧军队,当初只是为了各自的利益,才打起拥护孙中山的旗号,在驱逐陈炯明以后,一直在广州一带割地称雄。第一次东征时,他们拒不执行大本营进军的命令。桂军屯兵于惠州城下,不发一枪;滇军徘徊于增城、博罗间,与河源林虎部达成默契。刘震寰还亲赴云南,接受唐继尧的接济,勾引唐继尧攻打广西,直下广东,被唐继尧任命为广西军务督办兼省长。杨希闵则潜赴香港,与北洋军阀政府代表洽商,阴谋推翻广州革命政府,由他任广东督理。此时刘、杨乘广东革命根据地内兵力空虚,遂于6月4日武装占领广东省长公署和财政厅各机关,大本营被迫迁移,广州危急。蒋介石接到命令后,立即回师广州,6月10日,兵分三路向滇、桂军发动全面进攻,在龙眼洞、瘦狗岭、广九路火车站一带展开了激烈战斗。廖仲恺也派人发动铁路工人、船员、海员等举行同盟罢工。蒋介石在广大工人群众的支持下,很快击败了滇、桂军,击毙滇军师长赵成梁,俘房桂军师长陈天泰,刘、杨无心恋战,逃亡香港。叛乱平息,广东革命政府转危为安。

第一次东征虽打垮了陈炯明主力,但并未能彻底消灭叛军。东征军回师广州平定刘、杨叛乱时,陈炯明纠集残部也跟着填补真空,重新占领先前失去的地盘,并勾结盘踞广东南部的邓本殷部,形成对广州两面夹击的形势。革命政府为了消灭陈炯明叛军,统一广东,在平定刘、杨叛乱以后,再次下令进行第二次东征。10月初,蒋介石率领东征军3万余人,兵分三路向东江地区进发,10日进抵惠州城下,对惠州发动猛烈进攻,敌军顽固抵抗,经过三四天的激烈战斗,黄埔学生军陈明仁连率先登上城头,敌军抵抗不住,纷纷溃退,向紫金山方向逃窜。以后又在海丰、华阳发生两次激烈战斗。10月22日,第一师三团收复海丰。27日华阳一战更是悲壮,敌林虎部1万余人包围了第三师,该师三个团被打垮两个,幸得一师二团绕道敌后发动进攻,敌始退却。11月5日收复东江,陈炯明叛军全部消灭。在第二次东征的同时,广东革命军还发动了镇压邓本殷叛乱的南征,收复高、雷、钦、廉各州。

两次东征胜利后，广东革命根据地实现了统一，巩固了革命政权，为革命的进一步发展提供了可靠的后方基地。同时也为作为东征军总司令的蒋介石造就了一个"英雄"形象，提供了起家的政治资本。

国共合作启新篇：北伐战争

北伐战争是一场规模空前的反帝反封建的革命战争。这次战争沉重打击了北洋军阀的统治，产生了深远的影响，同时也使中国共产党人认识到开展武装斗争的极端重要性，开始了创建工农红军、进行土地革命的新时期。

北伐战争前，中国处在北洋军阀的黑暗统治之下，他们对外投靠帝国主义，对内实行反动统治，人民没有思想言论的自由，更没有反抗斗争的权利，加之各派军阀连年混战，中国大地上战火不断，民不聊生。打倒北洋军阀，已成为全国人民的一致呼声。人心的向背是决定战争成败的决定因素，这种铁的规律是不以人的意志为转移的。从1925年的"五卅"运动以来，革命力量日益增长，在中国共产党领导下的工会会员已达到120余万，农民协会遍及12省，会员达百万人。两次东征胜利后，广东革命根据地更加巩固，为北伐战争准备了物质和精神上的条件。在这样的形势之下，国民党"二大"正式确定了北伐的方针，旋即得到了全国人民的热烈响应，邻近广东的湖南人民反应更是强烈，长沙万余群众集会，"请国民政府北伐"，湖南军阀赵恒惕部下第四师师长唐生智，看到革命力量上涨，表示倾向革命，并投归国民政府。但在反革命进攻下，唐生智被迫放弃长沙，退守衡阳，向广东求援，因此，北伐战争就从援唐开始。

1926年5月，广东国民政府派遣叶挺独立团作为北伐先遣队，向湖南挺进，增援唐生智部，并派第七军一部随后跟进。独立团在湖南人民配合下，首战汝城，旗开得胜。6月5日，攻克攸县，以一团之军胜敌四倍之众，为北伐胜利之先声。先遣队在与其他北伐军的共同奋战下，稳定了湖南战局，开辟了北伐胜利的道路。

在中国共产党的积极推动下，1926年7月9日，国民革命军正式出师北伐。在中国共产党积极影响和推动下的北伐战争，是一个空前广泛的群众性的统一战线的战争。中国共产党、广大工农群众和国民党左派，坚决拥护和支持北伐，并通过北伐来完成反帝反封建军阀的国民革命。北伐出师时，广东革命群众就掀起了一个支援前线的运动，在战争过程中，出现了从未有过的广大工农群众支前的热烈场面，人民革命力量在战争中得到了充分的发挥。这也是北伐能够取得胜利的坚实基础。广东国民政府的北伐得到了苏联的大力援助，苏联不仅提供了许多物资，还派了很多军事顾问,协助北伐军制定正确的战略方针和战役计划,并提供了部队政治工作经验,对北伐战争做出了重要贡献。北伐之初,蒋介石尚不敢公开打出反共旗号。蒋介石毕竟不是一个头脑简单的军人,他明白自己的力量还不足以与中共和国民党左派相抗衡,他也深知没有中共领导下的工农运动和共产党人、革命官兵的拼死搏斗,北伐是不可能成功的。所以他一方面大力排挤中共,另一方面又不得不喊几句革命口号,表示支持革命运动,以期借中共和民众之力来遂其私愿。

准备参加北伐的武装力量是广州革命政府统率下的国民革命军约 10 万人。北伐的劲敌是奉系军阀张作霖、直系军阀吴佩孚和从直系中分化出来自成体系的军阀孙传芳。他们表面上非常强大,但是政治上腐败没落,经济上一筹莫展,加上内部矛盾重重,实力已大为削弱。在出兵北伐之前,苏联顾问加伦为北伐军制定了一个集中兵力,各个击破敌人的战略方针,决定:北伐军经湖南,入湖北,迅速占领武汉,首先打败对广东革命根据地威胁最大的吴佩孚,然后移师东南,击溃孙传芳,最后在适当的时机歼灭张作霖。故出师之时,有"打倒吴佩孚""妥协孙传芳""放弃张作霖"之说。

北伐战争中,湖南、湖北是主要战场。其中尤以汀泗桥、贺胜桥二役最是激烈。北伐开始时,吴佩孚主力尚在北京南口。8 月中旬,他在湖南的城地已接连失守。接着又闻湘中大败,武汉震动,吴佩孚才慌忙亲率精锐数万人乘车兼程南下,拟固守汀泗桥,等待援兵,挽回败局。汀泗桥为鄂南第一门户,形势险要,三面环水,一面临山。桥上敌人构筑坚固碉堡,配置强烈炮火。吴佩孚企图凭借天险,争得喘息时间,待北方大部援军驰至,再行全力反攻,故以数万之众守汀泗桥。而北伐军为打通直捣武汉的门户,打破吴佩孚死守待援的计划,必须不惜一切代价,乘敌兵力尚未集中之机,迅速拿下汀泗桥。所以汀泗桥之战就成为决定北伐军胜败的关键一战。8 月 26 日,第四军发起进攻,遭到敌人的疯狂阻击。吴佩孚下令,只许前进,不许后退。双方争夺十分激烈,汀泗桥战地几次易手,两军尸体重叠桥头。第四军在农民向导队协助下,冒着枪林弹雨,迅速冲到彼岸,并夺取了敌最高峰阵地。8 月 27 日拂晓前,主力开始攻击。经激战,北伐军左右出击,前后夹攻,敌人全线崩溃,北伐军占领汀泗桥。

贺胜桥地势也很险要,为鄂南第二门户要冲。吴佩孚虽败于汀泗桥,仍图固守贺胜桥,以挽回败局,亲乘装甲火车在桥北督战。北伐军乘胜挺进,以第七军为右翼,第八军为左翼,第四军为中路主攻贺胜桥。8 月 30 日拂晓开始总攻,战斗异常激烈,各部队奋勇冲杀,双方发生肉搏。叶挺独立团最先突破敌第一线阵地。当地农民群众煮饭煮粥,送到火线,北伐军官兵士气更为振奋,经一天激战,即攻下贺胜桥。

贺胜桥攻占后，北伐军乘胜向武汉三镇进发。10月10日，第四军对武昌发动攻击，以共产党员和共青团员为骨干的叶挺独立团首先由中和门冲入城内，敌人一部分投降，其余全被缴械，北伐军终克复武昌。叶挺独立团及其所在的第四军，自北伐以来，屡建战功，名扬四海，赢得了"铁军"的光荣称号。后来叶挺担任新四军的军长，其军歌的开头就是"光荣北伐，武昌城下"，借以纪念第四军在北伐中立下的丰功伟绩。两湖战场上自北伐军正式出师算起，到10月10日攻克武昌，前后仅四个月时间，就打败了不可一世的军阀吴佩孚。

在北伐战争刚开始之时，孙传芳按兵不动，9月初，当北伐军围攻武昌之际，孙传芳再也坐不住了，调兵10万之众，倾巢进犯湘鄂。北伐战场由湖北转向江西。蒋介石的嫡系一军因排斥了共产党员，加上指挥不力，被孙传芳打得一败涂地，后由于第四军等主力增援江西战场，加之孙传芳内部分化，后方不稳，方才扭转战局。11月初，北伐军将孙军主力围歼于南浔路南段，7日攻克南昌，孙传芳败逃。

北伐军自出师以来，节节胜利，半年多时间就攻下了湖南、湖北、江西、福建、浙江、安徽、江苏等省的全部或一部，占领了长江流域直至黄河流域的广大地区。

蒋阎冯桂相煎急：中原大战

1930年5月，从中国的中原大地上传出了震动世界的枪炮声，硝烟与火光冲天而起，把东方的天空烧得通红。百万大军疯狂地厮杀，飞机在俯冲轰炸，远程大炮炮管打得发红，步兵们跟在英式坦克后面，没命地向前冲杀，鬼头大刀划着弧光在空中乱舞，整个中原大地弥漫着浓浓的血腥味。这里，蒋介石、阎锡山、冯玉祥和桂系军阀李宗仁正在进行中原大血战。这场大血战的发生，是国民党内部派系斗争发展的必然结果。

大革命失败后，以蒋介石为首的国民党新军阀建立了在全国的反动统治。国民党新军阀是各派合流而成的，他们之间矛盾重重，就是国民党内部也派系林立，相互之间展开了争权夺利的斗争，战乱不断。特别是1928年蒋介石、阎锡山、冯玉祥和李宗仁四派军阀对奉系军阀"北伐"获胜后，东北改旗易帜，国民党新军阀派系矛盾更加突出。1929年，在完成形式上的统一后，蒋介石召开所谓"编遣会议"，以裁军为

阎锡山、冯玉祥、李宗仁宣誓讨蒋

名,排斥异己,扩充嫡系,这就引起了国民党内各地方军阀的强烈不满。1930年春,阎锡山通电要求蒋介石下野,各地反蒋军阀纷纷响应,并派代表赴太原商讨反蒋。3月15日,冯、阎、桂三集团将领鹿钟麟、商震、黄绍竑等57人,推举阎锡山为"中华民国军"总司令,冯玉祥、李宗仁为副总司令,共同举兵反蒋。反蒋阵线的"中华民国军总司令部"组成之后,以西北军为"中华民国军第二方面军",以鹿钟麟为前敌总指挥,以30万大军分六路进入河南,在陇海线、平汉线等战场作战。晋军为"中华民国军第三方面军",徐永昌为前敌总指挥,张荫梧、傅作义为副总指挥,兵分六路,分别投入津浦战场、陇海战场作战,总兵力20余万人。原驻扎在新乡地区的石友三部,编为"中华民国军第四方面军",石友三为总指挥,以10万之众东攻鲁西。为了统一指挥第二、三、四方面军协同作战,任命鹿钟麟为三个方面军的前敌总指挥,徐永昌副之。在南方张桂联军编为"中华民国军第一方面军",组成总司令部,李宗仁为总司令,黄绍竑为副总司令,白崇禧为总参谋长,共3万人马分兵进入湖南。反蒋联合阵线集中70万大军,分别在津浦、陇海与鲁西南、平汉、湖南四个战场同时进兵。

大兵压境,蒋介石也不甘示弱。他调集蒋军主力及附近各派军队70万人投入对反蒋联军作战。蒋介石亲自任总司令,决心以粤系陈济棠部的第八路军,朱绍良部的第六路军,何键的第四路军,围歼张桂联军,及早平定广西,然后移兵中原作战;调集蒋系部队的主力用于徐州以西的陇海战场,企图一举歼灭阎、冯主力。4月,在东起山东,西至襄樊,南迄长沙的数千里战线上,展开了百万军队的大厮杀。5月11日,蒋军发起总攻击。刘峙军团由徐州沿陇海路西进,16日攻占商丘,冯玉祥部退守开封、杞县一带。冯调整部署分四路反攻,激战旬余,使刘峙退至定陶、曹县、民权地区。8月6日,冯指挥数十余师兵力,以徐州为目标,分七路发起进攻。蒋下令固守阵地,双方僵持于内黄集、宁陵、商丘一线。在南线战线,李宗仁为策应冯、阎部的攻势,于5月下旬指挥所部分三路从广西入湘,于6月初攻入长沙,6月8日又陷岳阳,进入湖北。在粤军与蒋军的夹击下,桂张联军于7月初向南撤回广西。在北部战场,阎锡山沿津浦铁路进攻德州,迫使韩复榘向南撤退,在石友三配合下攻克济南,在蒋介石的反扑下,阎军节节败退。

在整个战争中,交战双方实力相当,张学良拥兵关外,处于举足轻重的地位。因此,蒋介石和反蒋势力都拉拢张学良。蒋介石先将青岛的地盘让给张学良,又委以海陆空军副总司令之职,并贿以3000万元的巨款。9月18日,张学良发表拥蒋通电,出兵华北,占领平津,战场形势发生巨变,反蒋阵线很快瓦解。11月4日,阎锡山、冯玉祥通电下野,其部被蒋介石改编,至此,这场历时七个月的中原军阀大混战以蒋介石的胜利而宣告结束。这场战争是军阀之间争权夺利的结果,是反动派之间狗咬狗的火并。但这场战争却给人民带来了深重的灾难,战争中双方伤亡共 30 万人,大量中原人民流离失所,生活在水深火热中。

冲破黑暗第一枪:南昌起义

位于赣江下游的南昌曾为豫章故郡,洪都新府,是一座历史名城。唐代著名诗人王勃在其《滕王阁序》中开篇说,南昌"襟三江而带五湖,控蛮荆而引瓯越。物华天宝,龙光射牛斗之墟;人杰地灵,徐孺下陈蕃之榻"。就是在这里,中国共产党开始了自己领导的武装斗争,建立了一支属于自己的强大的人民武装。

大革命失败后,中国共产党认识到只有独立掌握军队,建立强大的革命武装,才能取得革命的胜利。1927 年 7 月中旬,李立三、邓中夏、谭平山、叶挺、恽代英、聂荣臻等提出,组织贺龙、叶挺等部队,同时联合武汉国民政府第二方面军总指挥张发奎,于南昌、九江地区举行武装暴动,并南下广东,支援当地农民起义,实行土地革命,建立革命根据地,然后举行新的北伐。7 月 24 日,中共中央临时政治局常委会讨论并通过了发动南昌起义,决定组成领导起义的中央前敌委员会。同时中央军事部成立了"前敌军委",着手考虑具体行动计划,进行联络准备工作,组织起义,建立我们党自己的武装。7 月 26 日,在南昌成立了以周恩来为书记的中共中央前敌委员会。预定参加起义的国民革命军第十一军第二十四师、第十师和第二十军陆续由九江、徐家埠(今永修)向南昌集中,加紧进行起义的准备工作。28 日,成立了起义总指挥部。

当时南昌敌人力量比较薄弱,有朱培德第五方面军总指挥部及警卫团,第三军之第二十三、第二十四团,第六军之第五十七团,第九军之第七十九、第八十团,共计 6 个团约 1 万人。我党掌握和影响的武装主要有:贺龙领导的第二十军,叶挺领导的第十一军第二十四师、第四军第二十五师,朱德领导的第三军军官教育团和南昌警察武装,蔡廷锴领导的第十一军第十师,以及正向南昌集中的卢德铭领导的国民政府警卫团和陈毅领导的中央军政学校武汉分校的部分武装。共计 3 万余人。中共前敌委员会预定 7 月 30 日夜举行起义。但张国焘以中共中央代表的身份于 30 日赶到南昌,以起义没有成功把握和必须得到张发奎的同意为由,阻挠起义。经过前委会讨论,排除了干扰,确定 8 月 1 日举行起义。

8 月 1 日凌晨 2 时,在周恩来、贺龙、叶挺、朱德、刘伯承等领导下,举行了南昌起义。经过 5 个多小时的激战,全歼敌人,占领了南昌城。起义胜利后,立即成立了由共产党员和国民党左派人士组成的中国国民党革命委员会,推举宋庆龄、周恩来等 25 人为委员,发布了国民党《中央委员宣言》。随后,在南昌召开了数万人参加的群众大会,号召革命军民为反对帝国主义、封建主义,扫除新旧军阀而斗争。起义军沿用国民革命军第二方面军的番号,贺龙任总指挥,叶挺任前敌总指挥,刘伯承任参谋团主任,郭沫若任总政治部主任。部队整编为3个军。

南昌起义

南昌起义引起了国民党反动派的震惊,汪精卫急令张发奎、朱培德等部向南昌反扑。前委决定按照原定计划南下广东,夺占东江地区,重建广东革命根据地,再次举行北伐。8月5日,起义部队撤离南昌,取道临川、广昌、瑞金、长汀、上杭南下,沿途多次作战。9月23日、24日,起义军主力攻占潮州、汕头,前委和参谋团决定:由周逸群率第二十军第三师留守潮汕,主力六千余人继续西进,转移到海丰、陆丰与当地农民武装会合。9月28日,在汤坑地区与敌激战3天,起义部队伤亡两千余人。10月3日,在普宁的流沙镇与汕头撤出的前委会师,继续向海陆丰撤退。但进至乌石山附近,遭敌突然袭击,部队被打散,仅1200余人转入海陆丰地区与农民武装会合,改编为工农革命军第二师,坚持东江地区的革命斗争。朱德指挥留守三河坝的第二十五师与敌激战后,突围至饶平附近,会合了从潮州突围的第三师一部,进至粤北进行游击战争。

南昌起义的枪声,不仅打破了古城南昌寂静的夜空,而且也震撼了历史,震惊了世界,使20世纪中国的历史翻开了崭新的一页。南昌起义是中国共产党第一次独立领导的军事行动。它打响了武装反抗国民党反动派的第一枪,标志着中国共产党创建人民军队、武装夺取政权的开始。1927年的8月1日,也以人民解放军诞生的鲜明印记彪炳史册,后来,8月1日成为中国人民解放军的建军节。

走出新路第一步:秋收起义

这是党史军史上的三大起义之一,由于在起义遭到严重挫折后,毛泽东及时从进攻大城市转到向农村进军,从而在中国革命史上具有转折意义。起义部队在农村中从小到大地开展游击战争,为后来各地工农红军和农村革命根据地的大规模发展奠定了基础。

为了总结大革命失败的经验教训,1927年8月7日,中共中央在汉口召开了"八七会议"。这次会议深刻总结了大革命失败的经验教训,清算了陈独秀的右倾机会主义错误,并提出了土地革命和武装反抗国民党反动派的总方针。会后,根据中央安排,毛泽东受命于危难之际,到湖南组织领导湘赣边界秋收起义。这是继南昌起义之后,我们党领导的又一次伟大的工农武装暴动。

但是在当时的"左"倾思想的指导下,中央主要领导人难以突破"城市中心论"的羁绊,认为秋收起义的主要目标是进攻大城市,夺取长沙。在当时城市反动力量相当强大的情况下,这显然是一个没有成功可能的暴动计划。但是,毛泽东在组织秋收起义的过程中却把起义部队引上了井冈山,找到了一条成功的革命新路,从而使秋收起义具有了非同寻常的意义。

按照计划,毛泽东来到湖南着手准备起义。当时,起义的力量主要有武昌警卫团、平江农民自卫军和一部分农民武装。毛泽东将集结在修水、铜鼓、安源的军事力量统一编为工农革命军,番号为工农革命军第一军第一师,下设三个团,共5000余人。起义预订分三路,分别占领醴陵、平江、浏阳,对长沙呈包围态势,并与长沙工农暴动里应外合,相机占领长沙。9月9日,震动全国的湘赣边界秋收起义的大旗,首先在修水举起。起义军打出了嵌着五角星和斧头、镰刀的军旗,分三路向平江、浏阳、萍乡推进。但是当时全国革命形势已经走向低潮,反动军事力量大大超过了革命力量。从湘赣边界来说,群众没有充分发动起来,本来就很薄弱的兵力又分散使用,各自为战,行动不统一。当起义军师部和第一团到达平江时,由于起义收编的黔军邱国轩突然叛变,部队损失惨重;第二团在国民党反击下也全部溃败。在这种情况下,毛泽东当机立断,改变原来部署,下令各路起义部队停止进攻,先退到浏阳文家市集中。在文家市里仁学校,前敌委员会召开了重要会议,对秋收起义进行了认真的讨论。毛泽东在会上明确指出,必须改变原来攻打长沙的计划,将部队转移到敌人统治力量比较薄弱的农村去,在农村深入搞好土地革命,发动农民革命,坚持武装斗争,保存和发展革命力量。经过一番激烈的争论,会议决定放弃长沙,改向敌人统治力量比较薄弱的罗霄山脉中段前进。9月20日这天,旭日东升,晴空万里。工农革命军指战员集中在里仁学校的操场上听毛泽东讲话。毛泽东指出:"秋收起义原计划是攻打长沙,同志们也想打进长沙去,但是目前敌强我弱,长沙这样的中心城市还不是我们待的地方。应当承认,即使我们攻占了长沙,也很难长期守住。起义的目的不在于一个小小的长沙,而是要夺取全国的胜利。""因此,现在我们必须改变方针,到敌人统治力量薄弱的农村去,发动群众进行土地革命,建立农村根据地,发展和壮大革命武装。"毛泽东的这番话如同东风,吹散了笼罩在战士心头的愁云迷雾,大家顿时心情豁然开朗,决心紧跟毛泽东,披荆斩棘,勇往直前。当天,秋收起义的部队在毛泽东的亲自率领下,开始了向井冈山的伟大进军。工农革命军沿着湘赣边界,跋山涉水,一路风尘。当时部队内部也出现了情绪不稳的现象,甚至出现逃兵。针对当时实际,在江西永新的三湾村,毛泽东领导进行了著名的三湾改编,将工农革命军编为一团,建立了党对军队的绝对领导制度和军队内部的民主制度,大大提高了部队的士气和战斗力。随后,这支部队到达井冈山,建立了根据地,成功地实现了向农村的战略转移。

秋收起义失利后,毛泽东向农村进军改变了中国革命的战略方向,即从城市转向农村,这一改变对中国革命产生了重大的影响,在革命战争的实践中走出了农村包围城市道路的第一步,因而也使秋收起义具有了区别于大革命失败后中国共产党领导的其他几次武装起义的重大意义。

众志成城破铁壁:红军四次反"围剿"作战

在第二次国内革命时期,蒋介石调集军队对中央苏区进行了五次"围剿"。红军官兵英勇奋战,虽然武器装备不如蒋军,兵力对比也不占优势,但是在毛泽东的正确指挥和毛泽东军事思想的引领下,取得了前四次反"围剿"作战的胜利,实现了以劣胜优,这是红军英勇作战的胜利,也更加有力地证明了毛泽东军事思想的正确伟大。

从1930年10月到1933年上半年,蒋介石调集了大量部队先后四次对中央苏区发动了大规模的围剿,企图消灭红军,夷平我中央革命根据地。红军在毛泽东、周恩来等人的正确领导下,冲破了国民党的反革命"围剿",取得了中央苏区反"围剿"斗争的辉煌战果。红军之所以能够在困境中以劣势的装备战胜强于自己几倍的敌人,顺利打破蒋介石的四次"围剿",除了广大红军指战员的英勇作战之外,最主要的是由于毛泽东同志灵活机动的军事指挥和正确的战略战术原则。

1930年10月,蒋介石调集10万大军,扬言3至6个月"解决问题",对苏区进行了第一次反革命"围剿"。针对蒋军的部署,毛泽东认为,在敌强我弱的情况下,红军应先向苏区内退却,充分依靠人民的支援和有利的地形条件,发现敌人的弱点,在运动中歼灭敌人。为此他提出了"诱敌深入"的战略方针。

根据这一方针,红一方面军移师赣江以东,敌人发现后也迅速向东移动,企图与我主力作战,于是我军除以少部分兵力消耗敌人外,主力秘密转移到苏区中部黄陂、小布、洛口地区隐蔽集中,进行作战动员和训练。12月24日至28日,敌人企图在清江至分宜的袁水河及苏区中部地区消灭我主力的计划落空后,其主力推进至

反"围剿"斗争取得胜利

龙冈、黄陂一带。此时敌人在我根据地军民的阻击下已成疲惫之师，我军实施反击。在龙冈地区，红军利用有利地形，对敌发起猛攻，一举全歼敌1万多人，并活捉了前线总指挥张辉瓒。至此，蒋介石的第一次"围剿"彻底破产。

1931年2月，不甘失败的蒋介石又纠集20万人马，派他的军政部长何应钦出山，"以厚集兵力、严密包围及取缓进为要旨"，"步步为营，稳打稳扎"，对中央苏区和红一方面军发动第二次"围剿"。毛泽东坚持了诱敌深入的方针，先打弱敌，由西向东，在运动中实现各个击破。战斗一开始，红军就先拿从北方刚调来，地区不熟，水土不服的王金钰部开刀，我军首战歼灭敌二十八师大部、四十七师一个旅的残部和三十四师一部。接着我军五战五捷，从赣江之滨一直打到闽北地区，横扫700里，歼敌3万人，打破了第二次"围剿"。

连续两次都没有成功，蒋介石恼羞成怒，这回他亲自带队，调集30万大军，带上德、日、英国的洋顾问，采取"长驱直入"的战略，企图先击破红军主力，捣毁苏区，然后再逐渐深入"清剿"。毛泽东继续"诱敌深入"，迅速把红军主力集中到兴国地区，决定自西向东，中间突破，袭击敌战略后方。可是当我军主力向富田开进时，被敌发现，我军遂改变计划折回高兴圩，主力向东突进，绕至敌后方；接着，我军乘夜暗秘密从敌一个40华里的空隙通过，跳出了包围圈。8月7日至11日，我军在莲塘、良村、黄陂连胜三仗。这时敌人发现我主力在东，又向东包围红军，毛泽东将计就计，派少部兵力向东佯动，牵制敌人，主力利用黑夜从两路敌军之间一个10公里的大山中越了过去，回到兴国。当敌人发现之后，红军已经休整了半个月。敌人连忙西进，寻求红军主力决战。此时，敌人已经在中央苏区奔命两个多月，我根据地广大军民实行坚壁清野，把敌人"肥的拖瘦、瘦的拖死"，蒋军苦不堪言，士气低落，实际上蒋介石第三次反革命"围剿"已不攻自破。

蒋介石是不会轻易甘心失败的，他把"围剿"红军看成头等大事，1932年又纠集40多万兵力进行第四次"围剿"。这时，由于受"左"倾领导人的排挤，毛泽东离开了红一方面军的领导岗位，军事上没有了实权。周恩来、朱德坚决抵制了博古等"左"倾领导的错误指挥，贯彻了毛泽东的军事路线，采用诱敌深入，各个击破的战略,与敌人进行周旋。他们采用大兵团伏击的战法,集中主力在黄陂地区歼敌 3 个师,抓住两个师长,俘敌万余人。经过红军指战员的努力,胜利粉碎了蒋介石的第四次"围剿"。

红军反"围剿"战争,使红一方面军受到了战争的考验和锻炼,积累了丰富的作战经验。特别是毛泽东提出的在敌强我弱的情况下"诱敌深入、运动战、集中兵力、避强就弱、慎重初战、采取包围分割和迂回穿插"等战略战术原则,不仅是红军能胜利粉碎四次"围剿"的重要保障,也丰富了毛泽东军事思想的理论宝库,对中国革命战争具有长远的指导意义。

毛泽东得意之笔:四渡赤水之战

遵义会议后,毛泽东在红军中的领导地位得到了确立。从此,红军一改"左"倾领导者在军事指挥上的死板做法,在毛泽东的指挥下逐渐改变了被动的局面。根据当时的情况,毛泽东决定从遵义地区北上,渡过长江,进至川西地区与红四方面军会合。1935 年 1 月 29 日,中央红军分三路从猿猴场、土城南北地区一渡赤水,进入川南古蔺、叙永地区,准备相机从宜宾上游北渡长江。这时,川军潘文华部 36 个团已部署在长江南岸的赤水、古蔺、叙永一带,防止红军从这里北渡长江。毛泽东认为在这种情况下,不应恋战,他果断地提出放弃从泸州到宜宾之间北渡长江的计划,回师东进,再渡赤水,重占遵义的主张,并立刻指挥各军团避实就虚,摆脱川军,进入云南扎西地区。当川军潘文华部和滇军孙渡部从南北两个方向进逼扎西时,中央红军突然掉头东进,再渡赤水河,向敌人兵力单薄的黔北地区进攻,以打开局面。红军在 2 月 20 日前后从二郎滩、太平渡第二次渡过赤水河,回师黔北。毛泽东决定集中主力进攻桐梓和娄山关以南的黔军,乘胜夺取遵义。这次战役,先后击溃和歼灭国民党军队两个师又 8 个团,俘敌约 3000 人,取得长征以来最大的一次胜利。

登上娄山山顶,毛泽东极目远眺,心潮澎湃。他写下长征以来第一首千古绝唱的辞章:"西风烈,长空雁叫霜晨月。霜晨月,马蹄声碎,喇叭声咽。　雄关漫道真如铁,而今迈步从头越。从头越,苍山如海,残阳如血。"这首词一扫自 1934 年 10 月长征开始以来如乌云一般压在红军心头的沉闷情绪。是的,毛泽东完全有理由舒展一下紧绷的思绪,倾诉一下内心的远大抱负。遵义会议以来一个多月,红军一反以前的被动挨打的境况,迂回曲折,穿插于敌人之间,仿佛注入了新的活力。敌人如坠入云里雾里,摸不清我军行动方向。我军处处主动,生龙活虎,进退自如;敌人扑朔迷离,处处被动,疲于奔命。

当蒋介石重新调整部署、指挥军队向遵义一带合围时,中央红军又由遵义向西开进。由于红军的行动忽东忽西,飘忽不定,迂回曲折,穿插于国民党重兵之间,蒋介石无法摸清红军的战略意图,只得分散兵力,四面防堵。为了进一步迷惑对方,调动国民党军队西移,红军在 3 月 16 日下午到 17 日中午分别从茅台附近三渡赤水,向西进入川南古街地区,并派一个团伪装主力继续向西北挺进,主力却在附近山沟丛林里隐蔽集结。

蒋介石判断红军又要北渡长江,急忙调集各军迅速奔川南古街地区,企图形成包围态势,围歼红军于长江南岸。毛泽东一看国民党各路军队掉头西进,立刻掉头向东,于 3 月 21 日至 22 日,在二郎滩、九溪口、太平渡四渡赤水河,向南急进,南渡乌江,跳出国民党军队的包围圈,前锋直逼贵阳。当时,蒋介石正在贵阳督战,敌人在贵阳及其周围只有正规军 4 个团。蒋介石急令滇军孙渡前来贵阳"保驾",这却恰恰中了毛泽东的"计"。还在部署威逼贵阳的作战行动时,毛泽东就曾说过:"只要能将滇军调出来,就是胜利。"果然敌人上当了。

为了继续调动滇军,中央红军在毛泽东指挥下,向东佯攻,同时,采取声东击西的战术,4 月 5 日,佯装东渡清水江,摆出要与红二、六军团会合的姿势。蒋介石又一次上当,他除命令孙渡率滇军追击中央红军外,还电令湘军到黔东防堵,桂军在平粤线防堵,吴奇伟纵队尾追。一时间,各路敌军齐向黔东奔集。毛泽东看到调出滇军的目的已达到,西进云南的道路已敞开,便决定执行党中央已制定的战略方针:西进云南,抢渡金沙江,北上抗日。进入云南后,红军抢占了皎平渡,在这里用一条条小船把 3 万多主力红军送过了天险金沙江,这样就把一直紧紧围追堵截的国民党军队远远地抛在了后面。国民党追兵赶到金沙江边时,红军早已远走高飞,不见了踪影。望着波涛汹涌、浩荡东去的江水,敌人只能望江兴叹。从此,红军跳出了几十万追兵的包围圈,实现了渡江北上、进军川西北的战略意图。

红军渡过金沙江,四渡赤水战役也就结束了。自遵义会议以来,中央红军以 3 万多人的劣势兵力,同数十万敌军巧妙周旋,反复较量。红军迂回曲折,大步进退,穿插于敌人重兵之间,驰骋于川、滇、黔边境广大地区,迷惑敌人,调动敌人,困疲敌人,歼灭敌人;四渡赤水,威逼贵阳,乘虚入滇,巧渡金沙,真真假假,假假真真,出敌不意,出奇制胜,从而打破了敌人的重兵围堵,扭转了红军被动挨打的局面。毛泽东曾对陈毅说,

红军四渡赤水作战场景

四渡赤水是他一生中的"得意之笔",事实的确如此。毛泽东统率全军后,没有辜负遵义会议和广大红军将士的重托,终于将红军带出了困境。

抗日怒火燃燕赵:长城抗战

长城抗战

1933 年年初,日本攻占山海关、热河之后,又进一步沿长城向各军事要口发起进攻。敌我双方争夺的重点是燕山山脉的长城各关口及附近的制高点,因此这次作战被称为"长城抗战"。因南京政府态度消极,守军难抵日军凶猛攻势,此役尽管以失败告终,但爱国官兵们的长城抗战壮举是一个军队为民族、为个人争生存的信念的体现,也为此后的中华民族的全面抗战奠定了基础。

为全面灭亡中国,变中国为日本军国主义的殖民地,1933 年上半年,日本关东军继侵占东北以后,向中国热河发动了大规模军事进攻,并进一步进攻山海关至察哈尔省东部长城沿线各军事要口,深入河北东部,威逼平津。为了民族的尊严,驻守长城沿线的中国军队在长城沿线各口曾进行了英勇顽强的抵抗,历史上称为"长城抗战"。

1933 年元旦这天,经过了长期策划的日本关东军向山海关的中国守军发起了进攻。山海关位于万里长城东端,在它的北面,峥嵘险峻的燕山峰峦林立,高插长空,南面是波涛滚滚的渤海,山海关依山临海,地势险要,成为扼辽冀之咽喉,自古就是兵家必争之地。中国守军深知守住山海关的重大意义,与敌人展开了生死搏斗,但中国何国柱部第九旅以一个团不足 2000 人的兵力抵抗不住日本海陆空军相配合的强大进攻,3 日山海关失陷。这次抗战是中国抗战史上国民党华北地区第一次违背蒋介石不抵抗命令,以武力抵抗日本侵略的民族自卫抗战,打响了长城抗战的第一枪。2 月 23 日,日军又分三路对热河发起了进攻:北路指向开鲁、赤峰;中路指向北票、朝阳;南路指向凌南、凌源,以夺取承德为主要目标。承德守军汤玉麟部在日军进逼承德时才感形势危急,于是急令部队出击,可部队因官兵闹饷而不肯前往,最终承德被日军占领。日军占领承德后便纠集两个师团、两个混成旅团和飞行队约 8 万兵力分兵向长城沿线的古北口、喜峰口、罗文峪、马兰峪等各口进攻。中国地方军队对日军的进犯进行了抵抗,在长城沿线各关口与日军进行了激烈的争夺战。在喜峰口，宋哲元的第二十九军坚决抵抗来犯之敌，该军第三十七师以赵登禹旅堵截敌人，其余两个旅分左右两部支援，与日混成第十四旅团展开了激烈战斗。在战斗中，二十九军士兵手持大刀与敌短兵相接，双方死伤惨重，迫使日军主力撤退到长城以北待机；随后二十九军对敌人进行包抄，在睡梦中的日军还没有来得及还击即被战士们纷纷砍杀。经过激战，日军被迫在潘家口、喜峰口、铁门关、董家口一线与二十九军形成对峙。在罗文峪防守的是二十九军刘汝明部。他们打退了在飞机、大炮支援下的日军的多次进攻，师长刘汝明亲自率手枪队督战，迫使日军第八师团放弃进攻罗文峪，把主力调回了承德。二十九军的英勇抵抗，严重挫伤了日军的锐气，鼓舞了中国军队的士气。在古北口，日军第八师团也遭到守军第十七军的猛烈抗击，但由于守军各部之间缺乏联系，各自为战，日军占领了古北口。在界岭口至义院口一线，日军也是每前进一步都要付出血的代价。在中国守军的英勇抵抗下，日军从正面进攻长城各关口受阻，于是就改用包抄战术，在长城东段南侧的滦东和南天门交替发动进攻。4月17日，日军占领滦东，南天门的部队也在日军夹击中伤亡甚重，但仍然坚持抵抗13昼夜，最后阵地全毁，作战失去依托才离开南天门，使日军付出相当大的代价才占领南天门。经过长城各口的战斗以后，关东军了解到国民党当局有停战谈判的意向，为了给谈判捞取更多的筹码，日军采取强硬方针，决定进军关内。5月4日，日军开始沿长城各口全线向关内进军，首先是第九师团向石匣镇攻击，中国守军十七军第八十三师与敌人展开了一次惨烈的战斗，10日，日军以步兵500人在炮火掩护下进攻平头峪阵地，被八十三师击退；但在敌人猛烈进攻下，八十三师伤亡过大，只好全线退却，师长刘戡悲愤至极开枪自杀殉国；十七军只好令其二师顶上，但十七军终因伤亡过重无力再战，日军乘势攻占密云。与此同时，日军第六师团也向滦河西岸行动，由于国民党不抵抗，日军未受任何阻拦便轻松推进到蓟运河一线，这样就与占领怀柔的日军构成了对平津地区的巨大威胁，至此长城抗战全面失败。长城抗战的失败，是国民党顽固执行"攘外必先安内"不抵抗政策的结果，但长城抗战是国民党在华北地区所进行的第一次大规模抗击日军进攻的战役，较充分地表现了中国爱国军队的抗战热情。

抗战序幕终拉起：卢沟桥抗战

1937年7月7日，驻华日军悍然发动"卢沟桥事变"。此后，日本动员几乎全部军事力量，开始全面侵华。中国也开始了全国性抗战，在东方开辟了第一个大规模的反法西斯战场。国共实现第二次合作，抗日民族统一战线最终形成。

卢沟桥

卢沟桥位于北京的西南角,横跨永定河,是进出北京的咽喉。日本帝国主义发动"九一八"事变侵占我国东北后,逐步把侵略势力扩张到了平津附近。其华北驻屯军5000余人,驻丰台至山海关铁路沿线;冀东伪保安队1.7万余人,驻通县等地伪蒙军4万余人。驻察北(今张家口以北)中国军队第二十九军军长宋哲元辖四个步兵师及一个骑兵师、两个保安旅,驻守平津及任丘、河间等地。

1936年,日本策划华北五省自治未遂,遂准备以武力攻占平津,进而夺取整个华北。1937年7月7日夜,驻丰台日军诡称演习中"失踪"一名士兵,无理要求进宛平城搜查。遭拒绝后,日军即炮轰宛平,向卢沟桥发起攻击,发动了"七七事变",中国军队被迫自卫。日军企图首先截断北平南面通道,攻占北平。当地中国驻军何基沣旅吉星文团奋起抗击,并于8日夜向八宝山以南、长辛店以北地区反击,打击了日军气焰。中国当局惧怕事态扩大,命令部队只许抵抗,不许出击,并与日军谈判,委屈求和。10日,得到增援后的日军再次发起进攻,受挫。11日,日本首相近卫文麿召开内阁会议,决定增兵华北:调关东军之酒井、铃木旅团,驻朝鲜第二十师团及华北驻屯军河边旅团,分别向北平开进;调日本国内第五师团等部在海军配合下进攻天津。

日军肆无忌惮的进攻,激起了中国人民的无比愤怒。"七七事变"的第二天,中共中央就发出通电:"中华民族危急!只有实行全民族的抗战,才是我们的出路!"9日,中国工农红军将领致电蒋介石和第二十九军并通电全国,要求实行全国总动员。同时向国民党政府请缨杀敌,与日寇决一死战。全国各族人民、各党派、各界人民、海外侨胞纷纷响应。15日,中共中央向国民党提交了国共合作共同抗日宣言,重申共产党愿在争取中华民族的独立与解放、实行民主自治、改善人民生活等三项总目标下,红军改编为国民革命军,待命出征。17日,蒋介石在庐山发表谈话表示:与日军"如果战端一开,地无分南北,人无分老幼,无论何人,皆有守土抗战之责,皆应抱定牺牲一切的决心"。确定了准备抗战的方针,受到中国共产党及全国同胞的欢迎。

7月下旬,日军展开规模更大的进攻。24日几路日军进攻北平,25日在华北驻屯军司令官香月清司指挥下发起进攻,至27日先后攻占廊坊、宝珠寺、团河等地。这时日军一个师团、两个独立混成旅和临时航空兵团到达,于28日向平津发起总攻。中国守军二十九军英勇反击，一度收复廊坊、丰台。日军主力在航空兵配合下猛攻南苑，守军伤亡甚众，副军长佟麟阁、师长赵登禹阵亡，遂放弃南苑及卢沟桥等地，撤向保定。29日，北平陷落。同日，日军第五师团分路进犯天津、大沽。守军反击，并围攻日军东局子军用机场及海光寺兵营，后遭日军陆、海、空联合攻击不支，退向马厂。30日，天津失守。8月，日军在华北的兵力已达8个师团以上，编成华北方面军，分别向河北、山西、山东、绥远展开大规模进攻。8月13日，日军又向上海发动大规模进攻，组成华中方面军，企图迅速占领上海，进逼南京，迫使国民党当局投降，实现其"三个月灭亡中国"的计划。国民党在上海、南京受到严重威胁，在全国人民掀起抗战热潮的形势下于8月14日发表《抗战自卫声明书》。22日宣布将中国共产党领导的红军主力改编为国民革命军第八路军，并发表庐山谈话，承认中国共产党的合法地位，至此，国共合作的抗日民族统一战线形成。国民党也开始划分战区，部署军队，进行动员，开始了全国规模的抗战。

卢沟桥抗战的爆发，推动了国共第二次合作，促成了全国一致对外。这样，卢沟桥抗战就成了持续8年多、战火波及26个省的全国抗日战争的开端，揭开了抗日战争的序幕。

胜利振奋民族心：平型关大捷

平型关战役

1937年，林彪、聂荣臻率领八路军一一五师利用平型关的有利地形伏击日军，歼灭日军板垣师团1000多人，缴获大批军用物资，取得平型关大捷。这是抗战以来中国军队的第一次大捷，粉碎了日军不可战胜的神话，支援了国民党军队正在准备的忻口会战，鼓舞了全国人民抗战胜利的信心。

"卢沟桥事变"后，国共两党经过艰苦曲折的谈判终于实现了第二次合作，红军主力也于1937年8月22日改编为国民革命军第八路军。根据两党协议，八路军主要在敌后战场上作战。面对日军的大规模进攻，中国军队实施战略防御。

在华北，8月下旬，日军占领平绥铁路东段，9月中旬占领大同，国民党军退守雁门关、茹越口和平型关一带长城防线。在此紧急时刻，为配合国民党军作战，阻滞日军的进攻,八路军总部即令一一五师进至平型关以西大营地区待命。9月14日,一一五师进抵大营镇后派出侦察分队查明平型关地区情况。平型关口至灵丘县东河南镇约13公里,地形为山区狭窄谷道,沟深坡陡,甚为险要,两侧高地便于我军隐蔽部署部队、发扬火力与展开突击,是伏击歼敌的理想战场。师长林彪、副师长聂荣臻决定,利用敌军骄横、疏于戒备的弱点和平型关的有利地形,出其不意,以伏击手段歼灭由灵丘县向平型关进犯的日军。

25日拂晓,日军第五师团第二十一旅团旅团长三浦敏事少将带着他骄横不可一世的4个大队和旅团辎重队的数千人马,一步步走向八路军为他精心设计的伏击圈。八路军官兵屏着呼吸,静静地等待着。只见一大队人马正向这边走来,再看这些兵的身后,是一长溜汽车队。每辆车上坐着许多兵,每个人的手上都端着枪。在这些车的后面,是一些拉大炮的车,最后,是一大队骑兵,晃晃荡荡的,一点也不在意地朝伏击圈走来。这些日军狂妄得很,在向沟两面斜坡和山上发射了一阵密集的子弹,实行"火力侦察"后,便认为安全了,继续向前开进。越来越多的日军进入伏击地带。

"叭!叭!"红红绿绿的信号弹从湛蓝的长空划过,像五彩的烟火在平型关的上空竞相开放;冲锋号凌厉地撕开了沉寂的黎明前的夜空,十里平型关的山沟两侧喷吐着火舌,火舌后一个个黑影如猛虎下山;八路军一一五师从天而降,一齐呐喊着冲向公路,冲向日军的车队。八路军的重机枪响了,密集的子弹射向日军的行进车队。日本人被突如其来的袭击打蒙了。第五师团是日军建军历史最长的师团之一,是明治二十二年编成的精锐师团。它曾经入侵中国山东,为日本帝国主义对外侵略立下了赫赫战功;它也是日军第一支机械化师团,其装备、战斗力在日军中是最强的,号称"钢军"。板垣征四郎中将指挥的这支日军最为现代化的部队,单独承担了一个作战方向的任务。自投入战场以来,该师团所向披靡,国民党军队望风而逃。夺蔚县、占广灵、取灵丘,轻松的胜利已使第五师团的日军骄狂无比。今天,他们做梦也没想到会在平型关遭到中国军队的伏击。

但对今天带队前行的旅团长三浦少将来说,更大的灾难还在后头。他并不知道眼前的对手是意志顽强且长于伏击和游击的八路军,他甚至连埋伏在自己身边的这支部队是谁、有多少人都浑然不知。经过一天的激战,日军丢下300多具尸体落荒而逃。下午1时,蔡家峪以东的日军,一部与小寨村以南被围日军会集后,在6架飞机的掩护下,以密集的队形再次向老爷庙高地猛冲,企图杀出一条血路。但乔沟山路狭窄,只能短兵相接,日军的飞机大炮也只能壮壮声势,根本派不上用场。板垣征四郎听说他的二十一旅团一部陷入重围,危在旦夕,惊得半晌说不出话来。他遥望着平型关上空的硝烟,紧紧咬住了嘴唇。

平型关伏击战我军歼灭日军 1000 余人,缴获步枪 1000 余支、机枪 20 挺,击毁汽车 100 余辆,取得了辉煌的战绩。平型关战斗意义重大,它是抗战以来中国军队取得的第一次重大胜利,粉碎了"日本皇军不可战胜"的神话,极大地振奋了全国军民的胜利信心,提高了中国共产党和八路军的威望,使许多人由此相信共产党不但抗日坚决,而且有能力战胜日寇。

正面战场显骨气:国民党抗日四大会战

四大会战包括淞沪、太原、徐州、武汉会战,是抗日战争初期中国军队与日军主力进行的大规模正面作战。中国军队,无畏牺牲,寸土必争,粉碎了日军"3 个月灭亡中国"的疯狂幻想,对日本给予了沉重打击,为抗日战争后来的相持与反攻做出了贡献。

在抗日战争防御阶段,国民党采取了分区防御的战略,先后在正面战场上组织了四次大会战。在这四大会战中,国民党将士进行了英勇顽强的抵抗,在敌后八路军的有力配合下,沉重地打击了日军的嚣张气焰,使日本军国主义"3 个月灭亡中国"的叫嚣成为泡影。但是,由于国民党当局顽固执行片面抗战路线,致使这四次大会战没有能够取得应有的胜利,相反却使大量国土沦为日军铁蹄下的焦土。

1937 年 9 月,占领平津的日军第五师团经太行山麓进入山西,直指太原。经同蒲路南下的日军混成第一、二、十五旅团、堤支队、大泉支队也加入进攻太原的行列。国民党第二战区司令长官阎锡山以 12 个军的兵力分左、中、右 3 个兵团展开于忻口以北地区,组织坚强防御,保卫太原,同时在娘子关部署十多个师。10 月 13 日,日军以 30 多架飞机、50 多辆坦克为掩护,向忻口发起总攻。中国守军顽强抵抗,伤亡惨重,阵地反复易守,日军使用毒气仍难突破中国守军防线。在战斗中第九军军长郝梦龄、第五十四师师长刘家琪以身殉国。这时八路军也在敌后积极行动,有力地配合着正面战场的作战。10 月 26 日,日军突破娘子关,11 月 2 日占领寿阳,阎锡山下令忻口守军后撤保卫太原。日军南北两面夹击,攻占太原,忻口会战也就此失利。

在华东战场上,日军企图侵占上海,而后进攻国民党的统治中心南京,迫其投降。8 月 13 日晨,驻沪日军数千人,由第三舰队司令官长谷川清指挥,先以一部由虹口向天通庵车站至横滨路地段发起进攻,遭到保安部队抗击;再以主力向宝山路、八字桥、天通庵路进攻,被第八十八师击退。次日拂晓,张治中率第八十七、第八十八师反击,双方在北站、引翔港一线形成对峙。8 月下旬,蒋介石为调集部队,成立第三战区，由冯玉祥任司令长官。10月中旬，日军集中3个师团突破国民党军防线，国民党部队腹背受敌，蒋介石被迫下令全线撤退，上海失陷。随后日军乘胜追击，占领南京，国民党逃亡迁都重庆。日军占领南京后，制造了震惊中外的南京大屠杀。

1937年12月，随着侵略华东的日军占领南京，华北的日军也占领济南，日本就想打通津浦铁路，使南北日军连成一片，于是在1938年1月下旬开始了试探性进攻。3月，第五战区司令长官李宗仁乘日军第十师团孤军深入之机，在台儿庄歼灭日军第十师团大部、第五师团一部，取得了台儿庄大捷。4月，敌先后集中8个师团、5个旅团（支队），约24万人，南北对进，围攻徐州。中国军队虽然进行了激烈抵抗，但未能阻止日军攻势。为保存军力，李宗仁下令撤退，主力有计划地转移

李宗仁在台儿庄车站

到豫皖山区进行游击战争。5月19日，日军占领徐州，并沿陇海路西进河南。蒋介石为阻止日军西进，竟然以水代兵，炸开郑州以北黄河花园口大堤。黄河水阻止了日军西进，但也使成千上万的老百姓流离失所，并造成了贻害几十年的黄泛区，给人民群众带来了深重的灾难。

日军占领徐州后，立即把矛头指向武汉。6月5日，日军大本营定下决心进攻武汉，随后以两个军师团、航空兵团、第三舰队共25万人组成进攻部队做进攻武汉准备。8月22日，日军正式下达进攻武汉命令，第十一军夹长江两岸西进，第六师团在江北潜山、黄梅、田家镇遭中国军队顽强抗击，损失惨重；第一〇六、一〇七团、二十七师团也在中国军队抗击下失去战斗力。日军第二军由合肥分两路行动。沿途也遭到中国第五战区部队强劲阻击。到10月25日，各路日军循平汉线、粤汉线和长江逼近武汉，从北、东、南三个方向对武汉形成包围之势。国民党军事委员会为保存有生力量，于10月24日下令放弃武汉。26日，日军攻占武汉。

到1938年10月，国民党在正面战场组织的四大会战都没有取得胜利，日本占领了中国的大面积国土。但随着战线的延长，日本兵力不足，也不得不停止战略进攻，转为战略防守。中国军民经过一年多的英勇作战，粉碎了日本军国主义速战速决的梦想，抗日战争进入相持阶段。

四大会战的失败是国民党片面抗战路线的失败。国民党从大地主、大资产阶级的利益出发，力图使抗战的进行不致损害它的统治地位，因而实行片面抗

战路线,即坚持国民党一党专政,只是实行单纯的政府和军队的抗战,并拒绝一切有利于抗战的根本改革,不给人民民主权利,防止人民的力量在抗战中发展,反对抗战成为人民大众的抗战。在这种思想的指导下,国民党将领也是消极抵抗,如韩复榘放弃济南,对徐州造成了不利局面。所以,国民党的失败固然有日军强大的客观原因,但也有其主观必然性。

百团发力正太线:八路军百团大战

这是八路军与日军在华北地区发生的一次规模最大、持续时间最长的战役。八路军的晋察冀军区、第一二九师、第一二〇师在总部统一指挥下,发动了以破袭正太铁路为重点的战役。战役发起第三天,八路军参战部队已达 105 个团,故称“百团大战”。这是抗战时期中国军队主动出击日军的一次最大规模的战役,打出了敌后抗日军民的声威,振奋了全国人民争取抗战胜利的信心,在战略上有力地支持了国民党正面战场。

1940 年, 国际形势发生急剧变化:德国法西斯的铁蹄践踏了欧洲大地,到1940 年夏,德军相继攻占挪威、荷兰、比利时、卢森堡和法国;意大利对英法宣战,德国法西斯在欧洲取得了暂时的胜利。此时美国正积极援助英国,英法在远东方面为保住其既得利益,希望与日本缓和关系,做进一步的妥协。在这种国际背景下,日本急于解决“中国事件”,以便从中国拔出脚来,进行更大规模的侵略扩张。

因此,日本一方面对国民党政府施加军事压力,在正面战场,日军攻占宜昌, 向重庆等中心城市进行战略性轰炸,另一方面加紧进行政治诱降活动,并与国民党代表在香港进行了几个月的关于解决中国问题的谈判。在这种情况下,以蒋介石为首的国民党当权派更加动摇,投降危险空前严重。在敌后战场上,日军大力推行“治安肃正计划”,以铁路为柱,公路为链,碉堡为锁,对各抗日根据地进行分割封锁和残酷“扫荡”,企图摧毁华北敌后抗日根据地。根

彭总在百团大战第一线

据抗战形势的新发展，八路军为打击日军嚣张气焰，粉碎其"囚笼"政策，振奋全国人民的斗志，决心对华北日军发动一次大规模战役。7月22日，总司令朱德、副总司令彭德怀向各部队发出《战役预备命令》，进行部署和准备。8月20日晚，战役正式开始。

第一阶段，晋察冀军区部队主要对正太路东段的日军独立混成第四旅团和第八旅团进攻，曾一度攻克井陉煤矿、娘子关等要点；第一二九师部队主要对正太路西段的日军独立混成第四旅团和第九旅团进攻，连克芦家庄、桑掌、狮垴山等据点；在攻占据点的同时，还组织民兵拆毁铁路、公路，炸毁桥梁，对日军交通运输线进行大破袭。第一二○师则对同蒲路北段和晋西北的主要公路进行了大破袭，并攻占若干据点。在其他地区，八路军和民兵对平汉、平绥、北宁、津浦、德石等铁路、公路也进行了广泛的破袭，使日军交通陷于瘫痪。日军对此突然打击毫无准备，想进行反击，可因交通联络中断，一时又组织不起来，直到8月25日以后，才调集3万多人，向正太路增援；9月初，又调集8000多人向正太路以南进攻。八路军在给日军以相当打击后，于9月10日结束了战役第一阶段，转入休整。

第二阶段于9月22日开始，主要目的是摧毁各根据地内对我威胁最大的封锁线，为此把矛头指向日军在交通线两侧特别是深入根据地的若干据点。晋察冀军区部队对侵占涞源、灵丘的日军第二十六师团和独立混成第二旅团发动进攻，拔除了许多外围的据点。第一二九师部队以主力组成左右两个攻击集团对占据榆社、辽县的日军独立混成第四旅团一部展开进攻，曾一度攻占榆社城，歼灭日军400多人。第一二○师等部队再度切断了日军交通运输线。在连续的攻坚作战中，八路军多因火力不足，形成对峙，战役已失去突然性，而日军援兵将到，遂于10月10日结束第二阶段。

此后，日军集中3万以上兵力对各抗日根据地进行报复性进攻，八路军各部队随即转入反"扫荡"斗争。百团大战从8月20日起至12月5日止，历时3个半月，共计进行大小战斗1842次，歼灭日伪军2万多人，拔除了日伪大量的据点，破坏铁路948公里、公路3000公里和桥梁、车站、隧道260余处，给华北日军以沉重打击。

百团大战是华北八路军在战略相持阶段进行的大规模战略性进攻战役。此役震惊中外，给华北日军以沉重的打击，消灭了大量的敌人，在大范围地区破坏了敌之交通线，狠狠地打击了日军的"囚笼政策"；提高了我党我军的声望，有力地驳斥了国民党顽固派污蔑八路军"游而不击"的谰言，增强了全国军民的抗战信心，遏制了国民党妥协投降的暗流，锻炼了参战部队，取得了丰富的作战经验。

"名将之花"伤心地：黄土岭战斗

这是 1939 年 10 月，八路军一部在雁宿岩的一次伏击战。当时，八路军以小部兵力诱敌深入，以六个团的兵力在黄土岭以东一峡谷设伏。当日军进入伏击圈，八路军当即发起攻击，日军伤亡过半。日军连续多次突围但未成功。是役，共歼灭日军 900 余人，并击毙号称"名将之花"、山地战专家的阿部规秀。

提起阿部规秀，但凡通晓中国历史的人都能想起黄土岭战斗。正是在这次战斗中，八路军击毙了他，使日军发出了"名将之花"凋谢太行山上的哀叹。为什么所谓"名将之花"会在太行山上凋谢？先让我们回过头来看看，那是怎样一场战斗。

1938 年 11 月，在杨成武的指挥下，八路军在雁宿岩成功伏击了日军，击毙了日军大佐迁村。这一歼灭战，激怒了阿部规秀，他实在无法忍受如此失败的羞辱，于是亲点兵马，进行报复性扫荡。聂荣臻得到这个情报后，决心让这位"老对手"吃一点苦头。针对敌人气势汹汹而来，急于复仇的心理特点，聂荣臻调整了部署，决心以小部兵力在白石门迎击敌人，把敌军引向银坊；把大部队隐蔽起来，迷惑敌人，待敌被我彻底激怒，又人疲马乏，急欲同我军决战时，再诱敌东进，将敌人引进至黄土岭一带，进行伏击。

11 月 5 日，1000 多日军杀气腾腾地到达了白石门，我军按既定计划，巧妙地缠住敌人，使敌无法摆脱，又不硬抗，使得敌人无法求战。阿部规秀一心想尽快寻找主力决战，于是次日清晨，他立即按照原定路线挥师东进，直插黄土岭、司各庄一带。聂荣臻却故意让他们"平安"地到达黄土岭。这时，我一团和二十五团，急速向寨坨、煤斗店一带集结，挡住敌人的进击；三团、特务团从大安出动，连夜占领了黄土岭及上庄子以南的高山；二团则绕至黄土岭西北，尾随敌人，切断敌人的退路。7 日，黄土岭上阴雨绵绵，四面的群山被浓重的水雾笼罩着，冷风吹来，有一种侵入肌肤的湿寒。阿部规秀身处这荒僻的山野，毕竟有一些畏惧，因此天一亮，他便命令部队立即东进。中午 12 时，先头部队进至寨坨附近，其尾部离开黄土岭时，预先在这儿设伏的我 5 个团从西、南、北三面勇猛地合击过来，打了敌人个措手不及。阿部规秀不愧为"名将之花"，虽然身陷重围，但他临危不乱，兵分两路实施突围，但伤亡极其惨重，只好暂时退守上庄村，准备重新集结兵力，等夜暗时再行突围。为了看清整个战场上的大势，阿部中将跳下战马，在一群高级参谋长官的陪同下，登上了一个山包，举起望远镜，对战场进行眺望。而他正被手持望远镜观察敌人目标的八路军一团团长陈正湘看得清清楚楚。陈正湘大喜，他走到

杨成武指挥黄土岭战斗

几十米外的炮兵连阵地,对连长杨九怦说:"杨连长,来你的好菜了!"他指了指对面的山坡,又说:"快看看,对面的山包上都有些啥。"杨连长举起胸前的望远镜,仔细瞄了几眼,顿时大喜过望地说:"有敌人,呵,还是大官。"陈团长点点头,说:"下面看你的了,瞄准目标,给我往那儿轰上几炮,一定要准,最好在敌人的头顶上开花!"

杨连长立刻用望远镜里的刻度表度量了目标的高度和距离,向目标连发两炮,把那些日军高级指挥官吓了个魂飞魄散。稍有军事常识的人都清楚,八路军的这一前一后两发炮弹意味着什么。经过前后两次修正,那么再次飞来的炮弹肯定会准确地落到他们面前了。

"阿部司令官,炮弹又要飞来了,快蹲下!"身边的参谋官们大声喊道。

可是已经晚了。"轰!轰!"炮弹极其准确地落在阿部规秀的周围,阿部中将已经倒在了血泊之中。阿部规秀脸色惨白如纸,临咽气前,他已经说不出一句话,只是用颤抖的手指,死死地握住了挂在腰际的金柄指挥刀。阿部规秀一死,剩下的敌人群龙无首,立刻成了待宰的羔羊。战至3日下午,我军在消灭了900多日军的主力之后,主动撤离黄土岭,跃出外线,转入积极的反扫荡斗争中去。

日军"名将之花"阿部规秀凋落在太行山上的消息传开以后,我军受到极大振奋。这是中日开战以来中国军队击毙的日军最高指挥官。好战必亡,阿部规秀的"凋谢"是他追随日本军国主义法西斯分子应得的可耻下场,所以"名将之花"凋谢的最根本原因是非正义的侵略战争。他助纣为虐,用罪恶的战争去嘲弄未来,而历史也不会给他带来任何好运。

开辟抗战新局面:黄桥战役

黄桥战役,是新四军向苏北敌后发展中,于江苏泰兴县城以东黄桥地区,粉碎国民党顽固派韩德勤部进攻的一次战役决战。黄桥战役的胜利,奠定了苏北抗日根据地的坚实基础,打开了华中抗战的新局面。

黄桥战役是抗日战争时期我党同国民党反动派进行的一场空前规模的反摩擦作战。它的胜利,不仅使新四军在苏北站稳了脚跟,开辟了苏北乃至整个华中地区的抗战新局面,而且沟通了华东新四军与华北八路军的战略联系,胜利地实现了党中央"发展华中"的重大战略,从而为我党我军全面担负起支撑敌后抗战的重任、阻止顽固派的反共投降逆流、推动全国抗战形势的发展奠定了基础。

抗日战争进入相持阶段后,在日本的"诱降"下,国民党走上了"消极抗日,积极反共"的道路,到处挑起反共摩擦事件。国民党江苏省主席韩德勤就是一个积极的反共人物。他依靠其嫡系主力第八十九军和独立六旅,占据着苏北的广大地区,坚持反共立场,实行苛政重赋,鱼肉人民,极力镇压爱国运动,摧残抗日力量,致使大小血案遍及苏北各地。

就连苏北国民党部队内部爱国官兵的抗日要求,也遭到了韩德勤的压抑。日寇在其兵力不足的困境下,也乐于利用韩德勤作为其镇压苏北抗日军民的统治力量。日、韩双方信使往来,狼狈为奸,人民陷于水深火热之中。苏北人民热切盼望中国共产党领导的真正抗日武装力量来到苏北改变抗战局面。就新四军自身来说,由江南向苏北发展是解决自身生存与发展的关键一步棋。在这种情况下,7月陈毅率部东进,受到国民党何克谦部的阻击,陈毅当机立断全歼何部2000多人,占领黄桥。此时我军一面休整,一面以黄桥为中心向外扩展,派出大批干部深入农村,发动群众,宣传党的政策,实行减租减息,建立抗日政权,开辟了纵横200余里之广大地区的根据地,同时向韩德勤提出停止反共、共同抗日的建议。在苏北各界代表面前,我军忍辱负重,决定让出姜埝,以便与韩德勤分区抗日。但是韩德勤视而不见,公然要求新四军开回江南。1940年10月,韩德勤集中顽军26个团3万余人的兵力向黄桥的新四军发动了进攻,苏北我军在陈毅、粟裕的指挥下奋起自卫,决心在黄桥地区聚歼韩德勤主力,打开苏北抗战的新局面。陈毅和粟裕等人经过反复分析,制定了以黄桥为中心,诱敌深入,各个击破的战略方针,并以顽敌独立六旅为首歼对象。

战斗打响后,我军英勇血战,终于歼灭了韩德勤顽军的主力。在这次战斗中,除韩德勤本人率残部1000余人向兴化逃跑外,我军共歼灭韩顽主力1.1万余人。其后,我军乘胜追击,连下海安、东台、南通、如皋、启东等地。10月10日,苏北新四军部队与南下八路军在东台胜利会师。至此,形成了八路军、

黄桥战役

新四军在华东建立抗日根据地的基本态势，使苏北地区的抗战形成了新的局面，从而实现了党中央"发展华中"的战略决策。

黄桥战役的胜利，实现了八路军、新四军的会合，使苏北的抗日民主根据地和华北的抗日民主根据地连成一片；不仅奠定了苏北抗日民主根据地的基础，而且使华中的革命势力取得第一步的优势，也就是增加了中国革命胜利的有利条件；同时也解决了新四军的抗日后方问题，为新四军的大发展奠定了坚实的基础。

所以，黄桥战役虽然是一个局部的反摩擦战役，它的胜利对于开创苏北抗战的新局面具有决定性的意义，但从全国抗战的大局来看，黄桥战役又是具有重大战略意义的一次决战，对于整个的抗战的前途具有深远的影响。其局部战役与整体战略的完美结合、军事与政治密切配合的斗争艺术，给后人留下了深刻的历史启迪。

战场配合着谈判：上党战役

历史已无数次证明：谈判桌上的斗争，是和战场上的斗争联系在一起的，谁在战场上能硬起来，在谈判桌上的腰杆就硬。欺软怕硬是一切反动势力的共同特征，一旦敌人在战场上得势，他在谈判桌上的要价就高，反之，他的调子就低下来了。抗战胜利后所进行的重庆谈判，就是我党用战场上的胜利枪声和谈判桌上的唇枪舌剑为世人上演的一幕精彩的历史话剧。

抗日战争胜利了，但是中国人民并没有迎来他们企盼已久的和平，素来以"外战外行，内战内行"著称的蒋介石又急欲挑起新的内战。但是抗战的胜利来得太突然了，蒋介石明白自己还没有做好应做的各种准备。国民党的部队都远在西北、西南，在原来的沦陷区，兵力十分空虚，在战略上处于明显的劣势，再说，现在立即就对共产党开战，也势必引起全国人民的不满，反而弄得很被动。奸诈阴险的蒋介石决定再次大耍反革命的两手，一面邀请老对手毛泽东来重庆谈判，一面命国民党军队火速向解放区推进，以完成对解放区的分割包围，伺机进击。

延安，1945 年 8 月 14 日至 23 日，毛泽东连收到蒋介石三封邀请他去重庆"共商和平建国大计"的电报，洞察一切的毛泽东一眼就看透了蒋介石"和平"的背后所掩盖的一切，蒋介石的小小伎俩又怎能瞒得过他呢？江山易改，本性难移，蒋介石现在所做的一切，都不过是在为他发动内战做准备，对此，毛泽东再清楚不过了。历史不会再重演，1927 年已一去不复返了，既然敌人用阴谋的两手，那我们就用革命的两手来对付他。立足于打，不放弃有利条件下的谈判，但绝不能对谈判存在不切实际的幻想，只有打得好，才能谈得好。为了挽救和平，为了揭露敌人的阴谋，为了表明我党的诚意，为了教育人民，一代伟人毛泽东做出了一个举世皆惊的重大决定：前去重庆。

重庆谈判尚未开始，阎锡山的部队就已于8月中旬侵占了长治地区的5座县城，毛泽东到达重庆的第二天，蒋介石就密令在各战区印发《剿匪手本》，蒋介石想以武力来压迫共产党在谈判中让步。面对敌人的猖狂进攻，毛泽东出言掷地有声："针锋相对，寸土必争。""人民得到的权利，绝不允许轻易丢失，必须用战斗来保卫。"临行前，毛泽东对前来参加会议的刘伯承和邓小平说："你们回前方去，放开打就是了，不要担心我的安全，你们打得越好，我越安全，谈得越好，别的法子是没有的。"总之，打的坚决打，谈的耐心谈，打是针锋相对，谈也是针锋相对。有时只谈不打，有时只打不谈，现在我们要边打边谈，这就是我们的斗争策略。

上党一战，是解放战争的第一仗，不仅事关全国战局，而且直接关系到毛泽东主席的安全和重庆谈判的成败。刘、邓接受任务以后，深感责任重大，决心歼灭来犯之敌，用战场上的胜利来支持毛泽东在重庆的谈判。与此同时，在重庆的谈判桌上，国共双方都在密切关注上党这一战。9月10日，我军对长治地区敌军发动反击，十天之内，连下五城，长治遂成一座孤城，正如刘伯承司令员所说："无足之蟹，岂能横行？"敌守将史泽波处在解放军的包围之中，惶惶不可终日，一日数次向阎锡山求救。24日，阎锡山派彭毓斌率二十三军、八十三军两万余人沿白晋路南下增援长治，我解放军采用围城打援的战术，以一部兵力继续围攻长治，主力北上消灭来援之敌，10月2日，将援敌包围于闾留西北地区，经激战全歼该敌，彭毓斌也死于乱军之中。8日，史泽波率部向长治以西突围，在途中被我军全歼，史泽波本人被俘。此次战役，共歼灭敌军11个师1个挺进纵队共3.5万余人，"阎老西"数年所培植起来的"精锐之师"，损失惨重，时人讽刺道："上党仅一战，损失达一半。"正在重庆谈判桌上等候胜利消息的蒋介石，得知自己向解放区发动进攻的第一回合就遭到惨败，异常恼怒。经此次打击之后，蒋介石不得不又坐到谈判桌前，和我党签订了《双十协定》。

东北战场转折点："三下江南，四保临江"之战

随着解放战争全面内战的爆发，我军和国民党军在东北地区的斗争也日益激烈。对于我军来说，东北地区的战略地位十分重要，与国民党争夺东北赢得主动，就能为全国解放战争提供较为巩固的战略后方。1946年冬，国民党在东北已经驻有保安司令部的7个军20个师加上其他部队共40万兵力。国民党军提出

了"先南后北"的战略,对我东北解放区发动大规模进攻,占领了大量地区。特别是国民党军巩固控制通化、桓仁、宽甸地区后,调集大量部队先后四次进攻临江。为了粉碎国民党的进攻,确保东北根据地的稳固,我军进行了"三下江南,四保临江"作战。

国民党军在东北保安副司令郑洞国的指挥下,于1946年12月17日发动了对临江地区的进攻,企图将我南满地区的东北民主联军消灭于长白山地区。在敌强我弱的形势下,我军决心采取外线作战与内线作战相结合,运动战与游击战相结合的方针,各个击破国民党军。12月14日,我第4纵队主力分三路挺进敌后,远程奔袭,速战速决,转战20天,连续作战50多次,歼敌3000余人,肃清了永桓公路以西,本溪以东纵横100公里的敌人。进攻临江地区的国民党军,在后方受到严重威胁的情况下,被迫调整部署,力图用其新二十二师、第九十一师寻求我四纵主力决战,在这种情况下,我军主力撤回六道江休整待机。为了策应南满战场作战,我军集中第一、二、六纵和3个独立师,于1947年1月5日,跨越松花江,一下江南,采用"围点打援"战术歼灭了大量国民党部队,使国民党在东北战场的"精锐"主力新一军受到深重打击,损失近两个团。

首次进攻临江失败后,国民党重新调整部署,于1月30日卷土重来,分三路扑向临江。我军先发制人,首先围歼孤立抵抗能力较弱的第一九五师,并成功阻击了来援的第二〇七师近一个团。在此期间,四纵继续在本溪、宽甸以东地区开展游击战,歼敌3000余人。在我军内外线协力反击下,国民党第二次进攻临江的阴谋再次被粉碎。随后,国民党军又调集5个师,由司令长官杜聿明亲自指挥,从2月13日起第三次进攻临江。我辽东军区以三纵全部和四纵主力在正面运动防御,机动歼敌;再以四纵一部深入敌后,牵制敌人。2月18日,三纵在金川以南通沟地区全歼敌第二十一师六十三团,并乘胜收复了柳河、辉南,各歼守敌一部,金川、辑安之敌弃城而逃,四纵一部也在敌后拔敌据点,歼灭新六军第二〇七师1个加强营及保安部队1000余人。此战使国民党受到震动,吸引了其第十四师及二十五师一部和大批保安部队紧追不舍。我第八师8天行军250公里,连续作战9次,终于冲破国民党层层阻击。2、3月,就在国民党第三次进攻临江之际,我军又发起"二下江南"战役,在城子街全歼新一军新三十师八十九团及师属山炮营2700余人。在"二下江南"作战的威胁下,国民党军第九十一师及第二十二师一部被迫北调,至此,国民党对临江地区的第三次进攻宣告破产。在我军"二下江南"中,我军从德惠北撤退,国民党认为我军逃走,于是在3月初沿中长路向北进犯,直逼松花江。东北民主联军三下江南,全力反击,在靠山屯、郭家屯、姜家屯地区歼灭大量国民党军。

经过"三下江南，三保临江"作战，国民党在南、北满各损失约两个师的兵力，机动能力大大减弱。但国民党不甘心失败，在松花江解冻后，郑洞国乘机纠集11个师约20个团第四次进攻临江。我辽东军区以三纵和四纵第十师诱歼敌主攻部队第八十九师，在红石镇、兰山两侧伏击，全歼了敌第八十九师，创造了1:25的歼敌记录。随着第四次进攻临江的失败，国民党的"先南后北"战略也宣告破产。

"三下江南，四保临江"作战，是东北战局发展过程中的一个战略转折点。它对于改变东北民主联军在东北战场上的被动局面起到了决定性的作用，对我东北解放区根据地的稳定和巩固产生了积极的影响。

用实力立足苏中：七战七捷之战

全面内战爆发后，国民党把苏中解放区作为其重要的进攻方向，在第一绥靖区司令长官汤恩伯的指挥下，集中5个整编师15个旅约12万兵力对我华中野战军发起进攻。为粉碎国民党军对苏中解放区的进攻，粟裕决心在苏中解放区的前沿江都至如皋一线地区迎击国民党军。华中野战军选择在苏中前沿地区作战，有着极为有利的条件。

首先，这些地区是抗日战争时期新四军的老根据地，群众基础比较好；其次，这里物产丰富，华中野战军主力部队在这里作战时间比较长，对民情风俗、地形道路十分熟悉，与地方政府和民众的联系比较密切。为了保障苏中战役的胜利，中共中央华中分局号召华中解放区主力部队、地方武装、民兵和广大群众做好战争的准备。各地党政军干部也深入发动群众。为了补充扩大部队，苏中地区还发动广大青年参军，补充了主力部队8000余人。苏中地区各级政府和群众积极性空前高涨。在战役过程中，参战民工有14万人，后方日夜忙碌为前线服务的民工近50万人。仅华中第一军分区支前粮食就有180万公斤，柴草70万担。如皋县丁东区，就赶制军鞋31万多双。海安县组织民工30万人次，船1万多条，粮食十多万担支援前线。人民群众的有力支援，为苏中战役的胜利奠定了重要的物质基础。各部队也加强了思想政治工作，深入进行战前动员，研

苏中群众欢迎子弟兵归来

究如何扬长避短打击国民党军,从而统一了以现有劣势装备打败美式机械化国民党军的共识,增强了信心。所有这些,都为我军战胜国民党军,实现苏中大捷提供了极为有利的条件。

7月10日,华中野战军获悉国民党第一绥靖区部队将向如皋、海安大举进攻后,决心先机制敌,集中主力首歼据守宣家堡、泰兴地区的整编第八十三师第十九旅。于是我军集中第一、六师,以6:1的兵力分别歼灭宣家堡、泰兴之国民党军,14日,我军攻克宣家堡歼灭守军第五十六团及旅属山炮营,第六师也于15日攻克泰兴歼灭守军第五十七团大部。宣泰战斗歼灭了国民党整编第八十三师第十九旅五十六团全部,五十七团大部及山炮营共3000余人,取得了苏中首战的胜利。随后我军又在如(皋)南战斗中歼灭整编第四十九师师部及第二十旅全部、第七十九旅大部、第一○五旅和九十九旅一部共1万余人。如南战斗后国民党军于7月30日集中6个旅合击海安,我华中野战军七纵实施运动防御,从7月30日至8月3日,在连续4天多的运动防御作战中,英勇顽强,打退了敌多次进攻,歼灭国民党军3000余人后,主动撤出海安。国民党第一绥靖区占领海安后认为我军已溃不成军,决定分兵"清剿"。8月6日,国民党整编第六十五师及一○五旅由海安东进,这就为我军在运动中歼敌提供了大好时机。当时,国民党新编第一旅十九团正在李堡地区第一○五团交接防务,粟裕当机立断,决心集中兵力歼灭李堡地区国民党军。8月10日晚,华中野战军发起进攻,战至11日拂晓,歼灭李堡守敌大部。而这时国民党新七旅并不知李堡守敌被歼,还按计划前来接防,被我军包围,除旅长等少数人之外,几乎全军覆没。这次惨败后,国民党机动兵力已经不多,被迫实行重点部署。8月13日以后,我军又先后取得丁堰、林梓战斗和如(皋)黄(桥)战斗胜利。8月23日,国民党整编第二十五师运用炮舰、飞机支援进攻邵伯。邵伯是淮阴南面的门户,地势险要。为保卫淮阴,华中野战军决心坚守该地区。8月23日,国民党整编第二十五师分三路向邵伯、乔墅、丁沟进攻。25日,国民党军全力猛攻邵伯。我十纵官兵与敌展开了肉搏战,至黄昏将敌击退;次日敌调集兵力从正面猛攻。经过3小时激烈战斗,国民党军伤亡惨重,于黄昏全线撤退。是役,我第十纵队和第二军分区依托阵地抗击拥有日、美式装备的国民党军的进攻,毙伤敌2000余人。至此,苏中战役以我军的七战七捷而告终。

苏中战役从7月13日至8月25日,在连续45天的作战中,我军在粟裕等的正确指挥下采取了灵活机动的战略战术方针,再加上有人民群众的有力支援和我军广大指战员的英勇顽强战斗,取得了辉煌的战绩。这次战役意义重大,使蒋介石"三个星期之内消灭苏北共军"的企图化为泡影,同时也为我军在内线歼敌积累了丰富的经验。

三捷稳定陕甘宁：西北大捷之战

抗日战争的硝烟尚未散尽，1946年6月，蒋介石又挑起了新的内战，人民军队被迫进行自卫还击。8个月下来，不仅消灭解放军主力的目的未达到，反而损兵折将达71万，蒋介石无奈之下只好放弃全面进攻，改为重点进攻，把矛头直指中国革命的神经中枢，圣地延安由此卷入猝然而起的战争旋涡。

蒋介石的得力干将、号称"西北王"的胡宗南，抗战八年，对日本人一枪未放，专门在关中养精蓄锐，用重兵封锁陕甘宁边区，并不断制造摩擦。如今听到主子的召唤，便立即率领34个旅23万人，气势汹汹地直扑延安。这次胡宗南人多势众，延安兵力空虚，胡宗南自然是有恃无恐，在老蒋面前打下包票："3日内拿下延安，3个月内聚歼共军主力于延安及其以北地区，结束西北战事。"延安杨家岭窑洞内，毛泽东镇定自若，经过充分讨论，决定党中央暂时撤离延安，由毛泽东、周恩来、任弼时组成"昆仑纵队"，率领人民解放军总部继续留在陕北指挥全国各个战场的作战。彭大将军再次临危受命，率西北野战军两万余众，实行诱敌深入的方针，依靠优越的群众条件和有利的地形，大打人民战争，运用"蘑菇"战术，集中优势兵力，寻机歼敌。

3月19日，胡宗南的第一师第一旅首先进入延安城，消息传到南京，蒋介石欣喜若狂，自谓多年未竟功业，今日一朝遂愿，对胡宗南这位得意门生是褒奖有加，亲自授予青天白日勋章。宋美龄也赶忙帮腔："琴斋（胡宗南字）啊，革命即将成功，也该考虑成个家了！"南京的国民党宣传机器更是将胡宗南吹上了天，什么"常胜将军，攻无不克，战无不胜""直捣匪巢，当世奇功一件"。不过，吹牛归吹牛，当胡宗南走进毛泽东住过的窑洞时，他的心情并不轻松，延安只不过是座空城，莽莽丛山之中，哪里有毛泽东和解放军的影子？再说彭德怀也势必不会放过他。事情果然如此，就在胡宗南四处寻找解放军主力作战之时，彭德怀给了他当头一棒。25日，第三十一旅刚进到青化砭，突然被解放军四面包围，只经几小时战斗，全旅覆灭，旅长李纪云被活捉。这下胡宗南吃惊不小，急令第一军即日赶回延安。

胡宗南吸取了三十一旅被歼的教

沙家店战役

训,又采用"方形战术",以两军的兵力排成数十里宽的方阵,行则同行,宿则同宿,以避免分兵被歼的下场。延安到青涧只有 3 日行程,胡宗南的两个整编军却走了 6 天,但一路之上并未找到解放军的主力部队。原来解放军主力既不同胡军决战,也不东渡黄河,只有一小部分兵力把胡军 9 个旅引向东北方向,使之疲于奔命,主力却在相反的方向上待机歼敌。用彭总的话来说,就是让你在滚桶中转圈,把你当小毛驴牵着走。4 月 16 日,胡宗南判断正面阻击的解放军是主力三五八旅,要求各部队极谨慎地攻击前进。随后似乎又发现三五八旅向西北方向"逃窜",马上命令其一三五旅由瓦窑堡向南出击,当进至羊马河附近,突遇伏击,还没弄清"敌情",全旅 4000 余人已被消灭得差不多了,旅长麦宗禹被活捉。

这两战之后,"西北王"算是领教了解放军的厉害,为避免分散而遭围歼,胡宗南将两个主力军都摆在蟠龙镇附近,但始终未能发现解放军主力,进不敢进,退不能退,举棋不定。4 月下旬,空军侦察报告,发现绥德附近的公路上有两个旅的兵力,似乎要渡黄河;同时,发现了绥德、米脂一线的黄河沿岸,集中了大批船只。这些"情报"使胡宗南断定,解放军主力已北撤,并将东渡黄河。他令第一师第一六七旅留守蟠龙镇,负责保卫这里的后方补给基地。其余部队只带 7 天干粮,火速向绥德挺进,力争在黄河以西地区狭小地带与解放军主力决战。岂料这正是彭德怀给他设下的一个圈套,这边胡宗南一走,那边蟠龙镇被围。结果一六七旅被全歼,胡宗南的"四大金刚"之一旅长李昆岗被活捉,蟠龙基地的 1000 多匹骡马、4 万多套军服、1.2 万余袋面粉、数不清的枪支弹药统统成了解放军的战利品。胡宗南回救不及,叫苦不迭。

青化砭、羊马河、蟠龙镇的三战三捷,歼敌 1.4 万余人,给胡宗南集团以沉重的打击,稳定了西北的战局。随着全国战略反攻阶段的到来,西北野战军一举收复延安,彻底粉碎了敌人对陕甘宁边区的进攻。

"御林军"烟消云散:孟良崮之战

1946 年 6 月 26 日,国民党军队向中原解放区发动进攻,挑起全面内战。人民解放军不以一城一地为得失,大量歼灭敌人的有生力量,经过 8 个月的艰苦作战,蒋军损兵折将 71 万人,蒋介石被迫将全面进攻转为重点进攻,即将主要兵力集中在陕北和山东两个战场,企图首先占领陕北和山东两个解放区,消灭我军或将我军赶到黄河以东、以北,而后腾出手来再转移兵力进攻华北、东北。岂料莱芜一战,李仙洲所部全让解放军捉了鸭子,蒋介石又怒又惊,于是调集其精锐 24 个整编师(军),60 个旅(师),约 45 万人,由陆军总司令顾祝同坐镇徐州指挥,对山东解放区发动重点进攻,蒋宣称"山东问题的解决等于全国问题解决了十分之六"。

鉴于以往的教训,这次老蒋别出心裁地玩了一个"硬核桃"与"烂葡萄"相结合的新战法,就是以整编七十四师及几个嫡系部队为骨干,形成所谓的"硬核桃",担任主要突击任务,以其他被称之为"烂葡萄"的杂牌部队相配合,企图在山东境内寻找陈粟主力决战。为达到"打掉陈粟主力"的目的,蒋介石这次下了大本钱,将其"御林军"整编七十四师调往山东战场。这个七十四师也确实非同小可,全师3万多人,全部美械装备,号称国民党军五大主力之首,是老蒋手中的一张王牌,自抗战结束以后,一直担负着拱卫南京的重任,向来以蒋家王朝的"御林军"自居。国民党军宣称:"只要有十个七十四师,就可以统一中国。"其师长张灵甫自视实力雄厚,气焰十分嚣张,没将解放军放在眼里,大言不惭"要活捉陈粟,亲自解往南京"。到山东战场后,他孤军冒进,一心想抢个头功。

大兵压境,远在陕北的毛泽东运筹于帷幄之中,决胜于千里之外,两次来电指示:"一不要性急,二不要分兵,敌人密集不好打,但只要有耐心,总有歼敌的机会。"华东野战军指挥部里,粟裕将军陷入深思,此役关系全局,眼下敌人重兵集结,敌强我弱,如何才能打破敌人的重点进攻?如先打敌两翼的弱敌,我军极有可能陷入被动,如果先从中间突破,出其不意,攻其不备,一举歼灭第七十四师,就可以立即挫败敌人的这次作战行动,迅速改变战场态势,获得最佳的战役效果。但是敢不敢来个虎腹掏心,能不能啃下这块硬骨头,对此,粟裕成竹在胸:七十四师虽然装备精良,但在沂蒙山区作战,地形对其重装备威力的发挥非常不利;该师自恃得宠,对其他部队素来骄横,已结怨很深,在我围歼之时,其他敌军不会舍命相救;张灵甫求功心切,此时已呈孤军冒进之势,而在其当面,我军的兵力在此局部占有绝对优势。只要缜密布置,实现这个意图是完全可能的。

深思熟虑之后,粟裕定下了决心:改变以往先打弱敌、侧翼及孤立之敌的老战法,来个以硬对硬,虎口拔牙!利用有利地形,首先消灭七十四师!野战军司令员陈毅尽管大敌当前,不改其幽默的本性,亲自向大家动员:"这个七十四师是我们的老对头了,过去我们没有动它,是准备把猪养肥了再杀,现在老蒋把这只肥猪送上门来了,很好嘛!这叫'坐地等花开,财喜上门来'。"

再说张灵甫自认为对解放军的战法了如指掌,向来都是避实击虚,绝没想到粟裕这次偏偏要拿他这个"王牌主力"开刀。开战以来,并未碰到解放军大的抵抗,他将我军的主动撤退当作是不战自溃,这使得张灵甫更加不可一世,于是"捷报"频频传到南京。蒋介石满心欢喜,更加认为自己的"御林军"不同一般,并勉励这位"天子门生"要为"党国"再立新功。当张灵甫正在扬扬得意之时,华东野战军已在孟良崮布下了天罗地网,沂蒙山中杀气腾腾,粟裕要在百万军中取上将首级。

直到 5 月 14 日,张灵甫发现自己已陷入解放军的重重包围之中,这才如梦初醒,一面组织部队突围,一面向四邻求救,往日的骄横之气一扫而光。粟裕怎会放过如此良机,命令华东野战军猛打猛冲,激战三日,全歼整编七十四师,敌军上至师长,下至马夫,计 3.2 万余人,无一漏网。消息传到南京,蒋介石捶胸顿足,心痛不已。毛泽东在延安掩饰不住内心的喜悦,不无风趣地说:"蒋介石的扁担在山东和陕北是两头打塌,如今敌人在此两地已组织不起像样的攻势了。"

一个历史转折点:刘邓大军挺进大别山之战

解放战争进行了一年之后,国民党军队在战场上连连失利,总兵力由 430 万降为 370 万,士气低落,官兵中充满了失败情绪和厌战情绪。而我军的兵力却由 120 万上升为 195 万,士气高昂,斗志正旺。虽然我军的总兵力少于敌人,但兵力对比的差距已大为缩小,特别是战略上的机动部队已超过了敌人;同时,由于蒋介石将重兵用于陕北和山东战场,使南线的鲁西南豫皖苏边直至大别山区兵力十分空虚,形成了两头重、中间轻的"哑铃式"的不利布局,其捉襟见肘、顾此失彼、兵力不足的弱点已进一步暴露;我军在陕北和山东战场上虽然还处于防御地位,但晋冀鲁豫、晋察冀、东北等战场上已举行了战略性的反攻,敌已处于守势,难以抽出更多的兵力实施战略机动和进行新的进攻,我军已取得战场上的局部主动权;而且国民党反动政府在政治、经济上也陷入了更加严重的危机之中。

这一切都为我军实施战略反攻创造了极好的机会。党中央认为,我军在内线作战,虽可以继续歼灭敌人,削弱敌人的有生力量,但对粉碎敌人的重点进攻,只能起到"扬汤止沸"之效,而实施战略反攻,我军转入外线作战,则可以起到"釜底抽薪"的作用。以毛泽东为首的党中央审时度势,决心不待敌人的进攻全部被粉碎和我军总兵力超过敌人,立即抓住时机,不给敌以喘息的机会,立即组织人民解放军的主力直接转入战略进攻,以敌人兵力薄弱的中原地区为主要突击方向,实施中央突破,转入外线作战,直插敌人的战略后方,将战争引向蒋管区,从而改变整个战争的态势。这是一着险棋,也是一着高棋。

那么,毛泽东和党中央、中央军委为什么要把战略进攻的方向选在中原大别山呢?这正是毛泽东的高瞻远瞩之处。就中原而言,它地跨苏、皖、豫、鄂、陕五省,南临长江,北枕黄河和陇海路,东起运河,西迄伏牛山和汉水,面对南京、武汉等国民党统治的中心城市和江南统治区,人口约 4500 万,战略地位十分重要,为历代兵家必争之地。而大别山的地位和作用在中原又显得尤为重要,它雄踞于南京和长江中游重镇武汉之间的鄂、豫、皖三省交界处,为淮河与长江的分水岭。这里是敌人战略上最敏感而又最薄弱的地区。第二次国内革命战争时期,这里曾是一块老革命根据地,有经过长期革命斗争锻炼的广大群众,群众基础较好。1946年7月,原中原军区主力撤出后,仍有少数游击武装坚持斗争。如果我军占据大别山,就可以东慑南京,西逼武汉,南瞻长沙,瞰制中原。把反攻的突击方向确定在敌人防御兵力空虚的战略纵深和关系敌统治安危的腹心地区——以大别山为前哨的中原地区,这样,既便于我创建根据地,又便于直接威胁敌之统治要地和调敌回援,在战略上策应山东和陕北我军作战。因为蒋介石搞的"哑铃战术",把两个铁锤放在山东和陕北,晋冀鲁豫战场是联系东西两个战场的中间地带,正像这个哑铃的"把",此时我晋冀鲁豫野战军这把利刃如果突然出鞘,不仅能将敌人的哑铃拦腰斩断,而且还直逼敌人的胸膛。同时,华东野战军东线兵团和西北野战军分别把山东和陕北战场的敌人向两翼拉开,这样哑铃柄便更易打断了。同时,我陈粟、陈谢二军又在敌之两臂各插上一刀,这样刘邓大军再从中间对敌当胸一刀,便置敌于死地了。

我刘邓大军按中央的战略部署,于8月7日从鲁西南地区出发,17日全部通过黄泛区,18日渡过沙河,之后我军又在"狭路相逢勇者胜""到达大别山就是胜利"的口号鼓舞下,至24日夜全部强行渡过汝河。27日刘邓野战军已全部渡过淮河,胜利地完成了千里跃进大别山的壮举。这样刘邓、陈谢和陈粟三路大军便以"品"字形阵势展开于中原地区,把我军的战线由黄河南北推移到了长江北岸,使中原地区由敌人进攻解放区的重要后方变成了我夺取全国胜利的前进基地。对于我军在中原地区完成战略展开的重大意义,就连国民党军也不得不承认,"大部华中地区,全为匪军糜烂,我全盘战略形势,乃从此陷于被动"。毛泽东对此给予很高的评价:"这是一个历史的转折点,是蒋介石20年的反革命统治由发展到消灭的转折点。"

关门打狗歼重兵:辽沈战役

1948年的秋冬,解放战争已进入到第三个年头。蒋介石放出了战争的野马,却又无法来驾驭它,战争的结果是由最后的决战来决定的,一场大战正如箭在弦,引而待发。在河北平山县的西柏坡,毛泽东将深邃的目光落到关外那片辽阔的黑土地上,一场决定中国命运的战略大决战将首先在这里打响。

在对这场气势磅礴的大决战方向的把握上,毛泽东作为卓越军事家那种

辽沈战役

高瞻远瞩、全局在胸的战略眼光和多谋善断的惊人胆略得到最大程度的发挥。当决战开始前,国民党部队在长江以北部署的五大战略集团,被分割在东北、华北、西北、华东、华中五个战场上,在战略上难以相互配合,无法摆脱战略上全面被动的地位。当时全国各战场的形势虽在不同程度上都有利于人民解放军的作战,但敌人在战略上却企图尽量延长坚守东北几个孤点的时间,牵制我东北人民解放军,使我军不能入关作战。在这种情况下,如果我们把战略决战的方向指向华北战场,则会使我军受到华北、东北敌人的两大战略集团的夹击而陷于被动;如果我们把战略决战的方向首先指向华东战场,则会使东北敌人迅速撤退,而实现他们的战略收缩企图。因此,东北战场就成为全国战局发展的关键。

当时东北战场的形势对我又特别有利。经过两年多的较量,国民党军已被歼灭57万人,剩余的55万人被分割压缩在长春、沈阳和锦州之间互不联系的据点和地区内,处于十分不利的境地。我东北解放区的面积和人口,与敌占区相比,均占绝对优势,东北97%以上的土地和86%以上的人口已获解放;到8月为止,东北野战军已有12个步兵纵队、36个师,另有15个独立师、3个骑兵师及1个炮兵纵队、1个铁道兵纵队、1个坦克团,加上地方部队共计有100余万人,是各野战军中兵力最多的一个,超过敌军数量将近一倍。同时,东野经过政治大练兵,本着毛泽东主席提出的以"诉苦、三查"方式进行新式整军运动后,全军政治觉悟大大提高,战斗力大大增强。在敌军方面,孤立分散,态势突出,地区狭小,补给困难;长春被围,无法解救,或撤或守,举棋未定。上述情况表明,东北战场已明显地形成了对解放军有利的决战局面。因此,毛泽东将发动大决战的目光首先落在东北,制订了《关于辽沈战役的作战方针》,规定了主力南下北宁线,攻克锦州,把敌人关在东北就地歼灭的作战方针。开始时,第四野战军司令员林彪不愿南下锦州作战,要回师长春。在毛泽东批评和纠正了林彪在攻锦打援问题上的犹豫之后,东北野战军按照中共中央军委的战略部署,集中了12个纵队和1个炮兵纵队,连同各独立师共53个师70余万人,发起辽沈战役。

1948年9月12日,东北野战军在林彪、罗荣桓指挥下开始攻锦作战。蒋介石急忙调集华北、山东的一部分兵力组成东进兵团,并以沈阳主要兵力组成西进兵团,两路增援锦州。解放军在塔山、虹螺岘一线对敌东进兵团进行英勇阻击;敌西进兵团也被解放军顽强阻击于黑山、大虎山东北地区。10月14日,东北野战军对锦州发起总攻,经过31个小时的激战,全歼守敌近9万人,生俘国民党东北"剿总"副总司令范汉杰。锦州的解放促使长春守敌一部分起义,其余全部投降。东北国民党军队向关内的退路已被切断。蒋介石仍严令廖耀湘率领西进兵团夺回锦州。东北野战军在攻占锦州后,立即从南北两翼合围包括国民党军队精锐主力新一军和新六军在内的廖兵团。10月26日完成对廖兵团的分割包围。经过两日一夜激战,全歼该敌10万人,生俘廖耀湘。东北野战军乘胜追击,于11月2日解放沈阳、营口。东北全境获得解放。辽沈战役历时52天,歼敌47.2万人。人民解放军从此在数量上相对于国民党军队有了优势,使中国革命形势发展到一个新的转折点。

国共逐鹿大中原:淮海战役

  1949年年初,淮海战场的硝烟渐渐散去,这场中国大地上规模最大的一战结局让全世界都震惊不已。克里姆林宫里斯大林连声赞叹:"60万战胜80万,奇迹,奇迹!世界战争史上的奇迹!"在中国,指挥这场决战的毛泽东也掩饰不住内心的喜悦:"淮海战役打得好,好比一锅夹生饭,还没有完全煮熟,硬是被我们一口一口地吃下去了。"且让我们回到那个烽火连天的战场,看一看我军是怎样吃下这锅"夹生饭"的。

  济南战役的枪声未息,素有大将之才的粟裕就向中央军委提出,"建议即进行淮海战役",准备夺取两淮(淮阴、淮安)和海州,打通山东和苏北的联系。英雄所见略同,这和毛泽东的想法不谋而合,当日毛泽东即回电:"我们认为举行淮海战役甚为必要。"在整个战争期间,毛泽东这种胸有全局的战略眼光都起着重要的指导作用。更难能可贵的是将帅同心,历史证明他们将无敌于天下。这时所说的"淮海战役"史称"小淮海",还不是后来作为南线战略决战的淮海战役。

  随着"小淮海"的展开,毛泽东很快就发现这次战役的规模和影响都要比原先预想的要大得多。毛泽东知道,扩大了的淮海战役将成为南线的决战。毛泽东还知道,淮海战役不同于刚

淮海战役指战员

刚结束的辽沈战役。在东北战场上，进行决战的诸条件已经成熟。但是，在淮海战场上，解放军的总兵力和装备同国民党军相比都处于劣势。8 月以来，为阻止解放军南下，固守长江，屏障南京，蒋介石倾其所有精锐，屯重兵于以徐州为中心的津沪、陇海铁路线上，构成所谓的"一点两线""十字架"式战略态势，命"福将"刘峙坐镇徐州指挥。战役开始后，蒋介石又将华中"剿总"的主要兵力和东北撤回的兵力投入淮海战场，使总兵力达 80 万之多。而解放军的总兵力包括地方武装只有 60 万，武器装备也差多了。

这将是一场规模巨大而又异常艰苦的作战，犹如一锅没有煮熟的夹生饭，没有巨大的勇气和魄力是无法吃下去的。但是，毛泽东以他的胆略和智慧，要和两大野战军共同努力，把这锅夹生饭一口一口地吃下去。"客观因素具备着这种变化的可能性，但实现这种可能性就需要正确的方针和主观的努力。"这是毛泽东曾经说过的话，现在他正在做这种主观的努力。毛泽东也坚信，他和他的战友们所做的主观努力能够弥补战场上的这种暂时劣势。

由于预见到淮海战役将越打越大，毛泽东立即考虑到华东野战军和中原野战军并肩作战的问题，毛泽东深深地懂得一加一大于二这个道理，两个野战军加在一起，就不是增加了一倍的力量，而是增加了好几倍。淮海战役，东边的文章还得从西边做起，就是当我华东野战军向当面之敌发起进攻之时，中原野战军以一部兵力对中原敌军进行牵制，使之无法增援，同时以主力出击徐蚌线，占领宿县，切断敌军的徐蚌联系。

11 月 6 日，我军发现驻新安镇的黄百韬部有西撤的迹象，立即发起攻击，淮海战役正式打响。8 日，地下党员何基沣、张克侠率部在贾汪、台儿庄地区起义，徐州东北门户大开，解放军以迅猛之势直插徐州以东，切断黄百韬兵团的退路，将其合围在碾庄地区。为挽救黄兵团，蒋介石令邱清泉、孙元良两兵团向东猛攻，但我华东解放军"用一半以上的兵力"来打援，在我军的顽强阻击下，邱、孙兵团进到大许家以后，再也未能前进一步，眼睁睁地看着黄百韬兵团于 22 日被全歼。与此同时，毛泽东一连三封电报，都强调攻占宿县"至要至盼"。16 日，中原野战军一举攻占宿县，完成了对徐州之敌的战略包围。根据战役形势的发展，中央提出"隔断徐蚌，歼灭刘峙主力"的总方针，"小淮海"由此已发展成为"大淮海"。

淮海战役第二阶段的作战是依据战场的实际情况而定的，黄百韬兵团被歼的第二天，刘、陈、邓即向中央报告：李延年、刘汝明两兵团迟迟不进，黄维兵团远道疲劳，孤军冒进，态势突出，"歼灭黄维时机甚好"，决心在浍河以北布置袋形阵地，聚歼黄维兵团。25 日，黄维兵团被合围于宿县双堆集地区。鉴于淮海战场的形势，徐州已处于孤立无援状态，杜聿明于 30 日晚慌忙放弃徐州，率所部 30 万人向永城方向撤退,由于人心惶惶,结果使撤退变成了大溃逃。华东野战军也闻风而动,从四面向杜聿明集团包抄堵截而来,12月4日,将其合围在徐州西南65公里处的陈官庄地区。这样在淮海战场上,中原野战军围住黄维10多万人,华东野战军围住杜聿明30多万人。为避免敌人新的援军到来使我军陷入被动,总前委决定先歼灭黄维,并阻止杜聿明集团南逃,同时增加蚌北阻击李延年兵团的兵力。中野司令员刘伯承形象地将之比喻为:吃一个、挟一个、看一个。即吃掉黄维,挟住杜聿明,看住李延年。12月25日,黄维兵团被全歼,胜利地结束了淮海战役第二阶段,进入到第三阶段。为配合平津战役,毛泽东指示对杜集团围而不歼,我军就地休整。整个战役期间,后方的支前民工源源不断地给前线送来各种物资,这是取得胜利的重要保障。陈毅同志深情地说:"华东战场上的反动派是老百姓用独轮车把他们推倒的。"1949年1月6日,我军发起总攻,杜聿明集团全部被歼,淮海战役胜利结束。

多管齐下定华北:平津战役

辽沈战役、淮海战役之后,以北平、天津为中心的华北地区的国民党军傅作义集团失去南北两面的依托,陷入十分孤立和混乱的境地,已成"惊弓之鸟"。摆在傅作义面前的有三条路:南撤江南、西撤绥远、固守平津。他为何去何从而陷入深深的矛盾之中。

傅作义认为,如果南下,不但自己的嫡系部队很难带往江南,而且在南下后可能被蒋介石吞并,这不到万不得已之时,傅作义是不会去做的;绥远是自己的"老家",但他统率下的蒋系部队带不去,而且绥远经济落后,难以扩充实力和长期坚守;对于固守平津,傅作义认为在辽沈战役这样的大仗刚结束后,东北野战军一定需要有一段时间休整,不可能立即入关,华北的生存还不会马上受到威胁。因此,他采取暂守平津、控制海口、扩充实力、以观时局变化的决策。

傅作义毕竟不是一个头脑简单的军人,他懂得政治斗争的作用。所以他还为自己铺下了另一条道路,这就是罢战求和、保存实力。傅作义对蒋介石已失去信心,他看出蒋介石已无力挽回败局。他必须自己想办法,保存实力,以观时局变化。于是,他选择让彭泽湘、符定一给中共带去口信。不过,这时的傅作义只是一种试探,所以,他派去的是他并不十分信赖、不能充当他的代表的人。傅作义同中共接洽的真正目的是为了争取时间,保存自己的军队,再看看形势,以便寻找一条对自己有利的出路。所以,他一方面同中共接触,一方面加紧军事部署,并随时有西逃和南下的可能。

在军事部署上,傅作义将他的50多万人摆成以张家口、北平、天津、塘沽为重点的长达500公里的一字长蛇阵,呈一种机动态势,一有风吹草动,就可分身而逃。对傅作义摆开的一字长蛇阵,毛泽东看出其要害不在蛇头,而在蛇尾,因为蛇尾摆的是傅作义的嫡系部队,是他的命根子。这个态势也说明傅作义没有放弃西撤绥远的想法。平绥路是傅作义退守绥远的唯一通路,而张家口则是傅作义在平绥路上的重要基地。于是,毛泽东抓住这个关键,决定在东北野战军主力入关之前,首先集中华北主力和东野先遣兵团攻击傅作义的要害,包围张家口,把傅作义的几个军吸引到平张线上,使傅作义难于下决心舍弃嫡系主力南撤,从而达到在东野主力入关之前稳住傅作义的目的。

毛泽东早在辽沈战役未结束之时,已考虑使用东北野战军这支强大的机动部队来解决华北问题。11月18日,获悉傅作义派人来和我方接洽,毛泽东敏锐地觉察到,傅作义追随蒋介石的立场已发生动摇,万一此时傅通电起义,蒋系部队将会倾巢南撤,这一新的情况,促使毛泽东做出断然决定:东北野战军立即入关,联合华北解放军,抑留傅作义所部于平、津、张、塘地区。11月23日,随着东北野战军开始秘密行动,平津战役悄然提前到来。11月29日,华北第三兵团对张家口地区发起突然袭击,果如毛泽东所料,傅作义马上命其嫡系三十五军主力和一〇四军一部驰援张家口,并将十六军军移驻南口,这样终于将其嫡系主力大部都吸引到平张线上,并最终将三十五军包围在新保安,从而实现了毛泽东所作的"断其咽喉"的战略部署。战局瞬息多变,战机稍纵即逝,毛泽东对已展开的平津战役做出全局的分析后,于12月11日致电东野:"只要塘沽(最重要)、新保安两点攻克,就全局皆活了。""从本日起两个星期内基本的原则是围而不打(例如对张家口、新保安),有些则是隔而不围(例如对平、津、通州),以待布置完之后各个歼敌。"从12月12日到21日,东北野战军以迅雷不及掩耳之势完成了隔断京、津、塘之间的联系。到此时为止,华北、东北解放军成功地执行了毛泽东关于从西线打起,抓住傅系,拖住蒋系,以及围而不打,隔而不围的战略部署,切断了敌军东逃西撤的退路,使傅作义集团这只"惊弓之鸟"变成了"笼中之鸟"。

保护千年古都,和平解放北平,这是毛泽东和他的战友们的共同愿望,是人民的共同愿望。然而实现这一愿望并不比以战斗手段夺取北平来得容易。为了用和平的方式解放北平,我党对傅作义做了大量耐心的工作,晓以大义,希望他能走上光明的道路。但毛泽东知道,傅作义正在走着一条艰难的道路,他要完成其个人历史的转变,单靠自己的力量是不行的。傅作义无法战胜他的犹豫,尤其无法战胜他头脑中还存在的幻想。无论他多么不情愿,他都需要有一个强大的力量推动其完成这一转变,这个力量需要通过战场上的胜利来获得,尤其是在他处于长期的犹豫动摇之时,将起到决定性的作用。事实正是如此,新保安一战,歼灭了傅作义的嫡系主力三十五军,张家口解放又彻底断绝了他的西退之路,这时傅作义才真正接受和谈。到天津解放、解放军兵临城下之时,他才最后下决心接受和平改编。1949 年 1 月 31 日,古都北平宣告和平解放。在党的七届二中全会上,毛泽东将"北平方式"作为解决国民党军队的三种方式之一,这是在国民党军队主力被歼的新条件下,毛泽东关于军事斗争和政治斗争相互结合的思想新的发展和运用,也是北平能够和平解放的一个根本原因。

宜将剩勇追穷寇:渡江战役

这是解放战争时期,我军第二、三、四野战军,在长江中下游强渡长江,对国民党军进行的战略性进攻战役。此役历时 42 天,歼灭国民党军 11 个军部、46 个师共43 万余人,解放了南京、上海、武汉等大城市,以及江苏、安徽两省全境和浙江省大部及江西、湖北、福建等省各一部,为而后解放华东全境和向华南、西南地区进军创造了重要条件。

三大战役后,国民党在战略上已无法组织有效防御。蒋介石政府在军事上惨遭失败、经济上迅速崩溃、政治上众叛亲离,它的主子美国也不再信任他了,美驻华大使司徒雷登甚至劝告"蒋委员长"退休,而让"较有前途的政治领袖李宗仁"组成一个"没有共产党参加的共和政府"。尽管蒋介石很不愿意,但在重重压力之下不得不做出"引退"的决定,表示要以"主动下野"的办法来促成同中共的"和谈"。他又一次玩弄起了反革命的两手:一方面以退为进,宣布"下野",由李宗仁出面和中共进行和谈;另一方面加紧布置江防,企图凭借长江天堑阻遏人民解放军南进,梦想造成"划江而治"的局面。

是将革命进行到底,还是使革命半途而废?这是关系到中国人民命运和前途的一个必须明确回答的重大原则问题。毛泽东在长期的革命斗争中,总是能在关键的时刻表现出高度的政治敏锐性、政治辨别力和政治坚定性,及时地抓住关键性的问题,旗帜鲜明地提出自己的主张。1949 年元旦,毛泽东在新年献辞《将革命进行到底》中,提出"用革命的方法,坚决彻底干净全部地消灭一切反动势力",他提醒人们要记住寓言《农夫和蛇》中的那个"劳动者的遗嘱",不要像农夫那样对毒蛇怀有好心肠。

李宗仁代替蒋介石上台后,也并非要真正的和平,他所要的不过是保存实力,与共产党划江而治。毛泽东在新年献辞中尖锐地揭露了蒋介石、李宗仁的这

百万雄师过大江

种一致性,指出:"这就是用各种方法力图破坏革命势力而保存反动势力。他们将要用各种方法:公开的和秘密的,直接的和迂回的。"毛泽东对国民党反动派的这些伎俩看得十分清楚,但是,为了迅速结束战争,减少人民痛苦,中共于1月14日发表《关于时局的声明》,指出在八项条件的基础上,中国共产党愿同南京国民党政府及任何国民党地方政府和军事集团进行和平谈判。4月1日开始,国共两党代表在北平进行谈判,并最终达成了《国内和平协定》最后修正案,但4月20日,南京国民党政府拒绝签字,谈判破裂。

4月20日晚和21日,人民解放军第二、三野战军遵照中央军委的命令和总前委的《京沪杭战役实施纲要》,先后发起渡江。百万雄师以木帆船为主要航渡工具,在炮兵、工兵的支持配合下,在西起湖口、东至江阴的千里战线上强渡长江,迅速突破国民党军的江防,占领贵池、铜陵、芜湖和常州、无锡、镇江等城,彻底摧毁了国民党军的长江防线。23日,第三野战军一部解放了国民党22年来的反革命统治中心南京,宣告了国民党反动统治的覆灭。我军全线渡江后,蒋介石为了避免其江防部队被分割围歼,令所有部队火速向浙赣路、杭州、上海方向撤退,企图控制皖浙赣山区,构成新防线继续顽抗。据此,我东集团和中集团于27日在吴兴会师后,29日在广德地区全歼敌5个多军。接着分路追击,于5月3日解放杭州。西集团突破江防后,以徽州、上饶、贵溪为目标,多路向南追击,5月7日控制了浙赣路,切断了汤恩伯、白崇禧两集团的联系,粉碎了敌组织新防御线的企图。5月14日,第四野战军从武汉以东团风至武穴地段南渡长江,16日、17日解放武汉三镇。22日,第二野战军一部解放南昌。27日,第三野战军主力攻占全国最大城市上海。6月1日,我军乘胜解放崇明岛。至此,渡江战役胜利结束。

英雄跨过鸭绿江：抗美援朝战争

　　1950年6月25日,朝鲜内战爆发。南北朝鲜的分裂,是第二次世界大战结束时美军和苏军在朝鲜以北纬38°线为界分别接受日军投降的结果。朝鲜内战爆发的第三天,美国总统杜鲁门就宣布武装援助南朝鲜,干涉朝鲜内政,同时命令其海军第七舰队开入台湾海峡,"阻止对台湾的任何进攻",公然干涉中国内政,插足中国的领土台湾。随后,在苏联和中国两个常任理事国缺席的情况下,美国操纵联合国安全理事会通过决议,给美国及其所纠集的其他国家的侵朝军队披上"联合国军"的外衣,任命美国驻远东军队的总司令麦克阿瑟为"联合国军总司令",进一步扩大侵朝战争。中国政府对美国侵略朝鲜和中国领土的罪行表示了强烈的抗议。杜鲁门发表声明的第二天,毛泽东发表讲话指出:"全世界各国的事务应由各国人民自己来管,亚洲的事务应由亚洲人民自己来管,而不应由美国来管。美国对亚洲的侵略,只能引起亚洲人民广泛的和坚决的反抗。"7月13日,中央军委及时作出《关于保卫东北边防的决定》,组成东北边防军。9月15日,麦克阿瑟指挥美军在仁川登陆成功,截断朝鲜民主主义人民共和国南进部队的后路,使人民军腹背受敌,朝鲜战局急转而下。侵略军直逼朝鲜北方,战火有烧到中国东北边境的趋势。9月30日,政务院总理兼外交部长周恩来严正警告说:"中国人民热爱和平,但是为了保卫和平,从不也永不害怕反抗侵略战争。中国人民决不能容忍外国的侵略,也不能听任帝国主义者对自己的邻人肆行侵略而置之不理。"10月3日,又通过印度驻华大使转告美国:朝鲜事件应该和平解决,朝鲜战争必须即刻停止。如果美军企图越过"三八线",扩大战争,"我们不能坐视不顾,我们要管"。但是美国过分低估了站起来的中国人民的决心和力量,认为中国出兵参战的"可能性很小","不足为患",他们的侵朝战争"赢定了"。10月初,美国侵略军不顾中国的一再警告,悍然越过"三八线",大举进犯朝鲜北方,迅速向朝中边境推进,朝鲜民主主义人民共和国危在旦夕。侵略军且狂妄叫嚣"鸭绿江并不是把(中朝)两国截然划分的不可逾越的障碍",扬言"哪里有我们的敌人,我们的军队就指向哪里",妄图以此作为入侵中国东北的借口。在这种严重形势下,朝鲜党和

中国人民志愿军跨过鸭绿江

政府向中国党和政府提出出兵援助的请求。中国人民同美帝国主义之间的一场较量终于不可避免。

中共中央政治局在毛泽东主持下，于1950年10月上半月多次召开会议，全面地估量国内外形势，既清醒地看到面临的困难，又深入地分析了出兵作战的必要和可能。当时主要有两种意见，一种主张暂不出兵，另一种主张立即出兵。毛泽东在听了大家的发言后说："不管怎么说，别人国家要灭亡了，我们站在旁边看，心里也难过。"彭德怀反复考虑了这两种意见之后，认为立即出兵较为有利，出兵的必要性在于：我们迟早要和美帝国主义较量一场才能安心搞建设，如果让美帝国主义打到家门口，它要发动侵略随时可以找到借口。吃人是老虎的本性，什么时间吃，取决于它的肠胃。如果让美国侵略军占领整个朝鲜，强兵压到鸭绿江边，我国将难以安定地从事建设，国际国内反动气焰势必嚣张，于中国、于东方各国都极为不利。唇亡则齿寒，户破则堂危。抗美援朝就是保家卫国。取胜的可能性在于：我们进行的是反侵略的正义战争，得道多助，士气旺盛，兵源充足；我军一贯能以劣势装备战胜装备优良的敌人，有丰富的战斗经验、灵活的战略战术和不怕牺牲不畏艰苦的勇敢作战精神；战场背靠我国东北，后勤支援近便；而美军虽然武器先进，但是兵力分散，补给线长，战斗意志不强。我们力求在朝鲜境内打败侵略者，这是有可能的。同时也准备美军至少可能用空军轰炸中国一些城市和工业基地，用海军攻击沿海地带。纵然出现这种情况，打烂了，等于解放战争晚胜利几年就是。据此，会议毅然做出了抗美援朝、保家卫国的战略决策。

10月8日，中国人民革命军事委员会主席毛泽东发布命令，将东北边防军组成中国人民志愿军，任命彭德怀为中国人民志愿军司令员兼政委。10月19日，我志愿军雄赳赳、气昂昂，跨过鸭绿江，开始了伟大的抗美援朝战争。

勇猛造就"万岁军"：龙源里和松骨峰之战

抗美援朝第一次战役结束后，麦克阿瑟虽对志愿军突然出现在朝鲜战场感到意外，但一向骄狂的他仍坚持认为，中国人只不过是象征性地出兵，最多不过五六万人，所以决定继续发动"圣诞节攻势"。我军虽然首战获胜，但彭德怀司令员冷静地分析了形势，认为敌主力并未被歼，敌人仍有可能在近期发动新的进攻。

1950年12月13日，志愿军召开了入朝后的第一次党委会，彭总在肯定第一次战役胜利的重大意义的同时，对三十八军在熙川贻误战机提出了严厉的批评，指出：如不改正，军长要撤职，部队要取消番号，我彭德怀别的本事没有，斩马谡的本事还是有的。此事对参战各部队震动很大。

龙源里激战

24日,麦克阿瑟正式发动"圣诞节攻势",5个军在东西两线同时向北推进。志愿军实行运动防御、诱敌深入的方针,将敌于次日诱至预定战场,并向敌发动进攻,一举占领德川、宁远,打开了战役的缺口。彭德怀果断下令:三十八军、四十二军迅速向敌后迂回,其余各军勇猛突击,分歼被打乱之敌。为了切断美第九军逃跑的退路,打乱敌人的整个布势,正在向三所里迂回的第三十八军一一三师,越来越成为彭德怀注目的焦点。三所里是价川至平壤公路的一个小村镇,它所处的地势较险要,是美军北进南逃的主要交通线之一。先敌抢占三所里,就等于扼住袋口,活活地把敌人扼死在袋里。临行前,彭德怀交代任务时说:"在第一次战役中,三十八军动作迟缓,没有按时完成阻敌任务,让敌人逃跑了,使整个战役没有达到预期的目的,战果十分不理想。我听说三十八军过去在国内战如猛虎,很能打仗,这次我要再考验他们一次,看看他们的战斗作风到底怎么样。这次阻击关系到整个战役的成败。部队沿途退敌不要恋战,必须不顾一切,直插交通要道三所里,这是我军截断敌军南逃北援的一道'闸门',一定要按规定的时间插到底。"

早就憋足了劲的一一三师,接到命令后日夜兼程,士兵们用自己的脚板在和敌人的汽车赛跑,在和时间赛跑。每个人都懂得在战场上一分钟意味着什么。28日上午8点钟,前卫营终于先敌5分钟抢占了三所里,控制了公路两侧的高地,像一把钢钳,钳住了美军退路。这是多么宝贵的5分钟啊!仅仅14个小时,就在荒僻的山路上前进了145里,两条腿赛过了汽车轮子,这是战争史上的奇迹!

现在摆在美军面前的生死问题是:如何向南逃跑。

28日,敌人向三所里猛攻,始终没有突破一个缺口。他们绝望了,意识到,再从这里撤退的可能性不大;在三所里西面约10里的龙源里,还有一条由价川、军隅里通顺川、平壤的简易公路。美军出动大量飞机、坦克掩护,拼命向第三十八军一一三师扼守的龙源里等阵地和一一二师扼守的松骨峰、书堂站等阵地实施猛烈冲击,企图夺路南逃。

三十八军面临着严峻的考验!

这场载入史册的血战,集中在龙源里、松骨峰两个要点上。

坚守龙源里阵地的三三七团顶住了敌人的连续攻击。南逃北援之敌虽相距不到1公里,但始终未能会合。坚守松骨峰的三三五团同美二师九团进行了一场殊死的激战。无须赘述,著名作家魏巍描写松骨峰战斗的报告文学《谁是最可爱的人》在中学课本上已为大家所熟悉。三十八军穿插部队的顽强阻击,为大部队的到达赢得了时间。黄昏,宝贵的黄昏终于到来了。主力部队从四面八方赶到,向被牢牢截住的敌人出击。是役,歼敌 3.6 万人,其中美军 24269 人,扭转了朝鲜战局,迫敌退守"三八线"。这次战役的胜利,38 军起了关键的作用,他们以伤亡 2279 人的代价,取得了杀死杀伤敌 7485 人、俘敌 3616 人的辉煌战果。战后,彭德怀司令员命令对三十八军通电嘉奖,并亲笔在电文的结尾处添上:"中国人民志愿军万岁!三十八军万岁!"

嘉奖令传到三十八军,在部队中的反响十分强烈,有力地鼓舞了全军的战斗意志。他们说:"现在我们是万岁军了,我们一定要用鲜血和生命来捍卫这个光荣称号,不打败美国侵略者,决不回国!"记者李庄在采访了三十八军之后,满怀激情地写下了《被人们欢呼"万岁"的部队》的战地通讯,从此,一支被人们称之为"万岁军"的部队蜚声军内外,他们的英雄事迹广为流传。

美军陈尸"伤心岭":上甘岭战役

1952 年 8 月,朝鲜战争的交战双方因战俘遣返问题而在谈判桌上陷入僵局,此时美国大选在即,国内对朝鲜战场的形势表示强烈的不满,需要在战场上取得一次胜利,以增加谈判的筹码。10 月 8 日,美国宣布停战谈判无限期休会,随后发动了"金化攻势"(上甘岭战役)。

担任上甘岭方向防御的是志愿军十五军,与之对阵的是美第八集团军。几乎在同时,一老一壮两位不同国籍将军——美军的范佛里特和志愿军的秦基伟的目光都落到了五圣山下的一个小村庄上甘岭,历史永远记住了这个非同寻常的日子——1952 年 10 月 14 日 3 时,范佛里特的"金化攻势"开始了。美七师与韩二师集中了 40 架飞机,320 多门大口径重炮,127 辆坦克、战车,以罕见的火力密度,炮弹倾泻到志愿军阵地,平均每秒钟落弹 6 发。刚刚还沉浸在睡梦中的上甘岭,顿时处于火海之中。597.9 高地和 537.7 高地北山表面阵地工事大部被毁,朝鲜半岛的半壁河山在炮火的轰鸣中颤抖,一个半小时后,美韩军队 7 个营向五圣山志愿军阵地发起猛烈进攻,同时以四个营的兵力对西方山方向实施牵制性进攻,战斗在十五军约 30 公里宽的正面全线打响。

上甘岭战役

这一天,是秦基伟最为揪心的一天,敌人突然攻击,规模之大,火力之猛,手法之狠,都是空前的,尤其是避虚就实,多少有点出乎秦基伟意料。可以想见,最前沿的四十五师一三五团的战斗是多么的残酷,骤雨般的炮弹尚未落定,坑道里的战士耳鸣未绝,又迎来了十几倍于己的敌人。从战斗打响到日落黄昏,四十五师一三五团前沿部队虽遭重创,但除了597.9高地2、7、8号表面阵地及537.7高地北山9号表面阵地被敌军占领外,主峰阵地和其他阵地仍在十五军手中。美韩军队费了九牛二虎之力,抛下千名尸体和伤残之躯,最后只夺去半个上甘岭。

以后几天的战斗更加激烈,敌我双方是反复争夺,阵地是得而复失、失而复得。无数英雄在战火中诞生。19日晚,一三四团反击597.9高地受阻,通讯员黄继光主动请战,在危急关头以自己的胸膛堵住敌人的机枪眼,为部队前进开辟了道路,后被追认为特等战斗英雄。七天七夜,坐镇道德洞指挥的秦基伟没睡过一秒;七天七夜,上甘岭左右两个并不高的高地承受了人类作战史上空前绝后的力量的撼击。7天之后,上甘岭战斗转入坑道斗争,前沿分队的官兵忍受了极大的艰苦,以其英勇的献身精神和第一流的意志,为人类的生存极限创造了一个至高点。无须再作赘述,电影《上甘岭》在中国家喻户晓,"一个苹果的故事"妇孺皆知。拼到最后,只剩下意志了。双方都明白,谁的部队在上甘岭打得硬,谈判桌前谁的腰杆就硬,讲话底气就足。严峻时刻,秦基伟仍气贯长虹,自己困难,范佛里特老东西更困难,顶住就是胜利。范佛里特不曾想到,攻占597.9高地会有如此一场拉锯式的恶战,更没有想到,攻占表面阵地后,却像坐在"火山口"上,日夜都得付出惨重的代价,惊呼:"共军都是用烈性的酒麻醉了的疯子。"

由于伤亡惨重,美韩军队内部也互相指责。就在敌人争吵不休之时,我志愿军于10月30日晚开始反击597.9高地,双方都不断增加兵力,使这次战斗已发展到战役的规模。战至11月25日,敌人无力反扑,战斗逐渐平息。

上甘岭战役历经43天,敌人投入兵力6万,志愿军投入兵力4万,歼敌2.5万人,我军伤亡1.1万人。在3.7平方公里地域落弹190多万发,兵力、兵器密度和战斗激烈的程度均超过第二次世界大战的水平,美国新闻界评论说:"这次战役实际上却变成了朝鲜战争中的凡尔登,即使使用原子弹也不能把537.7高地北山和597.9高地的共军消灭。"上甘岭成为美军永远的"伤心岭"。

渡海登陆大协同:一江山岛战役

一江山岛地处台州湾椒江口东南面,由南江、北江两岛组成,相距110至250米,中间相隔一条江,形成南北对峙。岛上驻守有国民党军一江地区司令部,指挥

一江山岛登陆作战中的空中支援

海上第二、四突击大队，炮兵一中队等部，总兵力约1100人，属大陈防卫部指挥。大陈列岛位于浙江海门东南，距陆地7海里，含上下大陈岛。是蒋军在浙江沿海诸岛的指挥中心与防御核心，又是敌海军"大陈战区特遣队"的前进基地，还是"大陈防卫区"司令部所在地，兵力1万余众。

在华东大陆及舟山群岛相继解放后，蒋介石在美帝国主义支持下，搞了个"大陈防卫区"，企图以此作为反攻大陆的基地，并在舆论上掩耳盗铃般地叫嚣"一年准备，两年反攻，三年扫荡，五年成功"，还搞什么"克难英雄运动"，以及等待"第三次世界大战爆发"，"和盟军一起收复大陆"的欺骗宣传。并不断派飞机、军舰对我温州、台州等地进行袭扰，破坏我渔业生产及海上交通，严重危及我沿海军民生命财产的安全。

华东军区就解放浙江沿海岛屿问题两次报告中央军委，要求拔掉这颗"眼中钉"，但因朝鲜战争正在进行，我军兵力不足，准备不充分而推迟。朝鲜停战之后，中央军委于1954年8月25日决定成立浙东前线指挥部，由张爱萍任"前指"司令员，直接归军委指挥，准备解放浙江沿海岛屿。

身经百战又当过华东海军司令员的张爱萍清楚擒贼必须先擒王，断其四肢，不如挖其心脏。浙东沿海岛屿的心脏是大陈列岛。而攻克大陈列岛，谈何容易？大陈列岛易守难攻，蒋介石败退大陆之后，为了保住最后几个沿海的战略要地，在岛上实行"堡垒化"，煞费苦心地经营多年，企图长期固守。尤其朝鲜停战以后，蒋介石在美帝国主义支持下，加强了驻浙江沿海岛屿的守备力量。以上、下大陈岛为中心，在渔山、一江山、积谷山、南北席山等诸岛设防线120余里，部署了国民党军两万多人，号称"打不沉的堡垒"。我军虽有解放海南岛的成功经验，但也有金门和登步岛登岛作战中接连失利的惨痛教训，这在毛泽东的心头也敲响了警钟，所以中央军委对登岛作战格外谨慎，不等到条件充分成熟之时，决不打无把握之仗。解放大陈岛，要动用陆、海、空诸多兵种，这是我中国人民解放军自1927年建军以来第一次三军协同渡海登陆作战，在我军战史上尚无先例可循，它需要协调统一、步调一致，任何一处的疏忽和懈怠，都将导致整个战役的失利。

张爱萍接受任务后，深感责任重大，紧接着便召开会议讨论作战方案，与会者多认为要先打大陈岛，张爱萍却主张解放大陈岛应先从一江山岛入手，并向华东军区和中央军委阐述了首战一江山岛的依据：其一，一江山岛处于我前进基地至大陈

103

岛的中间,为我前进的必经之路。若绕过一江山迂回至大陈登陆,必定增加航程,很可能遭到敌海、空军的袭击,容易导致失利;其二,一江山岛距我仅5海里,其守敌1000余人,便于在短时间突袭成功,而大陈岛守敌却有万人之众;其三,这也是很重要的一点,一江山岛是大陈的门户,台湾伪国防部长俞大维同蒋经国和美军事顾问亲自部署的军事设防,俞大维声称:一江不保,大陈难守;大陈不保,台湾垂危。一旦我军破门而入,必然收到击敌要害、撼敌全局之效,造成敌政治上和军事上的巨大震动,给美、蒋协防阴谋以沉重打击。大陈列岛守敌可能慑于我军威势,不战自弃,从而一举解决浙江沿海敌占岛屿的问题。

就在我三军积极备战一江山岛之时,1954年12月2日,美蒋正式炮制了一个非法的"共同防御条约"。条约规定,当蒋帮遭到"武装攻击"时,美军应立即"采取行动",予以支持。与此同时,美国舰队出没台湾海峡,耀武扬威,一副挑战的样子,妄图阻挠我解放全国的既定方针。为了表明我国的严正立场,给美蒋以教训,"前指"报中央军委批准,决定在1955年1月18日发起解放一江山岛登陆作战。在此之前,我海、空军主动出击,夺取了这一地区的制海权和制空权。18日,战斗打响,我登陆部队在海、空军协同下,于下午4时解放一江山岛,大陈岛敌人迫于我军威力,连夜撤向台湾,浙江沿海岛屿遂告解放。至此,中国除台湾地区外全部解放。

一箭数雕大智慧:炮击金门之战

1958年7月14日,伊拉克人民革命力量推翻了费萨尔封建王朝。此举大大触怒了向来以世界警察自居的美国,它立即伙同英国出兵黎巴嫩和约旦,公然干涉别国事务,使中东局势紧张,世界和平受到威胁。在远东,台湾国民党当局和美国遥相呼应,乘机叫嚣"反攻大陆",其"国防部"下令所属部队处于"特别戒备状态"。金门、马祖等岛屿国民党军频繁活动,进行军事演习,加强了对大陆的侦察和袭击准备,制造紧张局势。美第七舰队也加强了对台湾海峡的巡逻。

为了支援阿拉伯人民的正义斗争,牵制美军力量,惩罚国民党军,反对美国侵犯我国主权,干涉我国内政,搞"两个中国"的阴谋,毛泽东

炮击金门

主席亲自决策,于7月18日发出炮击金门的指示,令福州军区尽快完成作战准备,令海、空军以部分兵力入闽参战。由福州军区第一政委、福建省委第一书记叶飞统一指挥。

金门,位于福建省厦门岛以东海域,扼厦门港咽喉,金门县辖有大、小金门,大、二担岛等12个岛屿,厦门距小金门只有2000多米,我前沿阵地大、小峰岛距大金门最近处不到1000米。国民党军队以一个兵团的重兵防守金门。从1950年至1953年,由于我国全力抗美援朝,空军未入闽,海军又初建,所以在金门前线,无论是空军、海军,或是炮兵力量上,国民党都占优势,不断骚扰福建沿海地区。1954年9月3日和22日,为揭露美台签订"共同防御条约"的阴谋,中央军委命令福建前线炮兵部队两次较大规模地炮击金门,惩罚国民党军队。此后,在大陆与金门、马祖之间的炮战时紧时松,没有停止过。这次,可要狠狠地教训这伙强盗了。

8月23日17时30分,毛泽东主席一声令下,福建前线万炮齐鸣,数万发炮弹覆盖了整个金门。时值周末和晚饭时间,金门防卫部正举行宴会,金门防卫部副司令赵家骧中将、张杰和到金门活动的澎湖守备区副司令吉星文中将当场毙命。20分钟内,敌军炮兵毫无反应。此次炮击,共毙、伤敌600余人,击伤敌舰1艘,并毁其大量作战物资。大、小金门敌人指挥系统基本被打瘫痪。27日后转入不规则的炮击。

我军大规模炮击金门,摆出了不但要解放金门、马祖,还要解放台湾的架势,这既是警告和惩罚蒋介石,又是和美国再次进行直接较量,把美国的注意力吸引到远东来,以支持中东人民的正义斗争,所以炮击金门是一项具有国际意义的战略行动。果然,在接到蒋介石的求援后,艾森豪威尔政府立即将太平洋第七舰队和在地中海第六舰队的一半调往台湾海峡,从而牵制了美国的军事力量,支援了阿拉伯各国人民的斗争,同时也惩罚了蒋军,达到了毛泽东主席的战略意图。

然而金门炮击到此远未结束,它不仅是一次军事斗争,更是一场政治斗争。9月7日,美国军舰公然侵入我国政府宣布的12海里领海线内,为国民党军舰护航,干涉我国内政,进行战争挑衅。为打击美国军队的入侵和国民党军依赖美舰护航的心理,中央军委指示炮击继续进行。9月8日开始对料罗湾进行全面封锁,但不打美舰。在我军炮击开始时,护航美舰不顾国民党军军舰求救,迅速进到公海。此后美舰再不敢进入我炮火射程以内。经过这次较量,毛泽东主席把美国的底全摸清了。所谓美、台共同防御条约也是有一定限度的,只要涉及美国自身的利益,要冒和我军发生直接冲突的危险,它就不干了。这完全与当时台湾海峡微妙的三方形势有关,蒋介石千方百计想把美国拖入中国内战,而我们则力求避免同美帝发生直接冲突,美国政府则害怕越陷越深,想赶快脱身,但又不愿意放弃侵略政策,于是玩弄起制造"两个中国"的阴谋,要台湾国民党当局放弃金、马。这就是三方利害关系的核心内幕。毛泽东形象地把这场斗争比喻为套在美帝国主义脖子上的绞索。为维护长远的根本利益,中共中央决定:留着金、马这根绞索继续套住美国的脖子,以利于我通盘解决台、澎、金、马问题。10月6日,中华人民共和国国防部长彭德怀宣布停止炮击金门,让国民党军补给,但以美国军舰不护航为条件。同时提出美舰"若有护航,立即开炮"。

这时美国加紧制造"两个中国"的阴谋,杜勒斯宣布要到台湾和国民党当局谈判。我趁其尚在赴台途中,以美舰护航为由,10月20日提前恢复对敌炮击。这一行动使美国政府十分尴尬,使国民党军受到震动。中国政府的政策和军事行动,扩大了美、蒋之间矛盾。10月25日,彭德怀部长发表《再告台湾同胞书》,揭露美国制造"两个中国"的阴谋,号召加强团结,一致对外,同时宣布"逢双日不打金门飞机场、科罗湾的码头、海滩和船只",只对炮兵阵地、观察所、雷达站等目标进行炮击。10月31日起,逢双日不炮击,使金、马国民党军有补给时间,使其能够生存下去,抑制了美国制造的台湾独立活动。

以后对金门、马祖守敌采取零星炮火射击为主,打打停停,半打半停,"封而不死,打而不登"。空军则轮番入闽锻炼。1960年6月,美国总统艾森豪威尔访问台湾。福州军区根据毛主席指示进行了一次大规模炮击,名为"送瘟神"。以后军委、总参对金门的炮击指示非常明确,要求一次发射200至300发炮弹,后减为几十发、几发,只有特殊情况下才予以猛烈打击。

炮击金门作战和台湾海峡的斗争是一个整体,而台湾海峡的斗争又和美国、世界的形势相联系。初期的目的是支援中东人民反帝反侵略的斗争,吸引美国军事力量,减轻中东的压力。从国内来说,为解放台湾、澎湖及福建沿海敌占岛屿创造条件。此后又是打击国民党政府依赖美帝和美国自恃强大的斗争,迫使美舰不敢护航。在美帝策动"两个中国"时,我采取"封而不死,打而不登"政策,给国民党军留下活路,使美国阴谋不能得逞。

第四章　世界古代战争战役

欧亚两洲的第一场大决斗：希波战争

从人类文明萌生的时候起，攫取文明果实的战争就发生了。在古代的战争史中，公元前 500 年至前 449 年，波斯帝国对古希腊等国家进行的征服战争称得上是世界性大战的第一场战争。

公元前 6 世纪中叶，日益强大的波斯帝国逐步侵占小亚细亚西部沿岸希腊人建立的各城邦。公元前 513 年，雄心勃勃的波斯国王大流士一世进一步控制了黑海海峡和色雷斯一带，直接威胁到希腊半岛诸城邦的安全与利益。希波之间矛盾日益加深。公元前 500 年，小亚细亚的希腊城邦米利都爆发反波斯的"伊洪叛乱"，雅典和埃雷特里亚（在优卑亚岛）派出 25 艘战舰相助。波斯帝国派重兵于公元前 494 年将起义镇压下去。一方面，波斯帝国早有西侵野心，另一方面，波斯帝国迁怒于希腊，决心对此报复，于是借口雅典和埃雷特里亚曾援助米利都，发动了对希腊的三次声势浩大的征服战争，史称希波战争。

公元前 492 年夏，大流士一世派马多牛斯率领陆、海大军，渡过赫勒斯滂海峡沿色雷斯海岸向希腊推进，但波斯人的时运实在不佳，其舰船在阿托斯海角遭遇飓风，损失 300 余艘战船，两万多人失踪。大流士一世只好自叹天命难违，第一次出师被迫半途而废。但大流士一世并不甘心，派出使臣向希腊各城邦索要"土和水"，这在当时象征臣服。一些弱小的城邦被迫屈服，雅典和斯巴达却把波斯的使臣扔进井中："自己去取土、水吧！"

公元前 490 年春，大流士一世派达提斯和阿塔菲尼斯率军约 5 万人第二次远征希腊。波斯军自萨摩斯岛起航横渡爱琴海，一路势如破竹。9 月，在距雅典城东北约 40 公里的马拉松平原与希腊军队会战，希腊军队同仇敌忾，以少胜多，波斯军抵挡不住,仓皇撤至海上,第二次远征又无功而返。此次战斗的胜利有力地鼓舞了希腊人继续战斗的信心。马拉松战役流传千古,不仅与这次战斗本身有关,更是由于战后一位报捷者一口气跑了40多公里的故事。发源于古希腊的奥林匹克运动会从此有了马拉松长跑项目,它一直延续至今。

公元前480年春,大流士一世之子薛西斯一世,继承其父遗志,派遣25万人、1000艘战船,分水、陆两路,第三次大举远征希腊。波斯军渡过赫勒斯滂海峡后,分水、陆两路,沿色雷斯西进,占领北希腊,进而向希腊中部进军,希腊联军奋起抵抗。斯巴达王李奥尼达亲率300勇士御敌于易守难攻的天险温泉关,掩护其他城邦军队撤退,因双方兵力过于悬殊,守军全部壮烈牺牲。温泉关失守,波斯军长驱南下,进占雅典城。9月下旬,萨拉米斯海战开始。波斯舰队虽在数量上占绝对优势,但希腊的三层桨战船船体小,运动自如,自控灵活地袭击敌舰。船体硕大的波斯战船调度失灵,处于被动挨打的境地。海战结果,波斯海军遭受重大损失。这一损失之大,令波斯帝国再也未能恢复元气。亲征希腊的薛西斯一世总算万幸,得以从海上全身而退。但其所率的陆军在马多牛斯带领下却没有他们国王那么幸运,公元前479年5月中旬,希波双方陆军在布拉底进行一次决定性会战。斯巴达统帅包桑尼率领希腊联军约10万人进行反攻,大败波斯陆军,马多牛斯也战败身死。波斯人的第三次远征以失败告终。这次会战的结果,实际上已决定了希波战争的胜负。

波斯远征希腊连连失败,加之帝国内部矛盾重重,被迫采取守势,以雅典为首的希腊则逐渐转入进攻,并乘机扩张海上势力。战争的性质也随之起了变化。公元前477年,雅典联合一批希腊城邦组成"海上同盟"(因同盟的金库设于爱琴海上的提洛岛,亦称"提洛同盟")共同反对波斯。公元前476年以后,希腊军队在雅典著名统帅客蒙的率领下夺取色雷斯沿岸地区、爱琴海上许多岛屿和战略要地拜占庭。公元前466年,客蒙在小亚细亚欧律墨冬河口的会战中大败波斯军队,基本上解除了波斯海军对希腊的威胁,从此掌握了战争的主动权。公元前449年,希腊海军在塞浦路斯岛东岸的萨拉米斯附近又重创波军。至此双方同意和谈。同年,雅典派全权代表卡里阿斯赴波斯首都苏萨谈判并签订了《卡里阿斯和约》,根据和约,波斯失去了在爱琴海、赫勒斯滂海峡和博斯普鲁斯海峡的领地,并承认小亚细亚希腊诸城邦的独立。至此,欧亚两洲的第一场大决斗结束了,希腊开始进入奴隶社会的繁荣时期。

强权争霸爱琴海:伯罗奔尼撒战争

伯罗奔尼撒战争是古希腊以斯巴达为首的伯罗奔尼撒同盟与海上强国雅典之

间争夺霸权的战争。这场战争对双方来说都是非正义的,它的直接起因就是为了争夺在爱琴海地区的霸权,是一场为维护统治阶级霸权而进行的非正义战争。

公元前 478 年,雅典和爱琴海各岛及小亚细亚各城邦为了共同对付波斯,在提洛岛上聚会,组成了由雅典领导的海上同盟。希波战争后,尽管希腊人取得了胜利,但由于担心波斯人卷土重来,因而没有解散提洛同盟。随着时间的推移,雅典的力量急速发展,提洛同盟成员国迅速成为它的附庸,它控制了爱琴海和赫勒斯滂海峡,以武力为后盾推行强权政治,它甚至连提洛同盟的金库也搬到了雅典,试图建立由自己领导的海上帝国,这就形成了与斯巴达争霸希腊的局面。

同时,在经济上雅典的海外扩张活动也与伯罗奔尼撒同盟中的工商业城邦,特别是科林斯发生尖锐的矛盾冲突。科林斯位于希腊半岛伊斯特姆地峡,它的商业势力南自亚哥斯,伸延到西北希腊的伊庇丹努,西方经科西拉达到南意大利和西西里,东北扩展到卡尔息狄半岛;它还掌握一支强大的海军,控制了西部地中海的航路。希波战争后,科林斯商业势力进一步向爱琴海北部扩张,争夺雅典在这一海域的经济利益,而雅典也竭力向西部地中海伸展,与科林斯竞争。科林斯依靠斯巴达跟雅典作斗争,斯巴达为了维护其伯罗奔尼撒的盟主地位,争夺希腊霸权,就坚决支持科林斯。在政治方面,雅典和斯巴达的矛盾最尖锐。雅典的奴隶主民主政体与斯巴达的贵族寡头政体争相地干涉他邦内政,都想利用对方内部的反对派,来实现争夺希腊霸权的目的。雅典到处扶持希腊各邦的民主党人和奴隶主民主政治,反对贵族寡头政治,反对斯巴达;而斯巴达则积极扶植希腊各城邦的贵族分子,反对奴隶主民主政治,反对雅典。它们之间的矛盾,反映了两个奴隶主集团切身利益的冲突。因而,它们双方都成了对方反对派的避难所和阴谋活动的策源地。

由于彼此互不相容,矛盾冲突不断发展,战争的危机一刻也没有停止过。公元前 5 世纪 60 年代,雅典和伯罗奔尼撒同盟之间就已经发生过多次公开的军事冲突。公元前 435 年,科林斯与其殖民地克基拉之间发生争端。公元前 433 年,雅典出兵援助克基拉,逼迫科林斯退兵。公元前 432 年,雅典对科林斯的盟邦迈加拉实行贸易抵制,不准其商船在提洛同盟各港口停泊。同年,雅典以科林斯的殖民地被波提狄亚隶属提洛同盟为借口,要求它与科林斯断绝关系,赶走其监政官,为此又与科林斯交火。公元前 432 年秋,伯罗奔尼撒同盟集会,在科林斯代表的鼓动下,向雅典提出强硬要求,包括它放弃对提洛同盟的领导权,遭到了雅典的拒绝。公元前 431 年 3 月,斯巴达的同盟者底比斯夜袭雅典同盟城邦普拉提亚,伯罗奔尼撒战争爆发。

战争大致包括三个时期。头十年史称"阿基达马斯战争",斯巴达人六度从陆上入侵并蹂躏阿提卡。雅典人依靠坚固的城墙和强大的海军,把农村居民移到城墙之内居住,频频从海上出击,屡次取胜。公元前 430 年,雅典发生大瘟疫,大批居民死亡;公元前 427 年,雅典迫使退盟的米提利尼投降,并攻占波提狄亚。公元前 425 年,雅典占领斯法克特里亚,俘斯巴达公民约 120 名。翌年,斯巴达将领布拉西达斯率 1700 名兵士进入哈尔基迪基,占领雅典的重要据点安菲波利斯。同年,雅典在德利翁一役中遭受巨大损失。公元前 422 年,雅典民主派领袖克里昂率所部与布拉西达斯在安菲波利斯城下激战,双方主将均阵亡。次年战争双方签订为期 50 年的和约。战争的第二阶段史称西西里战役。公元前 415 年,雅典人在阿尔基比阿德斯鼓动下,介入西西里岛希腊城邦之间的争端,标志伯罗奔尼撒战争进入了新阶段。公民大会决定由阿尔基比阿德斯、尼西亚斯和拉马科斯共同负责指挥远征军。军队到达西西里岛不久,阿尔基比阿德斯就因与捣毁赫尔墨斯神像案有牵连被控犯有渎神罪,被召回雅典候审。回雅典途中他逃到斯巴达,向当局提出挫败雅典的重要建议。斯巴达按照他的意见,于公元前 414 年派兵支援叙拉古。战争的第三阶段称德凯利亚战争。在西西里的惨败使雅典元气大伤,接着,雅典在爱琴海的盟邦纷纷背离。军事形势的恶化伴随国内政治斗争的激化,导致雅典于公元前 411 年发生政变,民主政体被推翻,建立了以四百人会议为首的寡头政治。公元前 405 年,斯巴达将雅典 180 艘舰船诱入赫勒斯滂海峡,突然袭击,阿哥斯波塔米战役之后,雅典舰队全军覆没,标志着雅典海上霸权丧失殆尽。这三次战争,沉重地打击了雅典,最后迫使其接受了屈辱的条约,被迫取消了海上同盟即提洛同盟,雅典由此从兴盛转入了衰落。这场战争时间之长,规模之大,希腊人蒙受的痛苦和灾难之沉重,都是希腊历史上空前未有的。战争给希腊经济带来了前所未有的破坏,促使了小农经济与手工业的破产,直接导致战后希腊奴隶制城邦的危机。

为了把财富带回:亚历山大东征

在伯罗奔尼撒战争时期,位于希腊之北的马其顿国逐渐发展壮大起来,在公元前 4 世纪中叶达到顶点。国王腓力进行了各项改革,把国家的军政大权都集中到他的手中。腓力实行了军事改革,加强了他对军队的统率权,扩充了军队,改良了军备,建立了一套新的战斗体系。这一系列的军事改革使马其顿军队的战斗力超过了任何希腊城邦的军队,马其顿发展成为一个军事强国。腓力国王对外积极推行扩张政策,在公元前 338 年的喀罗尼亚战役中击败了反马其顿的联盟军,从而奠定了马其顿对全希腊的控制的基础。公元前 337 年,腓力国王在科林斯召开了泛希腊会议。此次会议上,腓力国王宣布了向波斯进军的远征计划。但科林斯会议不久,腓力国王在宫廷阴谋中被刺死。

腓力国王死后,其子亚历山大继位。历史把机会推到了年仅 20 岁的亚历山大面前。在父亲和亚里士多德的培养下,已经脱颖而出的亚历山大承担了历史的重任。他迅速平定了内部的骚乱,以马其顿、希腊联军最高统帅的身份发动了对波斯的远征。

亚历山大向东方侵略的政策,得到了希腊奴隶主阶级的支持。由于当时希腊城邦制度危机四伏,大奴隶主阶级为在城邦危机中巩固自身的地位,就酝酿着对东方进行侵略,他们认为只有这种侵略才可以解救希腊城邦的危机局面。雅典的雄辩家苏格拉底就曾经大声疾呼:"让我们把战争带给亚洲,而把亚洲的财富带回希腊!"东方的广袤土地、众多人口和无穷无尽的财宝是希腊奴隶主阶级梦寐以求的。因此,当亚历山大踏上亚洲土地的时候,他就不仅是以一个军事野心家的面目出现在历史上,也代表了希腊的奴隶主阶级。

公元前 334 年春,亚历山大率大军出发,其主力部队是马其顿的重装步兵和骑兵,此外还有希腊各城邦的雇佣兵。总兵力包括步兵 3 万、骑兵 5000 和战船 160 艘。当时的波斯帝国正处于深重的内部危机之中,政权濒临崩溃。国王大流士三世昏庸无能,其军队也是腐败残弱,不堪一击。

亚历山大的军队渡过达达尼尔海峡后,绕道特洛伊古城拜谒了阿喀琉斯墓。在马尔马拉海岸的格拉尼科斯河畔与波斯军队首次交锋,很快就击败了大流士三世率领的波斯大军。亚历山大以解放小亚细亚希腊城市为号召,沿海一带的城邦纷纷响应。继而亚历山大进军叙利亚,于公元前 333 年在伊苏斯战役中再次大败大流士三世,并俘虏了大流士三世的母亲和妻女。为彻底打垮波斯舰队,亚历山大即刻进军腓尼基,攻城略地,所向披靡,经过提尔围攻战役,将叙利亚最后征服。公元前 332 年,亚历山大进犯埃及,笼络埃及的祭司,并于公元前 330 年被拥戴为埃及众神之王阿蒙之子,成为埃及新的法老。

亚历山大取得小亚细亚、叙利亚和埃及以后,于公元前 331 年回师叙利亚,在底格里斯河东岸的高加米拉彻底击败了波斯军队,大流士逃往米底。亚历山大顺利地夺取了波斯的首都苏撒和巴比伦,获取了无数财宝,并将大流士赶往埃克巴坦那。征服波斯以后,亚历山大自称"王中之王",并身穿波斯服装,引起一些部队对他的不满而造反,亚历山大处决了叛乱首领,平息了这场叛乱。

公元前 329 年,亚历山大开始了对亚洲的征战。首先,夺取了大夏(今阿富汗)周围的地区,建立了最东部的亚历山大城,而后折向东南,入侵印度,进行了著名的奥尔诺斯包围战和艰苦的希达斯皮斯河战役。至此,亚历山大的征程自马其顿到印度的比亚斯河,行程 1 万多里,军队增至 12 万人。到达印度以后,其部下拒绝继续征战,一齐驻马不前,亚历山大只得让步回军。

亚历山大于公元前 323 年抵达了巴比伦,在准备进行阿拉伯战役时染上热病,不治而亡。亚历山大依靠军事征服建立起来的庞大帝国也随即分裂,亚历山大帝国陷入了长期混战之中。

迦太基国的覆灭:布匿战争

布匿战争,是古罗马与迦太基争夺地中海西部统治权的战争。公元前 3 世纪,罗马征服意大利半岛后,一跃而成为奴隶制强国,并开始向海外扩张,与早已称霸西地中海的迦太基(腓尼基人殖民地,在今突尼斯)发生冲突。两强争霸达 100 多年。因罗马人称腓尼基人为布匿,故这场战争被称为布匿战争。布匿战争前后共有三次。

第一次战争发生于公元前 264 年至前 241 年,因争夺西西里岛引起,主要战场在西西里海域。公元前 265 年,被称为马美尔提尼(意为"战神之子")的意大利雇佣兵与叙拉古人为争夺西西里岛东北端的梅萨纳城而发生冲突。占领该城的马美尔提尼被叙拉古人打败;随后,迦太基出兵干涉,赶走叙拉古人。但马美尔提尼中另一派坚持求救于罗马,罗马元老院踌躇未决,百人团大会决定出兵。公元前 264 年,罗马军队开入西西里,击败迦太基人并占领梅萨纳城,战争正式爆发。公元前 263 年,罗马人与叙拉古人结盟。次年,罗马又攻占迦太基人在西西里岛西南部的大城阿格里真托,但该岛西部的其他地区仍在迦太基控制之下。罗马人鉴于迦太基海军的优势,便迅速建造百余艘舰船,船上各有新的技术装置——接舷小吊桥,其用途是借以搭到敌舰的甲板上,以便步兵通过并和敌人格斗。这种新的战术,弥补了罗马军队不习水战的弱点。公元前 260 年,罗马舰队在执政官杜伊利马斯率领下,在米拉海角(西西里北岸)与迦太基舰队展开激战,首次取得海战胜利。公元前 256 年,罗马决定派两名执政官率舰队远征迦太基本土。途中与迦太基舰队遭遇,再度获胜。罗马军队在北非顺利登陆,初亦取胜。撤退一批军队后,迦太基人乘机反攻,罗马军力单薄,大部被歼,执政官勒古鲁斯被俘(后被杀)。此番远征以罗马人失败告终。此后,战争又延续 10 余年,仍胶着于西西里一带。迦太基将军哈米尔卡·巴卡坚守几个据点。罗马又倾力造舰,于公元前 241 年在西西里以西的埃加迪群岛附近打败迦太基海军。迦太基被迫签订和约:放弃西西里岛及其与意大利之间的各岛屿,10 年内向罗马偿付赔款 3200 塔兰特。罗马取得第一次布匿战争的胜利,从而掌握了地中海西部的制海权。

第一次战争后,罗马与迦太基的矛盾依然存在且日益激化。罗马军队乘势于公元前 238 年攻占迦太基属地撒丁岛和科西嘉岛,步步进逼。迦太基人认为,要打败劲敌罗马,上策是把战争引向意大利境内。公元前 237 年,迦太基将军哈米尔卡·巴卡(携幼子汉尼拔)率军渡海侵入西班牙东南沿海地区。迦太基人以此为基地,发展经济、扩建军队,并兴建新迦太基城,作为政治军事中心,准备向罗马"复仇"。公元前 221 年,汉尼拔就任军事统帅。公元前 219 年,迦太基夺取了与罗马结盟的西班牙城市萨贡托。公元前 218 年春,罗马向迦太基宣战。罗马本来计划兵分两路,一路由执政官森普罗尼亚率领,经西西里进攻迦太基本土;另一路由执政官西庇阿率领,在西班牙登陆,以牵制汉尼拔。但汉尼拔先发制人,率步、骑精兵约 6 万及战象数十头,毅然进军意大利。行军 5 个月,沿途克服重重天险和高卢(今法国)部落的抵抗。同年秋,他以惊人的胆略越过阿尔卑斯山,但兵力损失严重。当汉尼拔在意大利北部波河谷地突然出现时,罗马人大为震惊,被迫在本土应战,仓促部署防御。汉尼拔与罗马之敌山南高卢人结盟,补充大批人马装备,在提契诺河和特雷比亚河地区,首挫罗马军。公元前 217 年春,罗马军队退守中部意大利,但汉尼拔出其不意地绕过罗马军防地,通过难行的托斯卡纳沼泽地带,走上通往罗马首都的大道。同年 6 月,一支跟踪的罗马军队在特拉西梅诺湖畔陷入汉尼拔的埋伏。罗马执政官弗拉米尼未经侦察,即率军团进入狭窄的谷地。汉尼拔突然发起攻击,罗马军惊慌失措,经激战罗马军队几乎全部被歼,弗拉米尼战死,迦太基损失仅千余人。

特拉西梅诺湖畔之战后,罗马国家处于紧急状态,任命昆图斯·费边为独裁官,采取迁延战术,避免正面交战,但在速决派反对下,费边辞职。汉尼拔虽打开通向罗马城的大道,但他没有直接向首都进军,而是越过亚平宁山脉折向东南,一路上大力鼓动罗马"同盟者"叛离罗马,同时相机与罗马军展开决战。罗马也在准备进行大规模会战,急于把汉尼拔赶出意大利。公元前 216 年 8 月,汉尼拔诱使罗马军进入意大利东南部阿普利亚境内奥尼托河下游的坎尼,进行了一次著名的会战。汉尼拔率步兵 4 万,骑兵 1 万;罗马两执政官包路斯和瓦罗率步兵 8 万,骑兵6000;罗马军团列成缜密的、纵深很大的战斗队形,企图以密集的步兵对迦太基战斗队形的中央实施强攻,而在两翼只配备了力量薄弱的骑兵分队。反之,汉尼拔配置在中央的是纵深不大但稳固而灵活的步兵横队,其两翼则配置着强有力的骑兵队和步兵队。双方几乎同时发起进攻,当罗马步兵主力开始突击时,迦太基正面中央的步兵主动后撤,此时迦太基骑兵乘势猛攻罗马军的两翼,形成严密包围之势。陷入重围的罗马军一片混乱,失去了战斗力。汉尼拔利用有利地形,并充分发挥其军事才能,经激战,罗马军大部分阵亡和被俘,包路斯战死,瓦罗仅以身幸免,迦太基军损失约 6000 人。坎尼会战使罗马大为震动,意大利的一些城市,以及西西里、撒丁岛和西班牙等地,都出现倒向迦太基的趋势。罗马众叛亲离,陷于困境,于是采取了各种应急措施,甚至购买奴隶以扩充兵源。

坎尼之战虽使罗马人遭到惨败,但他们并没有丧失信心和勇气。元老院决意积蓄实力,避免重大牺牲;同时,对叛乱的"同盟者"施以惩罚。公元前212年,罗马军包围叛离大城卡普阿,汉尼拔为解卡普阿之围曾佯攻罗马城,罗马人闻"汉尼拔在门口"而惊恐万状。但罗马军仍继续围攻卡普阿,不久攻克该城并予以残酷报复;后又攻占叛离的西西里岛大城叙拉古,大量居民被杀(包括阿基米德)。经过5年的努力,罗马逐步恢复了元气,并日益取得战争的主动权。公元前209年,罗马攻占了迦太基人在西班牙的主要基地——新迦太基城。公元前206年,罗马征服了西班牙东部地区。迦太基国内的权贵因担心汉尼拔权重而不予援助,致使汉尼拔独处意大利南部一隅,已无所作为,处于守势。最后终于战败,被迫接受苛刻条约。从此,迦太基丧失其奴隶制强国的地位,而罗马则成为西部地中海的霸主。

第二次战争后,迦太基在经济上仍有复苏发展之势。罗马为了防止迦太基人重新崛起,蓄意彻底消灭迦太基。当迦太基以武力反抗亲罗马的努米底亚国王侵占其沿海地区时,罗马以违背前订条约为借口,于公元前149年悍然向迦太基宣战,发动第三次布匿战争。迦太基人无力抵抗而向罗马求和。罗马要迦太基交出人质和所有武器,当迦太基人实现罗马的条件时,罗马又无理要求毁掉迦太基城,迫使其居民迁入内地。迦太基人不愿亡国,被迫实行总动员,重新建立军队,顽强抵御3年,终不敌罗马而被迫投降。战争结束后,罗马元老把迦太基城残存居民卖为奴隶,并在这里设立了罗马的阿非利加省。从此,作为独立国家的迦太基不复存在。

恺撒开创大帝国:罗马内战

古罗马是民主政治的发源地,很早就建立了奴隶主专政的民主共和国,国力日益昌盛,并不断对外进行征服战争。到公元前1世纪时,罗马的社会矛盾不断加深,原先采用的共和制政体已经不能够适应继续维护奴隶主统治的需要,必须寻求一种更为有力的统治形式——军事家独裁。这时罗马统治阶级内部最有实力的是恺撒、庞培和克拉苏,公元前60年,三人结成"前三头同盟",共同把持朝政。其中,尤利乌斯·恺撒是平民派奴隶主的代表,他颇有统治才能,对独裁宝座觊觎已久。公元前58年,恺撒就任内高卢总督,在此后的8年之间,他先后8次率军进行征服高卢(今意大利北部、法国、比利时、卢森堡、德国以及荷兰和瑞士的一部分)战争,并最终征服了高卢,取得了征服战争的胜利,为宣扬其战功,恺撒著了《高卢战记》一

罗马内战战场情景

书。征服高卢的结果,是巨额的财富落入了恺撒及其亲信手中,其中有相当一部分被用来进一步加强恺撒的势力和提高他的权威。征服高卢的成功,为日后恺撒建立其独裁统治奠定了坚实的基础,这也就成为后来恺撒能够在内战中最终取得胜利的重要原因。在高卢战争期间,克拉苏已经因为出兵安息战败身亡,形势已变成了恺撒与庞培两巨头的对峙,恺撒势力的急剧膨胀,引起了庞培的嫉妒,贵族派占多数的元老院也由于担心恺撒会背叛共和、建立军事独裁而变得日益不安,于是这两派力量很快就联合起来共同反对恺撒。公元前50年,元老院与庞培合谋,撤销恺撒的高卢总督之职,并限令其交出高卢行省和解散军队。但此时的恺撒已羽翼丰满,富有心计的恺撒一直宣称自己是平民的代表,即使在高卢战争之时,也不忘用掠夺来的财富"周济"平民阶级,以收买人心,因而在人民之中享有一定的声誉。更为重要的是,多年的征战,给恺撒造就了一支能征善战、忠心耿耿的军队,此时已有11个军团,这成为恺撒的重要政治资本,奠定了他在罗马内战中取得胜利的坚实基础。由于手中有强大的军事力量做后盾,恺撒不但断然拒绝元老院的要求,而且先发制人,对罗马的政敌动用武力。公元前49年1月,恺撒率军突然进攻罗马,罗马内战正式爆发。以格涅乌斯·庞培为首的反对派措手不及,未做什么抵抗,就伙同大批元老院成员逃往希腊。富有战略眼光的恺撒在占领罗马后并没有立即追击庞培,而是决定首先进军西班牙和非洲,歼灭庞培在那里的主力7个军团,以保障后方的安全和掌握战争的战略主动权。而此时庞培的军队群龙无首,无心恋战,恺撒对西班牙的进军极为顺利,庞培的军队在稍作抵抗后即宣布投降,仅用1个月的时间,恺撒就完全占领西班牙。为了做好与庞培最后决战的准备,恺撒推行各行省居民和罗马人权利平等的政策,从而进一步为自己赢得了更为广泛的社会基础。与此同时,恺撒大力扩充军队,将原有的11个军团增至28个。在做了各方面的充分准备以后,公元前49年年底,恺撒率军出其不意东渡希腊,欲与庞培决一雌雄。但最初由于是劳师远征,后勤供应不足,而且没有取得制海权,后续部队未能及时跟上,多次被庞培挫败。庞培虽然多次挫败恺撒,却对战局犹豫不决,未能利用有利时机将恺撒之部全部歼灭。公元前

48年春,恺撒的援军赶到,两军展开决战,在这次战斗中恺撒尽展其作为一代统帅的杰出的军事家才能。为了将庞培诱离其补给基地,恺撒率军转移至希腊中部的法萨罗,庞培果然跟踪而至,法萨罗一战决定了庞培失败的命运。当时,恺撒的兵力约有2.2万人,其中骑兵有1000人。庞培的兵力是恺撒的兵力一倍有余,仅骑兵就有7000人,装备精良,粮秣充足。公元前48年8月9日,两军在法萨罗与埃尼派夫斯河之间的开阔地带展开决战,战斗中恺撒的军队主动后撤,庞培的骑兵在追击时遭到恺撒军队的伏击,溃不成军,恺撒的骑兵乘胜迂回到庞培军的后方,同时将预备队加入了战斗,经过激战,庞培彻底失败,逃往埃及,不久被杀身亡。三天以后,恺撒军团在埃及登陆,将埃及艳后克娄巴特拉扶上王位,从而胜利地结束了罗马内战,建立了军事独裁统治,自称元首,开创了罗马帝国。

争夺罗马统治权:亚克兴海战

恺撒利用平民的支持成为罗马的独裁者后,就背弃了平民,引起平民的失望和不满,而掌握了政权的恺撒对于元老贵族的政治、经济力量也未予以彻底摧毁,因而反对恺撒的暴动不断。公元前44年3月15日,恺撒被刺身亡。恺撒之后罗马掀起了权力之争,亚克兴海战就是这场权力争夺战中的一次重要战役。

恺撒死后,那些元老贵族们并没有获得政治上的权力。下层公民虽然不满于恺撒的统治,但他们更憎恨元老贵族。平民的暴动依然不断,恺撒同党中温和派的代表和贵族派达成协议,镇压了平民暴动。统治阶级经过一段时期的纷争之后,公元前43年10月结成了"后三头"同盟,即由执政官安东尼、屋大维(恺撒的甥孙)和骑兵长官雷必达组成的同盟,其中以安东尼和屋大维的实力最为强大。他们三人在罗马实行恐怖统治,对贵族派实行公敌宣告,把没收来的财产和土地分配给士兵。许多大奴隶主逃到了希腊和西西里,参加布鲁多和绥克斯都·庞培领导的集团。公元

亚克兴海战

前42年秋天,屋大维和安东尼进兵希腊,击败了布鲁多,对行省进行了瓜分。安东尼统治东方行省,负责对帕提亚的战争;屋大维管理西方行省,负责平定绥克斯都·庞培在西西里的反抗军;雷必达则管辖阿非利加。屋大维坚持执行把意大利城市居民的土地分配给士兵的政策,引起了有产者的反抗。公元前41年,伊特拉里亚的帕卢齐亚掀起反屋大维的

运动,安东尼的妻子和弟弟力图打击屋大维的势力,为安东尼专政作准备,便成了反屋大维运动的领袖。虽然帕卢齐亚战争很快就结束,战后安东尼和屋大维也签订了协定,但是他们两人之间已经种下了分裂的种子。

安东尼对帕提亚战争失败后,全力在埃及建立自己的势力。而屋大维在战胜绥克斯都·庞培后,也和罗马的贵族和解,便取消了公敌宣告。安东尼和屋大维都在做军事准备,提高自己的实力。终于,在亚克兴海战中,两人决出了胜负。

亚克兴是爱奥尼亚海阿尔斯基海湾出口处的海角。公元前 31 年,安东尼和埃及女王率大军约 10 万、战舰 500 余艘进抵希腊西海岸,屋大维则率兵约 8 万人、战舰 400 余艘由意大利渡海东征,占据克基拉岛和南面的莱夫卡斯岛,控制安布拉基亚湾出口,并派半数战舰切断对方的海上补给线。安东尼补给困难,军中疾病流行,逃跑者甚众,在不利的条件下进行决战。同年 9 月 2 日,两军会战于亚克兴海角。安东尼舰队驶出海湾,6 个支队 170 艘重型高舷舰船展开成一线,埃及女王克娄巴特拉率 60 只战船跟进。屋大维将 260 艘轻型舰船一字排开,列队迎战。安东尼的战舰笨重,不便机动,主要靠飞钩钩住敌船并以矢石杀伤敌人。屋大维的战舰体轻,便于机动,用撞击和火攻毁伤敌船。鏖战到中午,安东尼处于劣势。在激战中, 安东尼惊闻多变的埃及女王克娄巴特拉率领自己的舰船逃往埃及。不久,遭到失败的安东尼也随之逃走。士兵无主帅,纷纷溃逃、败降。屋大维在这次海战中大获全胜。亚克兴海战的胜利,巩固了屋大维的政权,结束了恺撒继承者之间 30 年的夺权斗争。

公元前 30 年,屋大维征服了埃及,安东尼自杀。从此,屋大维一人掌握政权,建立元首制,成为恺撒军事独裁的继承者,罗马共和国倾覆了。屋大维执政后,罗马形成日益巩固的独裁政体,开始了罗马史上的帝国时期。

解放圣城为借口:十字军东侵之战

十字军东侵是西欧封建主于公元 11 至 13 世纪对近东的一些国家发动的侵略性战争。侵略战争由天主教会发起,打着解放巴勒斯坦基督教圣地耶路撒冷的口号,对经济较为发达的国家进行了八次东侵。由于东侵参加者的衣服上都缝有用红布制成的十字,因而被称为"十字军"。

11 世纪至 13 世纪,西欧封建社会的发展达到了一个新的时期。这一时期最为明显的标志就是城市的兴起和商品货币经济的发展。在这种新的形势下,西欧封建主对商品和货币的需求越来越高,仅靠固定的封建地租的收入已经不能满足日益增长的奢侈生活的需要,出现了入不敷出、负债累累的现象,而东方的文明的富庶

十字军东侵

更吸引着他们的贪婪之心。同时，罗马的天主教会除了有着与世俗封建主相同的贪婪外，还妄图合并拜占庭的东正教会，并迫使近东的穆斯林改宗基督教，以建立罗马天主教的世界帝国。按照基督教的传说，巴勒斯坦是耶稣生活的殉道的地方，耶稣的坟墓在耶路撒冷，因此在罗马教廷看来，耶路撒冷的地位几乎超过罗马，而且控制朝圣贸易可以得到巨额收入。罗马教会积极策划东侵，并把东侵宣称是从异教徒手里"解放主的坟墓"的"圣战"。西欧商人，特别是意大利的威尼斯和热那亚商人也热衷于东侵，他们企图在地中海东部建立商业据点，夺取阿拉伯和拜占庭商人的商业利益。

就在西方的各阶级都有东侵的要求之际，近东各国的政治形势的变化也为十字军东侵造成了客观条件。1055年，阿拉伯帝国为新兴的塞尔柱突厥人所灭。随后，塞尔柱人又打败了拜占庭帝国，占领了小亚细亚的大部分地区，同时加紧装备海军，准备进攻君士坦丁堡。拜占庭帝国由于长期受到周围蛮族的入侵，力量已大为削弱，面对塞尔柱人的威胁，无力应付，不得不向教皇乌尔班二世求援。这就为十字军东侵造成了可乘之机。

1095年11月，教皇乌尔班在法国召开的宗教会议上煽动宗教狂热，编造谎言。他向与会者说，信奉伊斯兰教的塞尔柱突厥人正向东方基督教徒发动进攻。这时正好拜占庭皇帝亚历塞一世也向西方求援，于是乌尔班号召教士、封建主、骑士和农民停止封建混战，到东方去和"异教徒"做斗争，拯救"圣地"耶路撒冷，开始了第一次十字军东侵。这次东征大约有10万人参加。1097年，十字军从君士坦丁堡附近渡海进入小亚细亚，攻占了塞尔柱人的国都尼西亚；1098年又攻占了爱德沙和安条克；1099年，他们直捣耶路撒冷，屠杀了成千上万的穆斯林和犹太人。而后，建立起三个十字军国家，即爱德沙、安条克和的黎波里伯，均附属于耶路撒冷王国。

此后的200年间，十字军又先后七次东征：第二次十字军东侵（1147年—1149年）是在法国国王路易七世和"神圣罗马帝国"的皇帝、德意志国王康拉德三世率领下进行的。由于爱德沙国于1144年被塞尔柱突厥人夺回，教皇尤金三世便夸口要组织第二次东征，但由于十字军内部发生冲突，使得德法两军鲁莽地进攻大马士革时失败。第三次十字军东侵的原因是耶路撒冷落到突厥人首领萨拉丁的手中，这次远征是在"神圣罗马帝国"皇帝红胡子腓特烈一世、法国国王腓力二世和英国国王理查一世率领下进行的。腓特烈在征途中横渡萨列夫河时溺死,其军队随之瓦解,部分加入腓力和理查所部。腓力在一次与英王争吵后,率领军队离去,于1191年返回法国。理查在叙利亚取得了一定的成果,攻占了塞浦路斯,并建立了塞浦路斯王国。理查也未能到达耶路撒冷,但他签订了五年的和平协定使基督教徒们能自由出入圣地。第四次十字军东侵(1202年—1204年)由教皇英诺森三世发起,组织讨伐埃及穆斯林。但这次东征并未按计划远征埃及,而是大军开进拜占庭帝国,先后攻占两座基督教城:扎达尔和君士坦丁堡。十字军在分崩离析的拜占庭帝国部分领土上建立起了几个国家,最大的一个是拉丁帝国,这使得两大教派无法达成和解。第五次十字军东侵(1217年—1221年)是奥地利公爵利奥波六世和匈牙利国王安德烈二世所率领的十字军联合部队对埃及进行的远征。教皇洪诺留三世也对新的东征进行了鼓动,企图以进攻埃及作为压力,好重新取得耶路撒冷。十字军在埃及登陆后,攻占了杜姆亚特要塞,但由于尼罗河洪水泛滥,被迫接受了同埃及苏丹订立的停战协定并撤离了埃及。第六次十字军东侵(1228年—1229年)是在"神圣罗马帝国"皇帝腓特烈二世率领下进行的。腓特烈二世承担了第五次十字军东侵失败的责任后,便以外交谈判取代武力征讨。第七次十字军东侵(1248年—1254年)是在教皇英诺森四世的支持下,法国国王路易四世发动的讨伐埃及的远征,最终十字军在曼苏拉被打败,路易四世被俘虏。第八次十字军东侵(1270年)是法国国王路易九世先后对埃及和突尼斯进行的两次远征。到1291年,十字军丢失了最后的据点阿克,至此,这场东侵行动以失败而终结。

英法争夺主导权:百年战争

公元12世纪以后,英法两国为争夺欧洲大陆的领地,不断发生摩擦。1328年,法国卡佩王朝没有王位继承人,只好由另外一支洛瓦家族的腓力六世继位。而当时的英王爱德华三世是卡佩王朝前国王腓力四世的外孙,凭着这一资格,想争夺卡佩王朝的继承权。1337年,爱德华三世称法兰西王,腓力六世则宣布坚决收回英国在法国境内的全部领地,便派兵占领了吉耶讷,英法百年战争从此便揭开了序幕。

战争的初期阶段(1337年—1360年),主要有斯勒伊斯海战、克雷西陆战、普瓦捷激战等重要战役。在这个阶段,法国处于被动挨打地位。1337年11月,爱德华三世一面竭力争取德国皇帝和诸侯的支持,一面以装备优良弓箭武器的步兵为主力,配以封建骑士,大举进攻法国,战争伊始,法国连连败北。1340年6月的斯勒伊斯海战中,英国海军重创法国舰队,获得海上优势。1346年8月的克雷西战役中,英国建立了一支以自耕农为主的新型步兵,有万余人,拥有长弓利箭,可以配合骑兵作战,战斗力比较强;而法国军队数量上虽具优势,但其主力部队是老式的骑兵,作战时也是单骑进攻,不重视协同作战,最后法军损失惨重。此战之后,两国休战近十年。1356 年 9 月,英军由爱德华三世之子"黑太子"率领在普瓦提埃击溃了法军,俘虏了法国国王约翰二世和许多王公贵族。接下来的几年法国内外交困,只得在 1360 年被迫接受了《布勒丁尼和约》。

贞德

战争的中期阶段(1369 年—1380 年),是法国进行反攻收复领土的时期。这个时期法国出现了一位比较明智的国王,他是被英国俘虏的约翰二世的太子查理五世。他利用两国暂时罢兵这一时机,改革内政和军事,伺机雪耻,收复被占领土。他用雇佣步兵取代部分骑士民团,并建立了野战炮兵和新的舰队。在 1369 年,法军开始进攻,采用突袭战术,配合游击战,到 14 世纪 70 年代末逐渐收复了绝大部分被占领土。但是,当这位明君去世以后,法国内部又出现了内讧,病弱的查理六世实际上不能统治国家。封建统治阶级分为两个集团:一个是以国王之弟奥尔良公爵为首,得到南部大封建主阿曼雅克家族的支持;另一个是以华洛瓦家族的勃艮第公爵为首。双方争权夺利,相互混战,人民苦不堪言。而此时的英国也不是太平世界,国内矛盾尖锐,起义不断。为此,两国又签订了《二十年停战协定》。百年战争暂告一段落。但由于占据法国北部的勃艮第公爵腓力二世(约翰二世之子)勾结英国,这就为英国再次入侵法国埋下了伏笔。

战争的最后阶段（1415 年—1453 年）。1415 年英王亨利五世率领军队在诺曼底登陆,标志着百年战争进入了最后的阶段。法军又是且战且退,被英军占领了包括巴黎在内的整个北部地区,最后不得不偏安一隅。1420 年,被迫签订和约,承认亨利五世是查理六世的继承人,并按照和约条款规定,法国沦为英法联合王国的一部分。当英王亨利五世和法王查理六世去世以后,英国单方宣布未满周岁的亨利六世兼法国国王。而偏安法国南部的查理七世则意图复兴法国的大业。1428 年 10 月,英军又大举进攻法国奥尔良城。奥尔良为通往南方的门户,一旦失守,法国南方就会有全部沦陷的危险。法国人民为拯救民族的危亡,掀起了群众性的抗英斗争。

其中最著名的是爱国女英雄贞德。当奥尔良被英军围攻,情况十分紧急的时候,处境危险的查理七世不得不向人民的爱国力量求助。1429 年 4 月,不满 20 岁的贞德受命参加解救奥尔良城的军事指挥。在战争中,贞德奋勇当先,全军士气大振,击退了英军的围攻,保卫了南部的国土。贞德的英雄壮举,给法国人民以抗英的信心和力量。贞德牺牲以后,法国人民抗英运动继续发展,英军节节败退。法国统治者也意识到军队战斗力的强弱对战争胜负的影响,勃艮第大公和查理七世缔和,在1445年组成一支战斗力强的常备军。法国上下同仇敌忾,收复了除加来港以外的全部失地。百年战争终于在1453年以法国的胜利而告终。

正义战功败垂成:胡斯战争

胡斯战争是指15世纪捷克人民反对德国封建主和天主教势力入侵的民族战争,在这场战争中,以胡斯为代表的捷克人民取得了重大成绩。

13世纪以来,德国贵族和僧侣逐步控制了捷克的经济、政治和宗教大权,引起捷克人民的强烈不满与反对。15世纪初,以爱国者胡斯为首掀起了反对教皇和德意志天主教会的改革运动,要求剥夺天主教会掠夺的财富并进一步限制其权力。1415年,胡斯被教皇和德国皇帝处以火刑,这使得捷克人民与德贵族及天主教会的矛盾进一步激化。于是,1419年胡斯党人在布拉格等地举行了武装起义,揭开了胡斯战争的序幕。

随着斗争的不断发展,胡斯党人分裂为激进的塔博尔派和温和的圣杯派。起义者建立了以塔博尔派为中心的胡斯军,在著名的统帅杰士卡和大普罗科普的统率下,于1420年至1431年先后粉碎了罗马教皇组织的五次十字军东侵。

在长期的战争中胡斯党人建立了一支得到人民有力支援的、纪律严明、英勇善战的新型军队,并善于在野战中大胆机动,勇猛进攻,能正确选择主攻方向和有利的战场,因此胡斯党人取得了一系列战役的胜利。1420年,在苏多梅日采400名胡斯党人击退了2000名国王骑兵部队,并第一次使用了战车工事;同年,在维特科夫山,由杰士卡率领的部队给西吉孟德一世皇帝率领的对捷克第一次十字军远征部队以迎头痛击;1422年,在库特纳霍拉和涅梅茨凯-布罗德附近,第二次十字军远征部队遭到了决定性的失败;1426年,在乌斯季附近,塔博尔派遣2.5万人击败了第三次十字军远征部队的主力骑士部队7万人;1427年,在塔霍夫胡斯党人击败了第四次十字军远征部队;1431年,在多马什里茨第五次十字军远征部队又被击退。起义军取得这一系列的胜利后,还转战德国、匈牙利、奥地利等地,为反对欧洲反动势力建立了辉煌的战绩。15世纪20年代和30年代初,捷克发生了重大的社会变革。经济和政治上较为稳固的圣杯派与封建天主教势力相互勾结,其力量三倍于塔博尔派。1434年,在利帕尼会战中塔博尔派被打败,胡斯战争结束。

胡斯战争虽然失败,但它给德国封建势力以沉重的打击,保证了捷克在一定时期内的政治独立,促进了捷克民族文化的发展,对后来的欧洲宗教改革运动有很大的影响;胡斯党人的用兵打仗策略和军队建设的创新也是军事史上的新发展。

胡斯战争又称捷克农民战争,它是欧洲历史上时间较长、影响深远的一次农民战争。它给德国在捷克的势力以沉重的打击,保证了捷克在一定时期内脱离神圣罗马帝国而获得独立的政治地位。同时,胡斯和塔博尔派的思想传播到捷克邻近各国以及整个欧洲,促进了这些国家十五六世纪反封建斗争的高涨,推进了许多国家的宗教改革运动。胡斯军首创车载兵和战车工事对付敌重装骑士骑兵;情况需要时,战车相互联结成各种战车工事,保护士兵不受重装骑士骑兵的袭击;在野战中大胆机动,勇猛进攻,并大量使用轻炮兵;集中使用兵力,重视各种协同动作等。这些在世界军事史上都留下了重要一笔。

第五章　世界近代战争战役

"无敌舰队"遇劲敌：英西海战

　　15世纪以后,英国的资本主义萌芽迅猛发展,海外贸易不断增加,但在殖民扩张的道路上,却遭到了劲敌西班牙的严重阻遏。现实使英国认识到:要实现向海外扩张的目的,必须击败西班牙,摧毁它的强大舰队。女王伊丽莎白在位期间,决心全力发展一支强大的海军,志在同西班牙争夺海上霸权。16世纪60年代开始,英西两国的海上争斗日益增多。到1587年,爆发了实际争夺海上霸权的英西战争。发生在1588年7月至8月英吉利海峡上的海战,是决定战争转折的关键之役。这次海战以后,西班牙一蹶不振,它的海上霸权从此成为历史。而英国则一跃成为海上强国,夺得了大西洋上的部分制海权,并从此开始走上了全面争取海上霸权的道路。

　　1588年5月,西班牙国王腓力二世强令梅迪纳·西多尼亚公爵率领被命名为"最幸运的无敌舰队"从里斯本出发,命他与集结在属地尼德兰(相当于今比利时、荷兰、卢森堡及法国东北部地区)港口的陆军运兵船会合,而后掩护陆军横渡多佛尔海峡到英国登陆,以便在英国本土实施进攻。这支庞大的"无敌舰队"拥有舰船130艘,水兵8000余人,步兵1.9万人,但其战舰体大笨重,船身像楼宇一样高耸,航行极不灵活。该舰队出师不利,出发不久即遭风暴袭击,被迫在拉科鲁尼亚港避风和补给。由于舰队在航行时队形太长,加上组织指挥不善,竟有近一半的舰船被惊涛骇浪冲散或触礁沉没,

西班牙"无敌舰队"与英国舰队对阵场景

以致 6 天以后,还有 33 艘战船杳无音讯。

英国对于西班牙的军事动向早就一清二楚。女王伊丽莎白一世为了迎战,已将皇家海军、各大船主、商人以至海盗们的舰船统统集中起来,共有舰船 197 艘,水兵1.45 万人,步兵 1500 人,组成强大舰队,任命霍华德勋爵为舰队司令,海盗出身并有丰富的航海经验和作战指挥能力的德雷克与霍金斯分任副司令。英国舰队舰船吨位虽小,却能灵活机动,多数火炮装在两舷,且射程较远,在敌方舰队出航以后,即悄悄隐蔽在普利茅斯附近海域,准备待机歼敌。

7 月 22 日,西班牙无敌舰队在避过风暴并获得补给后,从拉科鲁尼亚港再度起航,于 29 日到达利泽德角附近海区,进入英吉利海峡。此时,英国舰队也在敌人毫无觉察的情况下尾随而来。英舰队派出小舰群快速挺进,不断袭扰和迟滞西班牙舰船,并在 31 日击沉西舰船 3 艘,揭开海战序幕。8 月 2 日,在波特兰附近海域,英军再次袭击西舰队,4 日,在怀特岛附近击伤西班牙的旗舰。西舰队一直在遭受袭扰的状况下继续北进,终于在 6 日进入多佛尔海峡,锚泊在加来水域。7 日午夜,英舰队乘起风之机,放出 6 艘纵火船袭击西舰队。梅迪纳·西多尼亚公爵惊慌失措,不能进行有效的指挥,各舰船纷纷砍断锚链,乱哄哄地向西北溃逃。英舰队乘胜追击,于 8 日 4 时许追到格利沃利讷海域,迫使西舰队接受决战。在决战中,西舰队墨守过时的横阵战术,坚持接舷战,但舰体笨重,机动性差,难以靠近英舰,且舰炮射程近,不能毁伤英舰。而英国的舰队司令则指挥有方,舰船机动灵活,舰炮射程远,始终处于主动地位。到 18 时,战斗结束。西舰队损失惨重,被迫于次日晨决定返航。英舰队当时已将弹药消耗殆尽,而且风向突变,故未予追击。它损失甚微,获得全胜而归。

"无敌舰队"战败后,不敢从英吉利海峡南航,而是绕道北海和大西洋,可是命运多舛,在返航途中一再受到风暴袭击,许多舰船遇难,最后历经艰险而回到西班牙港口的,只有 43 艘。这就是说,损失了大半舰船的无敌舰队,事实上已经不复存在,"无敌舰队"并非无敌。

美国独立第一枪:莱克星顿之战

在美国马萨诸塞州波士顿市西郊有个小镇,叫作莱克星顿。镇的中心区,矗立着一座英姿飒爽、手握步枪的民兵铜像。旁边有一块未经雕琢的、粗糙的石碑,碑上刻着这样几句豪言壮语:"坚守阵地。在敌人没有开枪射击以前,不要先开枪;但如果敌人硬要把战争强加在我们头上,那么就让战争在这儿开始吧!"就在这个地方,1775 年 7 月 19 日清晨,美国独立战争打响了第一枪。

莱克星顿的枪声

美洲原是印第安人居住的地方,1498 年哥伦布航行到这里后,欧洲各国的殖民者便相继侵入,大批欧洲移民也随之涌来。英国殖民者在 1607 年到 1733 年这 120 多年间,先后在北美洲东岸建立了 13 个殖民地。及至 18 世纪中期,资本主义生产关系已在这些殖民地中得到相当的发展,各殖民地之间的经济往来也日益频繁,初步形成了统一的市场,人口总数已接近 300 万人,英语逐渐成为通用的语言。这里的居民已经逐渐形成一个新的民族,他们要求走自己独立发展的道路。可是,英国的殖民统治却阻碍着这种发展。

英国政府为了本国资产阶级的利益,千方百计限制殖民地工商业的发展。它规定北美殖民地所输出的农产品,都只能运往英国;北美殖民地人民所需用的工业品,也必须从英国输入。英国政府禁止把工业设备输往北美殖民地,甚至不许北美殖民地人民把当地出产的毛皮制成帽子,而必须先把毛皮出售给英国资本家,在英国制成了帽子再远销北美。此外,英国政府还限定北美殖民地人民只能居住在阿巴拉契亚山脉以东的地区,禁止他们向西移民以获得土地。

1766 年 3 月,英国政府宣布在北美殖民地实施《印花税法》,规定一切文件和印刷品都必须贴上印花后方可生效或流通。为了保证《印花税法》能得到执行,英国政府同时还颁布了《驻兵条例》,增派军队来镇压殖民地人民。《印花税法》一出笼,郁积在北美殖民地人民胸中的反英怒火,立即像火山一样喷发出来。各地人民纷纷举行集会,高呼:"要自由,不要印花税!"他们掀起广泛的抵制英货运动,用实际行动来反抗英国的殖民压迫。为了有效地进行反英斗争,人们结成了自己的战斗团体,叫作"自由之子"。他们把那些曾经出售印花税票的英国官员捉来,在这些殖民者身上涂上柏油,贴满了鸡毛,拖到大街上去游行示众,并把尚未出售的印花税票付之一炬。这些行动,使英国政府派驻在北美殖民地的大小爪牙闻风丧胆,惊恐万状。

1770 年 3 月 5 日,驻扎在波士顿的英国军队蛮横行凶,向手无寸铁的平民开枪射击,造成骇人听闻的"波士顿惨案"。惨案激起了北美殖民地人民极大的义愤。各地人民掀起了具有民族规模的抗英斗争。英国统治集团被迫宣布废除在北美殖民地施行的一切税法,但却留下一项茶税,以表示英国政府是有权向殖民地人民征税的。

然而,即使是这一项茶税,北美殖民地人民仍把它看作是英国政府暴政的象征。1773 年 12 月,在一个严寒的冬夜里,一批波士顿的革命人士乔装成印第安人,潜到几艘停泊在波士顿港内的英国船上,把英国东印度公司运来的价值约 15000 英镑的茶叶完全抛入海中。这便是历史上著名的"波士顿倾茶事件"。

波士顿倾茶事件使英国统治集团恼羞成怒。英国政府接连颁布了五项高压法令,并调兵遣将前来镇压。但北美殖民地人民没有被英国反动当局的气势汹汹的阵势所吓倒,而是组织起了自己的民兵。同时,各地的革命组织都在搜集枪支弹药,准备用革命武装来抗击反革命武装。

但是,北美殖民地的居民,在对待英国政府的态度上并不一致,当时分为两大派:一派是亲英的"王党分子";一派是反对英国殖民统治而主张独立的"爱国者"。1774 年 9 月,在费城召开由 12 个殖民地 50 名代表参加的第一届"大陆会议"(佐治亚的代表没有赶到)。会上,与英国殖民统治者妥协,要求用和平方式解决争端的倾向占了上风。然而,即使是这样温和的要求,英国政府也拒不接受,而且变本加厉地增派军队来镇压。

1775 年 4 月 18 日夜间,马萨诸塞的总督派遣 800 名英军到离波士顿约 27 公里的康科德镇搜查民兵储藏的军火,并逮捕"爱国者"的著名领袖。但是,爱国者事先得到了这个消息。有一位自由之子的信使,名叫保尔·瑞维尔,迅即和工人威廉·戴维斯一道骑马出发,在黑夜中快马加鞭,奔往各地告警。波士顿近郊的民兵闻讯集合,埋伏在通往康科德的公路两侧。4 月 19 日拂晓,当那批英军走近莱克星顿的时候,突然响了一枪,民兵反击英军的剧烈战斗开始了。英军虽然还能够走到康科德,但发现民兵的军火已被转移,并且在那里遭到民兵更猛烈的抵抗。英军无法立足,不得不当天就撤离康科德,退回波士顿,沿途又不断遭到民兵的狙击。民兵隐蔽在森林里、屋角里、篱笆旁开枪射击,打得敌人晕头转向,死伤累累,溃不成军。民兵赢得了第一次战斗的胜利。

莱克星顿的枪声犹如一声春雷,惊醒了北美大地。这枪声是北美殖民地人民反抗英国殖民压迫、争取民族独立的枪声,它揭开了延续 8 年之久的美国独立战争的序幕。

拿破仑孤军深入:莫斯科战役

法国于 1812 年对俄国进行的侵略战争,由于拿破仑在战略上求胜心切、轻敌冒进,造成战线过长、补给困难;在作战指挥上一味实施正面进攻,缺乏迂回机动,最终惨败。俄军则以积极防御大量消耗法军有生力量,进退适时,攻防结合;在双方力量对比发生根本改变后实施坚决反攻和追击,机动合围退却之敌,最终取得战争胜利。

拿破仑兵败莫斯科

1812年5月9日,拿破仑亲率60万大军踏上了远征俄罗斯的漫漫征途。拿破仑大摇大摆地虚张着声势,很有招摇过市、炫耀权力的架势。6月24日,法军以300名波兰士兵为前导,在科夫菇城附近,经过4座桥梁跨过涅里河,开始了对俄国的入侵。在莫斯科城下,拿破仑遭受了惨重的失败。

就在拿破仑集中精力去教训沙皇的时候,英国人和西班牙人却又在捣乱。特别是西班牙,成为拿破仑身上的一块"烂疮"。可是,为了进攻俄国,拿破仑决定置这块烂疮于不顾,全力去惩治沙皇。这样,拿破仑就面临着东西两线作战。这恰恰是犯了兵家大忌。

进入俄国,拿破仑如入无人之境,在荒漠无垠的地平线尽头,竟没有看到俄国军队的影子,法军竟没有受到激烈的抵抗。

但随着补给线的拉长,拿破仑用于保障的兵力越来越多,军队的补给也发生了初步的困难。士兵们不能得到食物补给,有时只好挨饿。但拿破仑毫不怀疑,只要一次决战,就可以把屡败屡战的俄军彻底击溃。然而,出乎意料的是,俄军步步后退,拿破仑根本没有什么"决战"的机会。相反,随着进军的深入,战线的延长,法军的补给情况进一步恶化。拿破仑为此而忧虑心焦,但又无计可施。在斯摩棱斯克法军与俄军进行了第一次交锋,但是得到的是一座空城。俄军继续诱敌深入。

然而,俄军的步步退却,却难以得到沙皇的国民的理解,他们认为这是库图佐夫软弱的表现。这样,库图佐夫只好在距莫斯科120公里的博罗季诺村与拿破仑进行交战。但结果却并没有像拿破仑所期望的那样。

此时许多将士开始清醒,他们甚至咒骂拿破仑把他们带到俄国来。将军们、军官们和士兵们感到压抑和惊奇。他们不相信自己还活着,对不计其数的伤亡和微不足道的几个俘虏感到惊讶,惨重的伤亡说明了敌人的勇敢而不是敌人的失败。

库图佐夫放弃阵地向莫斯科全线撤退。不但如此,为了保存实力,库图佐夫又决定放弃莫斯科。虽然这一决定是极其痛苦的,但放弃莫斯科却拯救了俄罗斯。当法国官兵冒着沙尘和火海浓烟，丢下了一具具尸体，终于占领了梦寐以求的莫斯科时，他们除了看到熊熊燃烧的大火，什么也没有得到。

然而，拿破仑还不知道，在莫斯科城外正在燃起一场对他来说更加可怕的大火。这场火将使他的军队和他作为伟大统帅的英名化为乌有。游击运动、人民战争犹如燎原烈火，正在到处燃起，骄横不可一世的侵略者将面临灭顶之灾。更加要命的是，10月，莫斯科的冬季已经来临。茫茫的积雪开始覆盖大地，法军陷入闻所未闻的困境之中。寒冷和饥饿无情地吞噬着他们的生命。在冰天雪地的冬季，斯摩棱斯克至莫斯科的交通补给线经常被规模不大的俄军切断。

库图佐夫强大的军队并没有走远。他们仍坚守在攻不破的阵地上。拿破仑明白，他没有光彩的出路了，眼前剩下的只有一条可耻的路——沿着完全被毁坏的斯摩棱斯克大道逃跑。

士兵们越走越远。但他们中的每一个人比过去任何时候都清楚，一切牺牲都白费了。俄国是不可战胜的，而等待他们的，是和他们在博罗季诺原野上看到的尸骨不全的同伴们一样的命运。死神紧紧地追随着他们——后面和侧翼，俄军在步步紧逼，前面则是饥饿和冬季的严寒。

俄军以前所未有的速度勇猛地追击敌人。不到10步远，法军就留下一个快要死去的人，或一具尸体。在两天中，法军被迫炸毁了100多辆炮弹车。许多零星的小股法军投降当了俘虏。

严寒的冬天就是死神的化身。在以后的日子里，很多士兵在战斗和严寒中失去了生命，并且可怕的瘟疫在军中流行，士兵们毫无抵抗力，只能等待死神的来临。一切都在证明，拿破仑孤军深入，缺少稳固的后方补给，使自己在莫斯科的冰天雪地里陷入了绝境，从而遭受了进军莫斯科的惨痛失败。

拿破仑对抗联盟：“民族之战”

1813年10月，欧洲第六次反法联盟军队同拿破仑的法军在莱比锡地区进行了被称为“民族之战”的决战性会战。

1813年5月，法军接连在吕岑之战和包岑之战中击败俄普联军，但无力扩张战果。双方休战两个多月。8月战事再起，奥地利、瑞典先后参加对法战争，联军处于绝对优势。法军约40万人沿易北河据守汉堡至德累斯顿一线。联军50余万人（其中俄军18.4万人、普军16.2万人、奥军12.7万人、瑞军3.9万人、英国及其他小国共1.3万人）分编为北方军团、波希米亚军团、西里西亚军团，由奥地利亲王施瓦岑贝格任总司令。联军吸取以往作战经验，避开拿破仑一世本人，只同其部将交战。经

8、9 月间数次外围交战,歼灭法军数万人,迫其困守德累斯顿、莱比锡等几座孤城。鉴于德累斯顿一时难以攻克,联军统帅部根据普军司令布吕歇尔建议,决定首先攻占莱比锡,切断法军同其本土的联系;以波希米亚军团为南路、西里西亚军团和北军团为北路,对莱比锡发动钳形攻势。拿破仑企图以部分兵力阻击波希米亚军团,主力向北推进,各个击破联军的西里西亚军团和北军团。10 月 9 日,拿破仑率军北进,但鉴于联军北路两个军团业已会师,被迫于 12 日回防莱比锡。此时,莱比锡地区法军约 16 万人,而联军达 32 万余人。16 日 9 时,联军波希米亚军团趁浓雾消散之际,在炮兵掩护下成四路纵队从南面发起突击,会战开始。11 时,法军在 150 门火炮支援下在南线联军中央突破,夺占部分阵地,但遭联军预备队反击,17 时被迫放弃所占阵地。与此同时,联军西里西亚军团从北面发起进攻,迫使法军后撤。17日,双方休整,仅有零星战斗。联军增调北军团和新编波兰军团,兵力更占优势。18日 8 时,联军从北、东、南三面发起总攻,进逼郊区,但战至 14 时,大部要塞仍在法军手中。西线法军发起反击,向西推进 10 余公里。15 时,法军炮弹告罄;盟军萨克森军 3000 余人倒戈。傍晚,拿破仑终因寡不敌众而下令全线撤退。19 时,法军向西南方向撤退。

此战是拿破仑战争中规模最大的会战,因参战国家和民族众多而被称为"民族会战"。法军和联军各伤亡 6 万余人。法军从此丧失战略主动权,被迫退入本土防御。

拿破仑在吕岑、包岑和德累斯顿连战皆捷之后,终于又在莱比锡被彻底打垮,其原因当然是多方面的。

首先,从政治上看,战争的性质变化了。拿破仑在执政初期所进行的战争,主要矛头是指向各国的封建王室和他们赖以生存的封建制度的,所以大军所到之处都受到被压迫人民的欢迎。而在执政后期,当他成为欧洲的征服者和霸主以后,法国所进行的各次战争,已经不是给欧洲各国人民解除封建制度的桎梏,这样,法军就被迫在充满敌意的国家进行作战,缺乏人民的帮助,不能及时得到情报,零散人员经常受到袭击,后勤补给日益困难。法军中的一些外籍士兵,多次出现阵前哗变。

其次,从战争指导上看,皇帝的高度集权束缚了元帅们的主动性。拿破仑战争的后期,作战地域不断扩大,参战的兵力日益增多。这样,集最高统帅与前线指挥职务于一身的指挥体系,已经不适应作战的要求。为了在宽广的战场上指挥几十万大军,不仅需要有一个得力的参谋班子,而且需要有能够独当一面担任战场指挥重任的得力将才。然而,拿破仑对于元帅们的要求,只不过是唯唯诺诺,像钟表那样准确地执行命令而已。长年累月,慢慢形成一种习惯:拿破仑在场,一切都是生龙活虎,指挥系统能够高度发挥作用,一旦拿破仑不在,他的元帅们,包括总参谋长在内,常常不能发挥主动性,甚至不敢做出一个哪怕是很小的决定。

再次,从作战原则上看,犯了分散兵力的大忌,忽视了机动歼敌的传统战法。本来,高度地集中使用兵力,是拿破仑指挥作战的一贯特点和优点,在1813年的战争中,他却多次地分散了自己的兵力。结果,即使在初步获胜的情况下,也不能达到彻底击溃或歼灭敌军的目的。例如,在吕岑和德累斯顿作战中他一再分兵去攻打柏林,以致在决胜时刻,因为兵力不足而影响到胜利的成果。其实,当时只要歼灭俄军,柏林自然就成了法军的囊中之物。在最后的莱比锡决战中,他也没有把汉堡的达乌军和德累斯顿的圣西尔部集中起来。特别奇怪的是,他在临战前,把本来抽调圣西尔部北上莱比锡参战的决心改变了,让圣西尔率领几万人马空守德累斯顿城,实在是毫无意义。

失败的代名词:滑铁卢会战

滑铁卢会战是1815年6月18日,在拿破仑战争期间,拿破仑一世的军队与英、荷、普联军在滑铁卢(比利时布鲁塞尔以南20公里处的居民点)进行的一次交战。

为了对抗反法同盟,拿破仑率12万法军进入比利时,企图在比境内将英军元帅惠灵顿率领的英荷联军及布吕歇尔元帅指挥的普鲁士下莱茵集团军各个击破。6月16日,拿破仑在利尼附近与普军交战,取得小胜,迫使普军向瓦夫勒撤退。格鲁希元帅指挥的步兵军3.3万人受命追歼普军,但行动不果断,使布吕歇尔的集团军趁机得以保存实力并与惠灵顿的集团军会合。格鲁希的军队未参加决战。这成了后来拿破仑失败的重要因素:原准备与一路敌军英荷联军作战的拿破仑,将被迫与两路敌军同时作战。

6月17日,拿破仑率法军主力7.2万人前出至贝尔阿利扬斯、罗索姆、普朗瑟努瓦地域。拿破仑确信格鲁希定能阻止住布吕歇尔,没有急于向在滑铁卢以南有利地形设防的惠灵顿军队发起攻击。6月18日11时,当普军前卫接近交战地点时,交战开始了。拿破仑决定对惠灵顿军队的左翼实施主要突击,以阻止普军与联军会合。法国雷耶军首先应对惠灵顿军队的右翼实施佯攻。但联军从战斗一开始就顽强抵抗,完全打乱了拿破仑的计划。雷耶开始用少量兵力发起攻击,而后陆续将全军兵力投入战斗也未能获胜。对惠灵顿左翼的攻击于14时左右开始,进攻兵力是德尔隆军的4个师,各师均按营展开成大纵深的纵队。由于采用这种队形不能同时投入较多的力量发起攻击,而进攻部队在敌枪炮火力下伤亡惨重,所以攻击也未奏效。法军炮兵的射击效果很差,因为它配置的位置不当,距进攻纵队太远。下午,普军布吕歇尔的前卫抵达菲舍蒙地域,拿破仑被迫派洛博军 1 万人迎战普军,后又派部分近卫军前往支援。

与此同时,拿破仑改变了主要突击方向,集中主要兵力攻击惠灵顿军队的中部。法军多次发起攻击,同样没有成功。拿破仑的重骑兵曾两度突入英军阵地,由于步兵未及时支援,被打退了。拿破仑遂把自己的预备队 10 个老近卫军营投入该阵地,最后一次试图突破敌军中央,结果又以失败告终。此时,普鲁士 3 个军(比洛军、皮尔希军、齐滕军)到来,兵力的对比已对盟军有利。盟军兵力共计达 13 万人。晚 8 时,英荷联军主力从正面转入进攻,普军则突击法军右翼。法军支持不住,开始退却。在士气高涨的英普联军面前,退却很快变成了狼狈逃窜,法国的士兵踏着自己同伴的尸体,排着整齐的步伐走向了毁灭,在拿破仑的生命中,也出现了一个不堪回首的滑铁卢。6 月 21 日,拿破仑逃回巴黎,第二天他宣布自动退位。这时联军也拥入法国,不久攻入巴黎,路易十八又一次复辟。等待拿破仑的是大西洋孤岛上 25 年孤独凄凉的残生。

在滑铁卢交战中,法军损失了 3.2 万人和全部火炮,盟军伤亡 2.3 万人。拿破仑在此次交战中优柔寡断,在整个军事指挥上犯了许多错误。开始进军比利时时,拿破仑就对反法同盟中的英荷联军与普军估计不足,对各个击破这两个敌军军团多少有些盲目乐观的情绪。于是他放松了对敌情的侦察,又对敌军的动向作了错误的判断。在利尼的战斗结束后,他主观地认为普军已被彻底打垮,它不会寻求与英荷联军的配合,而只能退守列日方向。因此,法军没有马上派出强有力的军队进行追击,使普军成功地摆脱了法军的追击,实现了有利于下一步作战的机动,不但使法军失去了扩大战果的时机,而且迫使法军在滑铁卢战役的关键时刻面临两线作战的危局。法军将领执行计划准确性差,主动精神也不足,特别是格鲁希行动迟缓,既未能追歼或阻击普军,又未回师滑铁卢,徒拥精兵,无所作为;内伊也没有执行命令,未及时对夸特里布拉斯发起进攻,致使英军撤到有利地形防御;拿破仑的兵力使用也过于分散等。滑铁卢一战决定了拿破仑及其帝国的政治命运,对欧洲产生了深远的影响。虽然拿破仑有滑铁卢的败笔,但作为近代欧洲的一代军事名将,人们决不会因此而抹杀他的军事成就。

俄国兵败于四国:克里木战争

克里木战争是俄国为争夺中近东地区势力范围,与结盟的英、法、土耳其和撒丁 4 国进行的一场战争。战争发生在 1853 年至 1856 年期间,因其主战场在克里木半岛而得其名,历史上也把它称为东方战争。

19世纪中叶,随着奥斯曼土耳其帝国的衰落,中近东成为欧洲列强激烈争夺的地区。俄国决定乘机夺取黑海海峡和向巴尔干扩张势力。英法力图进一步向中近东扩张,不能容忍俄国在此建立霸权。土耳其为继续保持其在该地区的影响,在英法支持下,准备同俄国直接对抗。因此,俄国与英、法、土耳其之间的关系,日趋紧张起来。

1853年3月,俄国错误地判断土耳其处境孤立,英法不会马上参战,便以俄国要求土承认俄对其境内东正教臣民拥有特别保护权遭拒绝为由,与土断交,并于7月出兵,占领土属地摩尔多瓦和瓦拉几亚,制造战端。土耳其遂在多瑙河和高加索采取行动,并在英法支持下,于10月16日对俄宣战。11月30日,纳希莫夫海军中将指挥的俄国分舰队,在锡诺普湾进行的海战中歼灭了土耳其分舰队。1854年1月,英法联军舰队驶入黑海。3月27日,英法两国向俄国宣战。翌年1月26日,撒丁王国也介入了战争。

战争主要在巴尔干、高加索和克里木三个地区进行。在巴尔干地区,1853年11月至1854年1月,奥美尔帕夏指挥的14万土军同戈尔恰科夫率领的8万俄军,先后在奥尔泰尼察和切塔泰地区交锋,俄军均遭失利。

1854年3月,俄军越过多瑙河,突破土军防线,占领了伊萨克恰和图尔恰,但在5月对锡利斯特拉要塞的围攻战中,严重受挫。6月,俄军迫于普、奥的压力,撤回到比萨拉比亚。至此,巴尔干地区的作战基本结束。

在高加索地区,双方于1853年11月开战,前期投入兵力不多,规模较小,俄军曾先后在阿哈尔齐赫和巴什卡德克拉尔附近击败土军的进攻。1855年春,穆拉维约夫率领4万俄军围攻卡尔斯城,并于11月28日攻克,但未能挽回俄国的整个战局。

在克里木地区,1854年9月14日至18日,英法联军6.2万人,由联军总司令、英军少将拉格伦和法军元帅圣阿尔诺率领,在克里木半岛西岸叶夫帕托里亚登陆,企图南下攻取塞瓦斯托波尔。由缅希科夫将军率领的3.4万俄军立即迎战联军,先后在阿利马河、巴拉克拉克、因克尔曼和乔尔纳亚河等地,与联军展开激烈战斗。联军在占领因克尔曼、巴拉克拉克和卡梅什港等外围据点后,自1854年10月17日起,展开了对俄国黑海舰队的主要基地塞瓦斯托波

联军突破俄军阿利马河防线

尔的长期围攻战。俄国陆海军在城防司令科尔尼洛夫海军中将指挥下困守了
11个月。1855年9月,该要塞最终被联军所破,俄城防司令和联军总司令均重
伤而亡。

在这次战争中,联军累计投入兵力100万,俄国累计投入兵力为70万。战
争结果,俄军损失52.2万人,土军损失近40万人,法军损失9.9万人,英军损失
2万人。1856年3月,交战双方签订《巴黎和约》,重新划分了欧洲列强在中近东
和巴尔干的势力范围。俄国的战败,使它完全丧失了自战胜拿破仑一世以来在
欧洲的称雄地位,加深了俄国农奴制的危机,迫使其不得不在战后进行资本主
义改革。

经济制度的争端：美国南北战争

美国独立后,两种对立的社会经济制度——资本主义经济和奴隶制种植园经
济勾画了独立后的美国经济发展的两条清晰脉络。然而,当人们仔细地品味,就会
发现这两种相互矛盾的经济制度就像水与火一样不能交融,暗藏的战争与危机在
这个新兴的国家里酝酿发展。在历史的发展进程中,美国的两种经济形态都获得了
长足的进步,但是经济越是发展,积蕴的矛盾就随之而加深,两种经济制度的矛盾
对立终于引发了美国内战。

19世纪中叶,美国北部诸州实行自由劳动制度,工业资本主义迅速发展,以残
酷剥削黑奴劳动为基础的南部种植园经济制度,已成为美国资本主义进一步发展
的严重桎梏。实行自由劳动制度的北部与坚持奴隶制度的南部之间的矛盾发展
到不可调和的地步。北方各州发展着以雇佣劳动制为基础的资本主义工商业,而
南方各州却盛行着以黑奴制为基础的种植园经济。在狂热的向西扩张的"西进运
动"中,北方资产阶级主张在新占的土地上禁止使用奴隶,建立没有奴隶劳动的
自由州,以发展资本主义,而南方种植园奴隶主则力图把黑奴制推广到这些地区
去,使新成立的州变为蓄奴州。长期以来,双方为自由州和蓄奴州数目的问题不
断发生激烈的争斗。在万恶的黑奴制下,苦难深重的广大黑奴也不断燃起斗争的
烈火。他们烧毁种植园,杀死奴隶主和监工,逃到丛林中去,直至组织武装起义。
19世纪上半期,黑人起义连绵不绝,从根本上动摇了黑奴制。1859年,约翰·布
朗所领导的黑奴起义,给予黑奴制以新的沉重打击。到19世纪60年代初,废除
黑奴制已成为不可阻挡的历史潮流了。

就在废奴运动开展得如火如荼之时,1860年11月,共和党人亚伯拉罕·林肯
当选为美国第16届总统。林肯虽然不是废奴主义者,但他主张限制奴隶制的进一

步发展。1858 年，他发表了一篇演说，就很明确主张限制黑奴制的扩展，他站在北方资产阶级的立场上，投入了反对南方种植园奴隶主的斗争。林肯的当选，意味着联邦政府的大权将落到北方资产阶级手中，为此，南方的种植园奴隶主极为恐慌，他们决定在林肯就职以前制造分裂活动，发动叛乱。南方各州先后宣布脱离联邦，于 1861 年 9 月组成了南方联盟，推选种植园奴隶主大头目杰弗逊·戴维斯为总统，定都弗吉尼亚州的里士满，并制定了一部"宪法"，公然宣称要以黑奴制为"天然合理"的立国基础。4 月 12 日，他们不宣而战，炮轰查尔斯顿港外的萨姆特要塞，内战由此正式开始。

亚伯拉罕·林肯

4 月 15 日，林肯宣布对南方联盟作战并下令征集 75000 人入伍，很快就有 30 多万人响应。各地职工会动员工人积极参加战斗。由于林肯政府的态度不坚决，在战争初期，北军一度被南方叛军击败，华盛顿几乎失守，形势十分危急。军事上的失利激起人民群众的强烈不满，他们纷纷举行集会和示威游行，要求以革命的方式来进行战争，立即解放黑奴，把土地无偿地分给农民。在人民群众的大力推动下，林肯终于采取了革命性的措施。1862 年 5 月，林肯政府颁布了《宅地法》，规定每个成年公民缴付 10 美元登记费，便可以在西部领取 160 英亩土地，经营 5 年后，即享有这块土地的所有权，同年 9 月，林肯又签署了《解放黑人奴隶制度的宣言》，规定从 1863 年 1 月 1 日起，南方叛乱各州的黑奴"永远获得自由"，"可参加合众国的军队"。这两项政策虽很不彻底，但这毕竟是林肯政府采取的两项资产阶级民主革命的措施，它极大地激发了人民的革命积极性，对南北战争的进程发生了重大的影响。

由于林肯政府政策上的转变，工人和农民踊跃参军，特别是美国工人阶级更是站在斗争的最前列，广大黑人也积极投入求解放的斗争。他们英勇作战，流血牺牲，对战争的胜利做出了重大贡献，整个战局也就发生了有利于北方的急剧变化。1863 年 7 月，北方部队在华盛顿北面的盖特茨堡大败南方叛军。1864 年，北方部队进入了南方腹地，攻占了佐治亚州的首府亚特兰大。同年 12 月，这支部队从前线报告林肯，说他们已占领了萨尼纳要港，到达了大西洋岸边。这时，南方的败局已定，种植园奴隶主再也无法逃脱覆灭的命运了。1864 年 11 月，美国进行了第 17 届总统的选举，林肯再次当选。1865 年 4 月 3 日，北军攻陷了南方联盟的"首都"里士满。4 月 9 日，南军在弗吉尼亚境内向北军投降。历时 4 年的南北战争以北方的胜利而告结束。

在整个战争中,联邦军伤亡63万余人,南军伤亡48万余人。联邦军取得了胜利,恢复了国家的统一局面,确立了北方大资产阶级在全国的统治地位,为美国的资本主义发展扫清了道路。

铁血称霸德意志:普奥战争

经过1848年革命对封建制度的冲击,19世纪五六十年代,德国的资本主义经济发生了具有决定性意义的进展,开始从农业国变成工业国。机器广泛采用,工厂纷纷兴办,工业生产总额已超过法国,跃居世界第三位。农业中的资本主义成分也在不断增长。资本主义经济的迅速发展,使结束分裂割据局面、统一国家的问题重又被提上议事日程。

由于无产阶级的不成熟和资产阶级的软弱妥协,德国当时要走自下而上的革命道路来完成统一是难以实现的,国家的统一便经由自上而下的王朝战争的道路来完成。为此,普、奥两大邦国展开了称霸德意志的争斗。

1862年,俾斯麦走马上任普鲁士宰相。俾斯麦执政后着手实行了以普鲁士为中心统一德国的政纲——"铁血政策"。他扫除了资产阶级反对派的羁绊,坚持扩充军队,挥动铁血利器,扫荡阻碍德意志统一的内外敌对势力,将统一战争不断引向胜利,先后进行了三次王朝战争:1864年,俾斯麦拉拢奥地利,对丹麦开战。丹麦战败。在瓜分战利品时,俾斯麦设下圈套,让奥地利获得荷尔斯泰因,普鲁士夺得石勒苏益格(从普鲁士到石勒苏益格必须途经荷尔斯泰因),为普、奥冲突埋下了伏笔。1866年6月,俾斯麦借口奥地利破坏普、奥关于荷尔斯泰因和石勒苏益格的原有协议,出兵将奥地利势力逐出荷尔斯泰因,挑起普奥战争。1870年7月,他借西班牙王位继承问题的纠纷,挑起普法战争,结果又大获全胜。1871年1月18日,在法国凡尔赛厅宣布成立统一的德意志帝国,俾斯麦按照普鲁士容克贵族的意志,最终以铁血政策结束了德意志的分裂割据局面。

普奥战争是三次王朝战争中的重要一次,因战争只延续了7个星期,故又称为"七周战争"。在这场战争中意大利和一些北德的中小邦加入普方;巴伐利亚、汉诺威、萨克森等加入奥方。普方兵力共63万人,由总参谋长

普奥战争

毛奇指挥;奥方为 58.8 万人,由总司令贝内德克指挥。普方计划首先切断奥地利与其盟邦的联系,然后以主力侵入奥地利腹地,通过决战消灭奥军。奥方企图阻止普军进攻,然后联合盟军待机破敌。战争的主战场为波希米亚,同时在西北德意志和意大利战场进行。

1866 年 6 月中旬,普军莱茵河军团约 5 万人,在西北德意志战场发动进攻,击败汉诺威、萨克森和黑森军队,并占领了这些地方。6 月 20 日,意大利对奥宣战,并在意大利战场向奥军发动进攻,牵制了奥军的部分兵力。6 月下旬,在消除了战略侧翼和后方的威胁之后,毛奇率普军重兵集团开进,预期在波希米亚战场与奥军作战,寻歼奥军主力,占领维也纳。7 月 3 日,普、奥两军在柯尼希格雷茨城西北的萨多瓦地区展开决战。双方共投入兵力 42.7 万人,火炮 1352 门。结果,奥军被普军大败,死伤 4.3 万人,普军仅损失 9000 人。7 月 14 日,普军乘胜进逼奥地利首都维也纳,奥军被迫求和。7 月 26 日,交战双方签订停战协定。8 月 23 日,普奥签订《布拉格和约》。和约规定:奥地利退出德意志邦联;把汉诺威、黑森、拿骚、法兰克福、石勒苏益格、荷尔斯泰因等地并入普鲁士;威尼斯归还意大利。这次战争大大加强了普鲁士在德意志的地位。1867 年,普鲁士成立了以它为首而没有奥地利参加的北德意志联邦。

法国的屈辱失败:普法战争

普奥战争后,德国的统一仍未完成。一条莱茵河,隔开了南、北两个德意志。西南四邦巴伐利亚、巴登、符腾堡和黑森-达姆施塔德,由于法国的阻遏,仍保持独立地位。俾斯麦决定一鼓作气,统一全德。

这时,统治法国的是法兰西第二帝国的皇帝、拿破仑一世的侄子路易·波拿巴。这个自称继承"拿破仑传统"的军事独裁者,对内实行血腥统治,对外穷兵黩武,致使社会矛盾十分尖锐。面临严重的危机,波拿巴认为当时唯一可以抓到的救命符就是发动战争。矛头何向呢?他把矛头指向了东邻普鲁士。普鲁士的日益壮大使他妒意难消;普奥战争中俾斯麦为争取法国中立对他许下的"领土报酬"未能落实,他隐痛犹存。发动对普战争,既可夺取垂涎已久的莱茵河左岸地区,阻挠德国的统一强大,维持法国在欧洲的优势,又可转移人民的视线,巩固波拿巴的世袭统治。而俾斯麦看准了波拿巴的意图,则竭力刺激法国挑起战争。他盘算着:法国如先放第一枪,普鲁士就肩负起民族自卫的责任而成为德意志的中心,完成德国的统一;而且打败法国,占领阿尔萨斯和洛林,德国称霸中欧便指日可待。为此,他积极地策划着。1866 年 8 月,拿破仑第三训令法国驻普鲁士大使贝内德狄向普鲁士要求兑现"领土报酬"，割让莱茵河左岸地区。俾斯麦便把法国的要求通知南德四邦，离间它们与法国的关系。他趁机同南德四邦密订军事同盟，以共同对付法国。当法国大使奉命再索"领土报酬"，逼迫普鲁士同意法国取得比利时时，俾斯麦再玩外交手腕。他先是不置可否，复又居心叵测地请大使把要求写成书面，而在贝内德狄顺从地拟了个《普法草约》后，俾斯麦却借口患病避而不复，把法国企图吞并比利时的这一真凭实据捏在手上，等待时机公诸于世，孤立法国。在此同时，俾斯麦对俄国又作了安抚，一再表示：如果俄国"得到自己家门的钥匙（即两个海峡的控制权），那德国会是高兴的"，并许诺，俄国如在普鲁士对法国的战争中保持友好的中立，它可以重新获得在黑海的自由权。

在这一切做完以后，俾斯麦便怀着与法国决一雌雄的心情，捕捉诱发战争的时机。机会终于来了，因为所谓西班牙王位继承问题，俾斯麦设计激怒了波拿巴。俾斯麦如愿以偿。7月19日，法国向普鲁士下了宣战书。

战争前夕，法国陆军部长狂妄地吹嘘："我们准备好了，连最后一个士兵的靴套纽扣也准备好了。"他们准备出动洛林和阿尔萨斯地区的军团，先发制人，切断南北德意志的联系，打乱普军的部署，并促使奥国加入对普战争。可是，同陆军部的吹牛相反，法军并没有做好进攻的充分准备。军事调动一片混乱，军需供应严重缺乏，军官指挥庸懦无能，直到宣战一天后，24万军队才勉强配置在法、德边境。路易·波拿巴御驾亲征，坐镇梅斯前线总指挥部。

相反，在普军方面，这场战争，俾斯麦是经过精心筹划，有充分准备的。现在又利用法国的宣战扛起民族自卫的大旗，扩充兵力。到7月底，普鲁士已迅速集中了50万军队，部署于西南边境，并以14个军，分3个军团反击法军。8月2日，普军给闯进德境的法军以迎头痛击。8月4日，普军越过法国边界。两天后，第三军团维尔特一战告捷，迫使麦克马洪元帅撤离阿尔萨斯。同一天，第一、二军团在福尔巴赫的施比谢茵高地击溃巴赞军团。波拿巴移交帅印，仓皇逃往夏龙。麦克马洪残部也竞相夺路后撤夏龙。8月中旬，巴赞败入梅斯，被普军紧紧围住。至此，仅才打了半个多月，普军就把法军分隔在梅斯和夏龙两处。

为了挽救败局，波拿巴令麦克马洪收罗人马，开赴梅斯，与巴赞会合，解梅斯之围。他自己也随军前往。但麦克马洪刚开拔，普军便予以狙击。法军在漫无目的地乱逃乱窜之后，于8月30日退入东北边境的色当要塞，被紧紧尾随的普军围得水泄不通。9月1日清晨，双方决战。普军居高临下，以700门大炮轮番轰击。色当城内弹雨倾泻，烈火熊熊。半天工夫，法军死伤2.5万人，残存的纷纷钻进地堡。波拿巴眼看挣扎无望了，于下午3时，在色当中央塔楼升起白旗，向普鲁士求降。次日，法兰西第二帝国的皇帝率领他的元帅、39名将军以及10万官兵，统统成了普军的阶下囚。几百门大炮,无数辎重和军用物资,全部落入普军手中。

色当惨败的消息传来,法兰西民怨鼎沸。9月4日,巴黎爆发革命,废除帝国,成立共和国。但普军并没有停止进攻,而是长驱直入法国腹地。因此,色当战役和9月4日革命以后,战争对普鲁士来说,已从防御变为侵略了。面对外敌入侵,法国人民行动起来。他们要求实行普遍武装和广泛民主,保卫祖国,抗击普军。但是,法国"国防政府"妥协卖国,助长了普军的气焰。9月19日,巴黎被围困,9月27日斯特拉斯堡投降,10月9日巴赞在梅斯率部19万6千人投降。在敌军压境、国防政府妥协卖国的险恶情势下,巴黎工人阶级进一步激发了巨大的爱国热情,他们组成自己的政治组织,建立自己的武装,进而发动武装起义。国防政府则加快了卖国步伐,28日,普、法签订停战协定:巴黎解除武装,交出炮台,预付赔款2亿法郎。2月26日,新上任的卖国政府首脑梯也尔和俾斯麦签订了预备和约。5月10日,双方在法兰克福签订正式和约,规定:法国割让阿尔萨斯全部和洛林的一部分给德国,偿付赔款50亿法郎,于1874年3月2日前缴清。此外,法国政府承允支付5%的年息。占领法国北部的普军须待赔款付清才撤退,占领军的一切给养由法国承担。普、法战争就这样以法国签订屈辱的和约而告终。

第一次帝国主义战争:美西战争

19世纪末,帝国主义列强已经把世界瓜分完毕。为了重新瓜分殖民地和势力范围,列强之间势必要发生战争。1898年的美西战争,便是美帝国主义发动的重新瓜分殖民地的战争,是世界近代史上的第一次帝国主义战争。

美国是个后起的帝国主义国家。在19世纪90年代,它在经济发展上已经远远超过英、法、荷兰、西班牙等老牌的殖民国家,跃居世界首位。但是,它在瓜分殖民地方面来迟了一步,处于劣势地位。因此,美国垄断资产阶级决意加紧向海外扩张,与其他帝国主义国家展开重新瓜分殖民地和势力范围的争斗,刀锋首先指向殖民国家中的破落户——西班牙。在拉丁美洲各国相继获得独立以后,西班牙在美洲的殖民地就只剩下古巴和波多黎各。此外,西班牙还占领着太平洋西部的菲律宾群岛和关岛。西班牙的这些殖民地,久为美国所觊觎。

古巴所处的战略地位很重要,而且它是世界上出产蔗糖最多的地方。美国统治集团对古巴垂涎已久,早在1825年就想予以并吞。在南北战争前夕,美国南方的种植园奴隶主曾组织武装匪徒,先后三次入侵古巴,企图把它变成美国的一个蓄奴州,但均未得逞。后来,美国统治集团又用资本输出的办法来控制古巴。

古巴人民为了挣脱西班牙的殖民枷锁,曾多次举行起义。1895年,古巴爆发了

美西战争

旨在推翻西班牙殖民统治、争取民族独立的资产阶级革命，并很快波及全岛。西班牙反动当局进行了残酷的镇压。美国对此借题发挥，为美国出兵干涉制造舆论。1897 年 11 月，美国总统麦金莱向国会发表咨文，悍然声称美国"对自己、对世界文明、对全人类都负有一种义不容辞的责任，要用武力去干涉"古巴问题。

就在双方都剑拔弩张的时候，发生了"缅因"号事件。1898 年 3 月 16 日，美国派往古巴首府哈瓦那"保护侨民"的巡洋舰"缅因"号，突然在港内爆炸沉没，官兵死亡 260 人。美国政府一口咬定"缅因"号是被西班牙人用水雷炸沉的，决定借此发动战争。4 月 30 日，美国国会通过决议，假惺惺地表示要尊重古巴的"自由和独立"，并授权总统使用武力把西班牙政府的势力逐出该岛。实际上，在美国出兵干涉以前，西班牙在古巴的殖民统治已濒于崩溃。美国此举，完全是为了它自己的帝国主义目的。4 月 25 日，美国正式对西班牙宣战。

这次战争，对美国和西班牙来说，都是为了争夺殖民地而进行的不义之战。只有古巴人民和菲律宾人民争取独立的斗争，才具有革命的、解放的意义。

美西战争首先在菲律宾进行。1898 年 5 月 1 日，即在美国向西班牙宣战后的第六天，美国远东舰队进袭马尼拉，仅仅以两小时的轰击就歼灭了停泊在马尼拉湾的一支西班牙海军舰队。但美国远东舰队因为后援不继，不敢贸然登陆，直到 8 月 13 日才占领马尼拉。

在宣战后约两个月，6 月 20 日至 25 日，美军 1.5 万人在古巴东南面的圣地亚哥附近登陆。当时西班牙驻扎在古巴的军队绝大部分都被古巴人民的武装牵制着，无法动弹，只调集了 1700 人来同美军作战。结果，美军很快就占领了圣地亚哥，并向古巴全岛扩展战果。西班牙调集海军来作战，把它的主力舰队集中在古巴的圣地亚哥湾。圣地亚哥一被美军攻陷，这支主力舰队便成了釜底游鱼。7 月 3 日，西班牙舰队分头冒险突围，被守候在圣地亚哥湾口的美国海军逐一击沉，全部葬身海底。7 月 25 日，美军占领了波多黎各。因为在进军时几乎没有遇到西班牙方面的什么抵抗，美国将领竟狂妄地把这次军事行动说成是"月光下的演习"。

　　美西战争历时 3 个月,以西班牙的彻底失败而结束。根据 1898 年 12 月在巴黎所订立的和约,西班牙承认古巴为独立国(实际上是承认美国控制古巴),并且把波多黎各和在太平洋上占有重要战略地位的关岛割让给美国。另外,美国付给西班牙政府两千万美元,"购买"了菲律宾群岛。1893 年 1 月,美国在夏威夷策动政变,推翻了当地女王的统治,成立了一个傀儡"共和国"。1898 年,也就是在美西战争的那一年,美国撕下一切伪善的假面具,正式把夏威夷群岛并入美国版图。从此,美国就取代老牌殖民国家的地位,成为太平洋、大西洋上的一霸。

战争爆发在中国:日俄战争

　　19 世纪末 20 世纪初,帝国主义列强正在掀起重新瓜分世界的狂潮。在它们眼里,已沦为半殖民地的中国不过是一块肥肉,都竞相争夺。沙俄和日本,是其中最卑鄙无耻、最贪得无厌、最急不可耐、最穷凶极恶的两个。早在 19 世纪中叶,沙俄就从清政府手中割去了黑龙江以北、外兴安岭以南以及乌苏里江以东 100 多万平方公里的中国领土。但是,这些还远远没有满足它的扩张欲望。

　　日本对中国东北也早有野心。1895 年,日本强迫在甲午战争中战败的清政府签订了丧权辱国的《马关条约》。条约中关于把辽东半岛割让给日本这一条,在沙俄看来无异是抢食其碗中禁脔。于是,它勾结德、法两国出面干涉,要日本把辽东半岛"归还"中国。日本慑于俄、德、法三国的武力要挟,不得不把已经到口的一块肥肉吐了出来。但由此对俄国忌恨在心。

　　此后,沙俄侵略中国东北的步伐急剧加速。1896 年,它威胁利诱清政府,取得穿过中国东北直达海参崴的中东铁路的建筑权。接着,沙俄又与日本签订了关于朝鲜问题的协定,在朝鲜的政治、经济、军事各方面取得同日本对等的权利。1897 年,它强占旅顺、大连,又取得自哈尔滨到旅大的中东铁路支线(即南满铁路)的建筑权。1900 年,在镇压义和团运动时,它借口保护中东铁路,出兵十几万侵占中国东北全境。1903 年,沙皇下诏设置"远东总督府",任命阿列克谢也夫为"总督",悍然把中国东北三省当作俄国的殖民地治理。

　　沙俄在中国和朝鲜的扩张,与日本产生了尖锐的冲突。日本统治者一直把"三国干涉还辽"看作是"奇耻大辱",叫嚷着要"卧薪尝胆,充实军备,培养国力,以期卷土重来",同俄国一决雌雄。而当时远东的国际形势于日本有利。沙俄想"把亚洲一口吞下",也加剧了它同其他帝国主义,尤其是英国的矛盾。1902 年英日缔结反俄同盟,英国答应如日俄战争爆发,英国给日本以财政和技术上的援助。奉行所谓"门户开放"政策的美帝国主义,不甘心沙俄独霸中国东北,也积极怂恿日本与俄国开战。德国为了在远东牵制俄国,更是竭力挑唆日本对俄开战。日本有列强做后盾,胆子也就更大了。

为了掩护偷袭,日本耍了一个外交伎俩,使俄国上了当。1903 年 7 月,日俄两国开始举行秘密谈判,就两国在朝鲜和中国的殖民利益进行激烈的讨价还价。12 月,日本向俄国送了一份没有规定答复期限的照会。俄国一面增兵东北,一面傲慢地拖延时日。1904 年 2 月 3 日,俄方复文终于发往俄国驻日公使馆,但被日方扣压在长崎的电报局内。4 日,日本御前会议秘密决定开战。5 日,日本外相电令驻俄公使断绝对俄外交关系。2 月 6 日,即日俄两国断绝邦交的同一天,日本舰队受命秘密起航,向旅顺口进发,准备偷袭。7 日,那封复文才到了俄国驻日公使的手中。

8 日深夜,旅顺口俄国海军俱乐部里不断传出华尔兹舞曲的声音。这一天是俄国太平洋舰队司令斯达尔克夫人的命名日,舰队全体指挥官都来参加庆祝舞会。突然间,响起了一阵隆隆的炮声,继而是一片震耳欲聋的轰鸣。舞会的参加者以为是舰队施放的礼炮,情不自禁地报以热烈的掌声。然而,施放"礼炮"的并不是俄国舰队,而是由日本海军中将东乡平八郎率领的联合舰队。日本驱逐舰灭灯偷袭了停泊在旅顺港外的俄国舰队,击毁战斗舰两艘、巡洋舰一艘。这场"礼炮"点燃了日俄战争的战火。9 日,日军又袭击了朝鲜仁川港内的俄国军舰,10 日,双方正式宣战。

战争之初,俄国太平洋舰队虽然遭到不小的损失,但同日本联合舰队比较起来,实力并不悬殊。只是由于俄军将领的怯懦无能,俄国舰队不敢外出迎战,而是龟缩在旅顺内港依靠海岸炮台保护,把制海权拱手让给日本。1904 年 4 月至 8 月间,日本摧毁了被围困在旅顺港内的俄国太平洋舰队的基干力量,又派遣大批陆军,从朝鲜和辽东半岛顺利登陆,北攻沈阳,南困旅顺。沙俄决定从欧洲调遣海军增援远东。1904 年 10 月 15 日,由海军上将罗日杰斯特温斯基率领的俄国波罗的海舰队,起航东来。1905 年 1 月,当这支舰队绕过非洲南端的好望角,驶抵马达加斯加岛附近海域时,斯特塞尔大将率领 4.8 万名俄国海陆军官兵,在旅顺口向日军司令乃本希典将军投降了。3 月,远东军总司令库罗帕特金大将指挥的 50 万俄国大军,在 35 万日本军队面前节节败退,撤出了沈阳。5 月 27 日,那支庞大笨重的波罗的海舰队,蹒跚航行了 1.8 万海里,终于到达战场,在对马海峡同日本舰队遭遇。经过两天的战斗,由 38 艘舰只组成的俄国舰队,除了一艘巡洋舰和两艘水雷舰突围以外,其余都被歼灭,舰队司令也被日军生俘。

1905 年 8 月,在美国总统西奥多·罗斯福的斡旋下,日、俄两国在美国的朴次茅斯举行会议。9 月 5 日,两国缔结了和约。根据和约,俄国承认朝鲜为日本的势力范围,擅自把中国旅顺口、大连湾和附近领土、领水的租借权以及南满铁路的所有权转让给日本,并将库页岛南部割让给日本。

日俄战争是在中国和朝鲜的领土上进行的。两个帝国主义国家争夺势力范围的火并,给中、朝两国人民带来了深重的灾难。这次战争也使远东形势发生了变化。俄国在远东的争霸力量大为削弱。日本的扩张受到在美西战争中暴发起来的美帝国主义的忌妒。日、美矛盾代替日、俄矛盾而突出起来。于是,日、俄之间达成妥协,于 1907 年签订《日俄密约》,划分双方的势力范围:中国东北地区的北部和外蒙划为俄国的势力范围,中国东北地区的南部和朝鲜划为日本的势力范围。

刺杀引爆火药桶:巴尔干战争

19 世纪末 20 世纪初,世界资本主义进入帝国主义阶段。资本主义经济政治发展不平衡的加剧,使资本主义各国在世界工业生产总额中的比重迅速改变。德国跃为第二位,仅次于美国。英国丧失了"世界工厂"的地位而屈居第三,法国落在三国之后。各帝国主义国家的力量消长,同占有的殖民势力范围的广狭产生了矛盾。可是,列强既已把最后一块土地都分割完了,再要瓜分,再要扩大领土,就只有牺牲别人,为了一个国家而牺牲另一个国家。要妥善解决这个问题,只有使用武力,因此,世界掠夺者之间的战争就不可避免了。在准备诉诸武力重新瓜分世界的过程中,帝国主义国家逐渐形成为两个敌对的军事集团:英、法、俄三国协约集团和德、奥、意三国同盟集团,两个军事集团分别以英、德为核心力量,剑拔弩张,展开了猛烈的搏斗。

在这个时期,英国政府在它的新殖民扩张图上,标下了这样三个点:"开罗—开普敦—加尔各答"。在伦敦殖民当局看来,实现纵贯非洲大陆、联结其亚洲殖民据点印度的计划,既能抢先占领一大片非洲"自由"领土,又能独步东地中海,垄断苏伊士运河这个沟通东西方的新道,控制印度洋,进而建立"更大的不列颠"。然而,老牌殖民帝国的瓜分世界,遭到后起帝国主义国家的挑战。德国也制订了一个野心勃勃的计划——建筑一条从博斯普鲁斯海峡直通波斯湾的铁路,即巴格达铁路。这条铁路越过海峡,连接欧洲的铁路线,使柏林—君士坦丁堡(古称拜占庭)—巴格达连成一线。巴格达铁路不仅使德国可以控制小亚细亚半岛,在波斯湾建立阵地,直逼高加索,伸展势力于两河流域,威胁埃及,并且还可以在通往印度的捷径上牢牢地站住脚跟。对此,德国殖民主义者也直言不讳地说:"巴格达铁路将替我们开辟到伊朗和阿富汗的道路,而成为架在英属印度上面的一把利剑。"这两个计划的矛盾集中地表现了帝国主义再瓜分殖民地势力范围的剧烈斗争。英、德矛盾已成为帝国主义之间的主要矛盾。

在北非,德、法围绕摩洛哥问题一再冲突。1905 年,德皇在"海上旅行"期间到达丹吉尔港。在欢迎会上,他公开声称:德国在摩洛哥同其他国家一样享有"平等的权利"。德国一面建议召开国际会议,一面对法国施加军事威胁。只是由于英、俄、美等国支持法国,德国见势不妙作了退让,危机才平息下去。1911 年,法军趁摩洛哥爆发反帝起义,占领了首府非斯。德国跟踪而至,并以此讹诈法国让出整个法属刚果,作为其占领摩洛哥的代价。法国拒绝,德、法战争一触即发。就在此时,英国插足其间,财政大臣劳合·乔治授权发表公开演说:解决摩洛哥的命运这样重要的问题,没有英国参加是决不能容忍的。英国舰队立即进入战备状态,参谋总长亨利·威尔逊访问法国,亲往德、法边境观察法国要塞。德国这时尚未做好战争准备,只得把手缩回,同法国签订协议,承认摩洛哥归法国保护,自己只得到了法属刚果的一些沼泽地。德国原想对法国略施压力,便能在摩洛哥问题上占些便宜。不料它军事上和外交上付出的巨大代价,却因英国的强硬干预而只换来"一堆池沼"。由是,英、德对立日益加剧。

在巴尔干,争夺的局势更具有浓烈的火药味。1912 年,巴尔干四国同盟的参加国门的内哥罗、保加利亚、塞尔维亚和希腊发起了反土耳其殖民统治的战争,很快获胜。但在分配战果时,同盟各国产生了龃龉,于 1913 年爆发第二次巴尔干战争,塞、希、门三国联合打败了保加利亚。两次巴尔干战争本来是巴尔干半岛上各弱小民族和国家反对土耳其的正义战争以及它们之间的领土纠纷,但两大军事集团都将之导入大国争霸的旋涡。在第一次巴尔干战争中,德国从维护其在近东的利益出发,同奥地利一起,竭力扶植日益衰败的土耳其帝国,阻挠巴尔干各国的民族独立。俄国则以"解放者"自居,把巴尔干各国的民族解放斗争作为它推行"黑海—巴尔干政策"的前哨力量。在第二次巴尔干战争中,奥、俄取代了土耳其的地位。奥匈帝国坚决反对巴尔干半岛上"大塞尔维亚国"的实现,并蓄意亡塞。俄国则紧紧拉住塞尔维亚,作为自己争霸巴尔干和未来欧战中对付德、奥的有力工具。奥、塞矛盾的背后,酝酿着俄、奥的冲突,由此势必引起三国同盟和三国协约的斗争。巴尔干已成了帝国主义矛盾的焦点和欧洲的火药库。

随着与英、法、俄协约国集团争斗的日益剧烈,德国也日益感到,要把自己的手伸进英帝国主义的衣袋里,首先得打破英国"统治着波浪"的局面,必须建立强大的海军。1898 年,德国议会通过了造舰法案。1900 年议会又批准实施第二个扩建海军计划。对德国的扩充海军,英国倍感威胁,便加快军舰更新的步伐,开始建造一种新型无畏舰。1906 年德国通过第三个海军法,也开始建造无畏舰。1908 年德国通过第四个海军法,规定自 1908 年至 1911 年每年建造无畏舰四艘。英国则以"两艘对一艘"的速度,每年建造八艘以相对抗。此时,各国的军队人数和军费预算也都急剧膨胀。

就在英德两霸拔刀相向,战争危机达于沸点的时刻,1913 年至 1914 年,资本主义各国又面临着新的经济危机,给了帝国主义战争一个最后的推动力,而发生于巴尔干的萨拉热窝事件则成了战争的导火线。

1914 年 6 月,奥匈帝国的军队在皇储弗兰茨·斐迪南的指挥下,把塞尔维亚作为假想敌国,在波斯尼亚进行军事演习。演习结束后,斐迪南于 6 月 28 日到达波斯尼亚首府萨拉热窝,被塞尔维亚族青年刺死。

斐迪南大公夫妇

7 月 23 日,奥匈帝国向塞尔维亚发出最后通牒,限令 48 小时内答复。通牒的条件极为苛刻:塞尔维亚必须严厉取缔一切反奥宣传,封闭反奥的组织,撤换反奥的文武官员和教员,奥方派员到塞会同审判萨拉热窝事件的"凶手"。这是一个使塞尔维亚毫无退路的挑衅性通牒,因为塞尔维亚要接受它,就等于放弃全部主权。难怪沙俄首相在读完通牒后惊叫起来:"这是欧洲大战!"而德皇威廉二世则赞不绝口,连称:"真有劲……没有料到奥国人能有这一手。"不过,塞尔维亚还是表现了委曲求全的态度,在 7 月 25 日的复文中,除拒绝会审一项外,其余条件基本接受。但德奥集团是决意一战的,当塞尔维亚的复文送达奥驻塞使馆时,大使匆匆一阅,便声称没有得到满意的答复,立时要求护照。当日晚间,奥匈帝国的使节撤离贝尔格莱德。7 月 30 日,俄国颁布总动员令。次日,德国向俄国发出最后通牒,限令它 12 小时内撤销动员令,并"明白宣布业已照办"。8 月 1 日,法、德也下动员令。霎时间,各国边界上战云密布,参谋本部忙碌不堪,彼此都生怕对手取得占先一小时行动的便宜。德国每 10 分钟开出一列军车,把 40 个兵团的 200 万人运往前线。它在发布总动员令的当天,便向俄国宣战,并于 8 月 2 日向比利时提出借道过境的最后通牒,8 月 3 日又向法国宣战。8 月 4 日,德军侵入比利时。同日夜,英国借口德国破坏比利时中立,给德国驻伦敦使馆送去一封信并附上护照,宣布:"自 8 月 4 日夜 11 时起,(英、德)两国之间,已处于战争状态之中。"8 月 5 日,门的内哥罗加入塞尔维亚方面作战。8 月 6 日,奥匈向俄国宣战。8 月 23 日,日本因德国让出中国胶州湾未遂而向德国宣战。人类历史上第一次世界规模的大厮杀,就这样开始了。

施利芬对决霞飞：马恩河会战

在第一次世界大战爆发之前，德国参谋本部即已制订了著名的"施利芬计划"，它的主要精神是：一旦战争爆发，德军将对东线的俄军采取守势，而对西线的英法联军采取强大的攻势，在西线战场，德军将集中绝对优势兵力突破比利时，随后采取大胆的迂回战略直指法国首都巴黎，继而包抄部署在德法边境的法军后，与正面的德军全围歼灭法军主力。整个"施利芬计划"严谨科学，符合当时的军事形势。在法国方面，自普法战争失利之后，法国一直在寻机复仇，始终将防范德国的新的进攻放在首位，并耗费大量的人力物力，前后用了近30年的时间在德法边境修筑了坚固的防御工事。对德国制订的"施利芬计划"，法国也是了如指掌，所以尽管战争会爆发，德国人的计划也早已失去了奇袭的效果，战前法国最高统帅部所面临的重大决策是采取攻势战略还是守势战略。为此法军内部争论不休，在强烈的民族复仇心理的支配下，最终主攻派占了上风，同时军队高层的内部斗争各方相互妥协的结果，使得没有多少背景的霞飞将军被任命为法军总参谋长兼任陆军总司令。而就才干和经历而言，霞飞确实不是当时的最佳人选，这位将军很显然缺乏战略头脑，生性固执而且反应稍显迟钝，最致命的是他对军队的参谋业务一窍不通。当然霞飞将军也有其过人之处，他是一名具有巨大勇气和坚强毅力的强者，在逆境中能够坚定不移，从不屈服，并始终以一个战士的身份来拯救法国。后来的事实证明，法国统帅部这一招歪打正着，霞飞的这一伟大性格使他最后成为法兰西民族的救星。霞飞的对手是小毛奇将军，乃是德国赫赫有名的老毛奇将军之侄，出身名门，深得德皇威廉二世器重，但小毛奇将军倒是颇有自知之明，他明告德皇自己不堪如此重任，并且警告说，任何人都不能指望在同一张彩票中两次奖。但是威廉二世最终还是任命他为总参谋长。

霞飞上台后，战争已迫在眉睫，针对德国的"施利芬计划"，霞飞也好歹制订出了一个被称为"第十七号计划"的作战方案，由于他本人对参谋业务的极端无知，"第十七号计划"糟糕至极，它没有什么实质性的内容，只是强调要对德国人展开进攻。

1914年8月，第一次世界大战爆发，120万德国大军在前线指挥官小毛奇的统率下，像潮水一样猛卷至法国境内的梅斯至亚眠一线，直逼法国首都巴黎。法国举国震惊，形势再这样发展下去，几十年前普法战争的历史将要重演。在付出了30万人和大片领土的血的代价之后，法国最高统帅部被迫承认攻势战略失败，"第十七号计划"也犹如一张废纸而不得不放弃。

9月初,法军和盟国英军撤过马恩河。前线的失败使霞飞受到严厉的指责,要不是老将军加利埃尼警告在此紧要关头不宜临阵换将,霞飞早就丢官去职了。无路可退的霞飞倔劲上来了,他顶住了巨大的压力,决心在马恩河一线发起一场反击,以扭转对法军非常不利的战局。

此时,德国统帅部因为在战场上取得的重大胜利而得意忘形,当先头部队已能遥望高耸入云的埃菲尔铁塔时,不禁齐声高呼,德意志的荣耀将被再次载入史册。前线指挥官小毛奇命德军乘胜追击,全歼法军主力。德军第1集团军和第2集团军在追击的过程中,忙中出错,偏离了最初的进攻方向,遭到法国临时组建的第6集团军先头部队的反击,但此时第6集团军的其他部队因为运输能力不足而不能及时赶到前线,加利埃尼将军急中生智,紧急征用巴黎市内所能找到的机动车辆,将后续部队迅速运往前线,在无意中组建了世界上第一支摩托化部队,法第六集团军也终于顶住了德军的进攻,并由此拉开了马恩河会战的序幕。

已经形成的战役态势,对英法联军来说较为有利,联军在马恩河一线拥有56个步兵师和10个骑兵师共108万人,德军拥有44个步兵师和7个骑兵师共约90万人,在主要突击方面,英法军队的力量几乎超过了德军的一倍,同时由于德国东线战场吃紧,被迫从西线抽调两个军去驰援,德军在马恩河一线的力量进一步削弱。9月6日,法军在霞飞的指挥下,在全线发起反攻,并很快占领马尔前斯,在德军的第一、二两个军团之间钉入了一个楔子。在法军胜利的鼓舞下,同时也是霞飞的大力敦促,英军在弗伦奇的率领下加入了战斗,加固了法军的楔形攻势,从而使得德军的两个军团再也无法会合。在这种情况之下,德军为避免在马恩河地区被彻底击溃的厄运,德国第二军团司令官比洛将军令自己的右翼各军撤往北方,德军其他部队的推进也不得不停下来,并且撤过马恩河。小毛奇此时对部队已失去了控制,马恩河会战终于以德国的失败而告终。它意味着德国准备在西线迅速打败法军的战略计划彻底破产,而成为西线战场中有利于联军的重要转折点。

“绞肉机”吞噬重兵:凡尔登大战

马恩河会战之后,西线战场出现了一段时间的相对平静。1915年年底,当德国在东线取得胜利后,德国最高统帅部又将目光再度转向西线战场。新任德军总长法尔肯海因将军在圣诞拜会德皇时,向威廉二世报告说德军目前尚有26个师可以自由运用,应乘机对法国发动一次新的攻击。尽管这点兵力并不足以在西线取得突破性进展,但却有可能使耐力已降至“极限”的法国“因流血过多而死亡”。为达到消耗法军实力的目的,所选择的攻击点应是对联军战线的完整具有绝对重要性,法尔肯海因据此进一步提出："我主张对最强大的敌人在其最强的点上，作一次正面攻击。目标则是法军的主要枢纽——凡尔登要塞。"因为这一要塞是协约国插入德国防线的一个突出部，对德军有很大威胁。同时，凡尔登又是通向巴黎的强固据点和法军西部战线的枢纽。如果凡尔登被攻下，法军战线将全面动摇。他确信法国必将投入其最后的资源来全力防御该点。因此，对凡尔登要塞的进攻将成为"碾碎法军的磨盘"。该要塞能否最终攻克并不重要，而将敌方国力消耗殆尽才是此次进攻的核心目的。在其再三鼓动之下，德皇最终批准计划，这位参谋总长还为该计划起了个自认为恰如其分的代号——"刑场"，一厢情愿地准备在凡尔登大开杀戒了。

"刑场"作战任务交给了由德国皇太子统率的第五军团。该军团共有 17 个步兵师，兵力全部集中在缨斯河东岸 5 至 7 英里的狭窄地带上。凭借着这一地区发达的铁路网，德军以异乎寻常的速度完成了 6 个步兵师和近千门火炮（其中重型火炮700 余门）的部署和配置。在德军重型火炮中，尤其以 13 门被称作"大贝塔"的攻城榴弹炮最为惊人，其炮口直径达 420 毫米，炮弹重量竟达 1 吨。此外，还有 7 个连的130 毫米的无声炮。所谓无声炮即其炮弹射速超过声速，使对方在尚未听到炮弹呼啸声前即遭到突然杀伤，因而能对步兵的神经构成最大的磨耗。而为了"喂足"这些大炮，德军又在短短的时间内即囤积起了近 300 万发炮弹。这些炮弹足够使所有的火炮连续发射 6 天之用。

对于德军的行动，法军总司令霞飞最初并不以为然。他不相信法尔肯海因会一头撞在法国最坚强的阵地上，但最终霞飞明白了德军的意图。于是，霞飞也针锋相对地制订出了一个"以磨盘对磨盘"的作战计划，并命令辖有 11 个步兵师、配属有600 余门火炮（其中重型火炮 200 余门）的第三军团死守凡尔登。

凡尔登是一个坐落在梁斯河两岸上的要塞城市。它不仅地势险要，而且经过数十年的经营，已构筑起了以都奥蒙炮台为制高点、由至少 20 座炮台和星罗棋布的碉堡群所组成的防御体系。第三军团在纵深 15 至 18 公里范围内建起了四道防御阵地，其中三道是野战防御阵地，第四道由凡尔登要塞的永备工事和两个堡垒地带构成。法军在兵力、武器上做了梯次配备，决心利用纵深防御工事迟滞德军的进攻，进而消耗德军有生力量。

此时，在狭窄的攻击正面上，德军步兵的兵力比防御的法军多两倍，炮兵多三倍半，火炮配置密度为每公里 50 至 110 门。德军企图凭借优势兵力和强大炮火，一举攻占凡尔登。1916 年 2 月 21 日 7 时 15 分，进攻的德军以猛烈炮轰揭开了凡尔登大战的帷幕。德国火炮以每小时 10 万发的速度狂轰法军阵地。一天之内，德军就向凡尔登附近狭窄的三角地带发射了 100 多万发炮弹。

在德国人看来，如此猛烈的炮击早已将凡尔登三角地区变成了"死亡地带"，此间已不可能再有一个人存活。于是当天黄昏，德军只派出少数步兵搜索前进，但却遭到了幸存法军的顽强抵抗。第二天上午，德军在猛烈炮袭后再次发起进攻。残存的法军虽然进行了殊死的抵抗，但终因寡不敌众而丢失了第一道防线。面对这一情况，霞飞深感形势的危急，如果再让德军轻易突破，在凡尔登阻滞、消耗德军的目的就会落空。2 月 26 日，霞飞命令亨利·贝当率其第二军团火速驰援，并委任他为凡尔登战役总指挥，并采纳了贝当关于改进后勤保障的建议，命令工兵部队紧急抢修后方公路，并在很短时间内征调了 3900 辆汽车、9000 余名司机及运输人员，日夜兼程地沿"神圣之路"向前线抢运物资。在霞飞的命令和精心调度下，后勤部门在一周之内，共向尔登增派了 19 万援军、2.5 万吨以上的作战物资，从而有力地保证了前方作战的需要。

在整个战役的指挥中，霞飞挟马恩河会战胜利的余威，不仅表现出了他那众所公认的冷静沉着、意志坚定的性格，而且似乎也一改迟钝、固执的弱点，发明并采用了不少灵活、快速、多变的战术，对战役的胜利做出了决定性贡献。

德军的"刑场"作战计划与法军的"以磨盘对磨盘"的作战计划，在凡尔登展开了生死较量。在长达 6 个半月拉锯式的消耗战中，德军虽拼尽全力，最多也仅仅突进凡尔登防御阵地 7 至 10 公里。直到 1916 年 10 月 24 日，法军在经过准备后转入反击并最后夺回都奥蒙炮台及多处失地之后，德军才被迫暂时停止了进攻。之后，法军又不断地发起奇袭式的反攻，并几乎将失地全部收回。到了 12 月中旬，这场被称为"大战中的大战"才最终宣告结束。

在整个凡尔登战役中，德军总共投入兵力 50 个师，损失了 60 余万人。法军投入了 69 个师，损失了 35.8 万人。由于双方损失都极为惨重，故此次战役又有"凡尔登绞肉机之战"之称。

第六章　世界现代战争战役

惨绝人寰大灾难：第二次世界大战

第二次世界大战是人类历史上空前的大动荡、大灾难。迄今为止还没有哪一场战争像"二战"那样给人类造成了如此深重的灾难，以至于至今人们再面对这段血与火交织的历史时仍然难以抹去心中那悲伤的记忆。

1918 年 11 月 8 日，第一次世界大战终于以同盟国的失败和协约国的胜利而宣告结束。为了处理战后问题，1919 年，战胜国在巴黎召开"国际和平会议"。在一番激烈的讨价还价之后，签订了《凡尔赛和约》。这个对德国宰割的和约造成了德国与英法美之间不可调和的深刻矛盾，播下了德国复仇的种子，当时就有人敏感地预见到"这不是和平，是 20 年的休战"。此外，战胜国之间也由于分赃不均而矛盾重重。美国认为自己经济和军事实力最强，妄图实现战后领导地位，但因英法阻挠难以如愿；意大利作为战胜国也没有实现自己战前的领土要求，自

德意签署同盟条约

然对英法不满；在远东，日本只取得对中国山东的德国属地和太平洋上一些岛屿的委任统治权，日本也对与会国家特别是美国大为不满，从而埋下了美、日在远东太平洋地区激烈争夺的种子；1921 年在华盛顿会议上日本又被迫解除英日同盟，接受九国公约，失去了独占中国的特权，这对日本又是当头一棒。在第一次世界大战中，诞生了第一个社会主义国家——苏联，这对战后世界政治格局产生了深刻的影响。十月革命的胜利引起了世界民族解放运动的新高潮，深刻动摇了帝国主义殖民

体系,一些帝国主义国家面临空前严重的政治危机,也加剧了帝国主义之间的矛盾和分化。这些新的矛盾和问题,使战后的国际形势更加紧张和恶化,特别是在亚洲和欧洲,战争因素不断增长,给这来之不易的和平罩上了一层浓厚的阴影。

正当战后各种矛盾之间的斗争越来越激烈的时候,资本主义世界爆发了有史以来最为严重的经济危机。在危机的冲击下,法西斯的黑潮开始涌起并逐渐在欧洲的德国、意大利和亚洲的日本上台掌权。他们一上台就加快开动战争机器,开始实施一系列的对外侵略的冒险计划。特别是德国希特勒更敢于"玩火"。他上台之初,因德国受《凡尔赛和约》的束缚,外交孤立,军事软弱。为打破这种局面,希特勒进行了大胆冒险。1933 年, 德国退出日内瓦会议和国际联盟;1934 年把陆军扩到 30万;1935 年宣布建立空军;1935 年希特勒以放弃与英国在海上争夺优势、愿意把德国海军限制在相当于英国海军力量 35%的限额内为诱饵,与英国秘密签订《英德海军协定》,破坏了《凡尔赛和约》,扫除扩军备战道路上的主要障碍。不知是害怕还是故意,希特勒的这些行动却没有遭到英法的强硬反对,这就更加助长了他的战争野心。希特勒高呼要大炮不要黄油,不时炫耀自己强大的军力,以致外界对德国扩军的速度和水平的估计常常超出实际一倍以上。这对于害怕战争的西方国家来说,确实起到了恫吓讹诈的奇效。1936 年 3 月, 希特勒进军莱茵非军事区进行更大的冒险。英法害怕战争并实行纵容侵略的绥靖政策,使这一行动轻易得逞,从此凡尔赛和约荡然无存。从此德国实施重整军备的"四年计划",并提出"德国经济应做好一切战争准备"。在英法绥靖政策的"鼓励"下,意大利也与德国一样,经历了扩军和对外侵略的道路。阿比西尼亚、西班牙先后成为法西斯染指的目标。在远东,日本军国主义分子也在加紧对中国的侵略,1931 年制造"九一八"事变并进而占领中国东北,后来又策动"一·二八"和"华北事变",并终于在 1937 年开始了全面侵华。1937年,德、意、日三个法西斯国家签订了《反共产国际协定》,结成了"柏林—罗马—东京"的侵略轴心,成为第二次世界大战的主要策源地。

西方国家的绥靖政策也加速了战争的到来。一贯仇视苏联的英法一直认为他们可以利用德国对付苏联,于是更加积极推行绥靖政策,极力实现"祸水东引"的险恶用心。在他们与希特勒的策动下,奥地利被德国吞并,特别是慕尼黑阴谋牺牲了捷克,使绥靖政策发展到顶峰。英国人的绥靖政策卑鄙地出卖了盟友,也害了自己,愚蠢地壮大了敌人。这时希特勒已经羽翼丰满,战争机器运转得越来越快。1939 年4 月初,希特勒秘密下达入侵波兰的"白色方案",并令德军 9 月 1 日前作好准备。为避免两线作战,希特勒决定暂时"不动"苏联,便与苏联签订《苏德互不侵犯条约》,完成了这一切准备后, 已经没有什么能阻止德国走向战争了。1939 年 8 月31 日,希特勒正式下达了入侵波兰的第一号作战命令,从此欧洲 20 年的和平走到了尽头。9月1日4时45分,根据希特勒的命令,德国越过波兰边界,对波兰进行"闪电式"袭击,第二次世界大战正式爆发。第二次世界大战是人类历史上规模空前的全球性大战,从欧洲到北非,从大西洋到太平洋,先后有61个国家和地区、20亿以上的人口被卷入战争,作战区域面积2200万平方千米,参战兵力超过1亿人,大约9000万士兵和平民伤亡,3000万人流离失所。回首"二战",那一幅幅残酷而血腥、雄伟而悲壮的历史画面,永远震撼着人们的心灵,令人难以忘怀。

"闪击战"闪亮登场:德波战争

为德意志夺取"新的生存空间",是纳粹政府的既定政策,到1937年,德国的军备重整已基本上完成,希特勒认为解决"生存空间"的问题应提上日程。在慕尼黑会议上,英法两大国采取绥靖政策,使得希特勒的侵略野心更变本加厉,下一个目标就是波兰了。

1939年3月,德国占领波希米亚和摩拉维亚建立斯洛伐克保护国之后,德国便从三面包围了波兰,为征服波兰创造了条件。但直到这时为止,希特勒本来仍想把波兰拉入到自己一边来,这样的话,东进苏联,波兰可作为德国的前进基地;西攻法国,波兰可作为德国的背后屏障,避免德国陷入两线作战。为此德国向波兰提出了一些"温和的合理的"条件。但是波兰却是有苦难言,它既害怕苏联,又害怕德国;它不能联苏反德,也不愿联德反苏。而这两者之间的第三条道路只能是和英法结盟。波兰的举动使希特勒认识到"不流血再也不能取得新的成功",决定要用武力消灭波兰,并给军队下达了对波兰作战的指令——"白色方案"。

为了阻止英法同苏联结成反侵略阵线,最大限度孤立波兰,希特勒从春天起就一直在寻求接近苏联,并趁双方谈判破裂之机,出大价钱同苏联签订了互不侵犯条约。此举不但破坏了英法对苏建立反侵略阵线的努力,而且也解决了从俾斯麦以来德国一直担心的两线作战问题。避免了两线作战,除去

德国法西斯闪击波兰

了希特勒的一块心病。在希特勒看来,进攻波兰,正当其时。于是,他便冒天下之大不韪,决定发动侵波战争。

德国陆军已基本完成了改装计划,其中有 5 个重装甲师、4 个轻装甲师、一支任何其他国家都没有的"现代化骑兵"——摩托化部队,成为当时所有资本主义国家中装备最精良、组织最完善、训练最充分的军队;空军是英法空军力量加在一起的两倍,而且拥有最新式的作战飞机,其数量超过英法波三国的总和。虽然德国军队建设远非尽善尽美,并没有做好同西方国家进行一场全面战争的准备,但从许多方面衡量,德国军队与西方国家军队相比,在军事上已略占优势。

随着德国战争威胁的不断增长,特别是 1939 年 3 月德国吞并捷克斯洛伐克之后,西方国家开始加紧重整军备,这不能不使希特勒担心他辛辛苦苦得来的暂时的军事优势会很快化为乌有。在希特勒看来,时间是站在敌人一边的,长期等待下去,自己在实力方面的相对优势很可能不是增大,而是缩小,在武器装备方面的优势也难以长期保持,因为"世界各国都预期我们会出击,每年都在强化对付我们的措施"。现在发动战争虽然是一种冒险行动,但以后也未必会更有把握,而德国的生存空间问题,迟早都要解决,而且"任何空间的扩张只能在打破抵抗和承担风险的情况下进行"。在这种情况下,与其以后冒险,不如利用现在已明显到手的军事上的相对优势,"不顾一切地采取冒险行动"。对于英法会不会出兵,希特勒断言,尽管双方签订了互助协定,英法在战争爆发时也只会做做姿态,他们既无决心,又没有手段来履行这些义务,因为英法实在"没有什么杰出人物";另一强国美国虽对德国不是很友好,但远离欧洲大陆,又奉行孤立主义政策,卷入战争的可能性也没有。

1939 年 8 月 31 日晚,一支身穿波兰军装的德国党卫军,冒充波军袭击了德国边境的格莱维茨电台,在广播里用波兰语辱骂德国,并丢下几具身穿波兰军服的尸体。接着,全德各电台都广播了"德国遭到波兰突然袭击"的消息。1939 年 9 月 1 日凌晨 4 时 45 分,德军轰炸机群呼啸着向波兰境内飞去,目标是波兰的部队、军火库、机场、铁路、公路和桥梁。几分钟后,波兰人受到了人类历史上规模最大的空中打击。波兰城市和港口遭到德国战机的轰炸,首都华沙也未能幸免。约 1 小时后,德军地面部队从北、西、西南三面发起了全线进攻。空中和地面的紧密配合使波兰乃至整个世界第一次领教到了"闪电战"的厉害。波兰军队猝不及防,不到 48 小时,波兰空军就被摧毁。

9 月 3 日上午 9 时,英国向德国发出最后通牒,要求德国在上午 11 时之前,提供停战保证,否则英国将向德国宣战。正午时,法国也向德国发出了类似的最后通牒,其期限为下午 5 时,但希特勒对英、法两国的最后通牒置之不理。于是,英、法两国相继对德国正式宣战,第二次世界大战全面爆发。德军突破波军防线后,以每天

50 至 60 公里的速度向波兰腹地突进,波兰人进行了顽强抵抗,战马与坦克搏斗,步枪与火炮对抗,在一次又一次的绝望挣扎中,上演了一场实力悬殊的大屠杀。而另一边,英、法两国虽然在西线陈兵百万,却始终在工事背后,按兵不动,宣而不战。9 月 6 日,波兰政府仓皇撤离华沙,迁往卢布林。9 月 8 日,德国装甲师到达华沙外围。9 月 17 日,大局已定,波兰彻底陷落。

"固若金汤"的笑料:突破马其诺防线之战

在法德边境,横亘着一条长达 200 多公里的马其诺防线。历史上,法德之间战事颇多,像著名的普法战争、第一次世界大战都给法国留下难忘的伤痛。为了阻止德国的西进,从 1926 年开始,法国决心在法德边境构筑坚固的防线。经过 9 年修建,法国以耗资 2000 亿法郎的代价,终于建成了马其诺防御体系。从此,法国人就错误地认

马其诺防线上的铁丝网阵地

为凭借这"固若金汤"的马其诺防线便可以高枕无忧了。然而在希特勒"黄色计划"的冲击下,这条防线并不牢固,相反法国人却遭到了德国的"镰割",在心里留下了更加难以抚平的永久创伤。

第二次世界大战开战以来,巴黎繁华的大街上还是一派歌舞升平。在这个充斥着食利者的高利贷帝国主义的国度,人们此刻关心的是债券的价格和股票的涨落。达官要人悠悠终日,军火生产无人问津,报纸和广播里是西线无战事的报道,以及著名餐厅隆重推出的新菜菜谱和当红明星新节目之类的消息。在马其诺防线上,防守的军人听到的是政府没有军事行动的宣传。甚至为了调节单调的坑道生活,军官们安排士兵轮流休假,举办体育活动、演剧、放电影。无所事事的士兵以听音乐、下棋、写情书来消磨时间。而德国参谋本部进攻西线的"黄色计划"已经呼之欲出。这一方案规定:北面的德军 B 集团军群任主攻,从比利时中部突破后向北包围盟军主力;A 集团军群穿过阿登山脉山林地带助攻。1940 年 1 月,德国一名空军少校联络官在飞往波恩的途中因天气严寒和大风,在飞越莱茵河时迷失了方向,误入比利时并被迫降落,他所携带的"黄色计划"的副本也就成为英法军事当局的公开秘密。本来,德国军事界对这一计划就有不同意见,曼施坦因就是一个主要反对者,再加上失密,希特勒决心采用曼施坦因

的主张,修改"黄色计划",在西线投入 A、B、C 三个集团军群,A 军群为主要方向,任务是经过卢森堡和比利时的阿登山区,直插法国色当;B 军群部署在北线担任助攻;C 军群在马其诺防线正面佯动,牵制法军;并把古德里安和魏特夏的装甲部队组成一个装甲军团,根据山区实际改装 16 和 22 吨轻型坦克,以提高机动速度和适应复杂地形。德国大量飞机、大炮、坦克开始大规模秘密向西集结,而此时英法统帅部却错误地认为有马其诺防线便可高枕无忧,而阿登山区森林密布,峰峦陡峭,德国机械化部队难以越过,决不会成为侵略者的通道,因此只在这里部署了一个装备和战斗力都较差的集团军,他们把防御重心放在比利时中部,殊不知德国已经对"黄色计划"做了重大调整,他们正好落入了德军的圈套。

1940 年 5 月,法军马其诺防线的部队已经脱去了臃肿的冬装,阵地上还是一派和平景象:军人们出入于"娱乐服务处",政府为前线士兵送来了免税纸牌,并下发了 1 万个足球,以打发悠闲的时光。这时德军开始大规模进攻。一切都在按计划进展,德军没有在马其诺防线寻求突破。而在法军劲头不足、不想冒险、士气不足的情况下,伦斯上将的 A 集团军群则重点突破了阿登山区北面的默兹河。此线一破,就打开了通往巴黎和英吉利海峡东岸的道路,在比利时作战的英法部队面临被包抄的危险,陈兵马其诺防线上的法国大军也将腹背受敌,马其诺防线未触即溃,已经毫无意义。这时法国的巴黎再也没有了往日的悠闲气息,政府官员开始整理和烧毁档案,许多居民也打点行李准备外逃。英国远征军也从敦刻尔克撤走,留下了法国独自迎接德国坦克的到来。希特勒并不就此罢休,他又制订了第二阶段的对法作战计划——"红色方案"。德国很快席卷了法兰西大地,占领巴黎。当天,德国 A 集团军群左翼进至马其诺防线侧背,一直在防线正面佯攻的 C 集团军群立即选择马其诺防线的薄弱处,里应外合,一举攻破了马其诺防线;与此同时,B 集团军群也向法国中部腹地推进,将从马其诺防线退下来的 50 万法军截住并俘虏了大部分。这条防线从此不再存在,法国也成为希特勒铁蹄下的焦土。

英法命运交响曲:敦刻尔克大撤退

1940 年的 5 月,本来就不太宁静的英吉利海峡显得更加焦躁不安,天空中大雨如注,地面上一群疲惫之师正在缓慢地向敦刻尔克港撤退,他们是英国人、法国人和比利时人组成的联军,约有 40 万之众。尽管有组织的抵抗仍在进行,但已完全不起作用,希特勒的法西斯德国部队的"闪电战"在西线又一次得手,至 5 月 24 日

敦刻尔克大撤退

晨，在英法联军的北面，德军 B 集团军群即将突破比军防御阵地；在其南面，德军克莱斯特装甲集群已包围加来，进抵格拉沃利纳至圣奥梅尔的艾尔运河一线，距离敦刻尔克只有 30 公里，古德里安和赖因哈特的两个装甲军在阿河彼岸已建立了 5 个登陆场，准备和从东北方向包抄过的 B 集团军群一起三面夹击面前的这大群猎物。

位于比利时境内的英法联军的命运危在旦夕，除非有奇迹出现，否则他们将面临一场大屠杀。情况是如此的险恶，没有人能指望奇迹会真的出现。然而，就在英法联军陷入绝望之际，上帝再次向英吉利和法兰西张开了他的慈悲之怀。联军被困于敦刻尔克，急坏了英国政府，法国和比利时已经战败，此时已经是国破家亡，唯一能依靠的就剩下了英国，只有自己能够拯救自己了。远征军司令戈特将军连连向伦敦求救，要将联军撤回英国本土，但这还有可能吗？在最后的希望没有破灭之前，英国还是要尽力而为去赌上一把。这时，一线希望的曙光出现了，就在 24 日当天，希特勒向正在进攻的德军下达了"停止前进"的命令，这个无论是当时还是现在看来都是极其愚蠢的命令让处在包围圈中的联军死里逃生。虽然很多德国将领都反对这道命令，但是德意志军人的传统却使他们坚决地执行一切命令，尽管有时它毫无道理。盟国自己也同样对德军突然停止前进感到不可思议。这究竟是怎么回事？原来，战争狂人希特勒向来就有点神经质，这次对法国开战以来，进展太顺利了，顺利得让希特勒几乎都不敢相信。但就是因为战事进展太顺使希特勒感到某种不安和紧张，他从西线战场的浓厚硝烟中似乎嗅出了一些不正常的味道，毕竟英法都是欧洲军事强国，德军怎么能如此顺利，难道自己的运气这么好吗？在这关键时刻，希特勒突然不知所措起来。偏偏这时候 A 集团军群司令龙德施泰特报告说，前面的地形不太适合装甲部队运动，他的装甲部队已前进得太远了，力量已大大削弱，需要停下来整顿，以便重新部署，顺便也好等步兵赶上来。纳粹党二号人物戈林眼看装甲部队在西线大出风头，已经抢得头功，而空军却被冷落在一边，至今寸功未立，身为空军司令总感脸上无光，于是乘机向希特勒进言，把剩下的任务交给德国空军去单独完成。正在犹豫之际的希特勒对两位将军的建议深表赞许，是的，敌人已经被装进口袋里了，难道还会插翅飞走不成？但战争还远未结束，宝贵的装甲部队还另有重任，不必要再让它在这里遭受损失和浪费时间。后来证明这是一个重大失误，而这个失误却恰恰帮了联军的大忙。

敦刻尔克港对面的英伦三岛上,全国都动员起来了。拉姆齐将军被指定为联军的撤退行动总指挥,这位杰出的组织者在一所被称为发电机房的指挥部里废寝忘食地工作,以最快的速度筹集到 600 多艘船只,加上盟国的船只,共有 800 多艘。其中甚至包括渔船、客轮、游艇、救生艇,总之,不论大小,只要能搜罗到的都派上了用场。

在德国装甲部队停止进攻两天之后,希特勒猛地清醒过来,于 26 日晚下令恢复进攻。与此同时,英国撤退盟军的"发电机"行动开始实行。这时又一个奇迹出现了,往日浪高风疾的英吉利海峡,现在竟然是连续十天风平浪静,这冥冥之中莫非自有天意?经过 9 日 9 夜的奋战,共有 33 万余名英法士兵撤出了敦刻尔克,敦刻尔克大撤退,尽管不能说是胜利,却确实是一场奇迹。历史是无情的,正是这些撤出的士兵,4 年之后又在这里登陆,并打败了他们的对手。

不列颠交上好运:阿拉曼战役

著名的阿拉曼战役是北非战役的转折点,英国战时首相丘吉尔高度称赞这次战役的重大意义,"它实际上标志着命运的关键性的转折","我们可以说,在阿拉曼战役以前,我们是战无不败;而在阿拉曼战役以后,我们是战无不胜"。阿拉曼战役确实使"不列颠交上了好运"。

北非战事最先是由墨索里尼一手挑起的。第二次大战爆发后,德国横扫欧洲,早就对英法北非殖民地垂涎三尺的希特勒的盟友墨索里尼,眼见法国战败,英国忙于保护本土,遂趁火打劫。于 1940 年 9 月,派意军 24 万进攻埃及,企图消灭在埃及的 5 万英军。

孰料偷鸡不成反蚀一把米,两军对阵竟被英军杀得损兵折将,仅俘虏就让英军抓了 13 万人。不得已,墨索里尼只好向希特勒求援。见法西斯盟友让英国人打得头破血流,希特勒自然不能无动于衷,遂于 1941 年 2 月派得力干将隆美尔率领经过沙漠战训练的"非洲军团"赴北非参战。隆美尔被誉为"上帝赐予第三帝国的战将",对坦克战很有研究,茫茫的北非沙漠正是他施展才能的理想战场。隆美尔的部队

阿拉曼战役

一抵北非就连出狠招,将英军打得丢盔卸甲,占领英国在北非的重要军事据点托卜鲁克,并一直推进到埃及境内的阿拉曼地区,使英军在尼罗河三角洲和苏伊士运河的地位危在旦夕。

消息传至伦敦,英国一片混乱。英国中东地区的总司令奥金莱克自然成了众矢之的,最终丢官去职;英国军方也因连战皆败而处于难堪的境地;丘吉尔本人的日子也不好过,他那称雄于世的如簧之舌如今也抵挡不住来自各方的舆论的强烈指责,恨得丘吉尔将从不离手的雪茄掷之于地,擂桌大叫:"隆美尔!隆美尔!——别的都无关紧要,只要能打败他就行!"

大英帝国的全面惨败使一贯骄傲的英国人在感情上已经受不了,希望能有一点胜利的曙光出现;丘吉尔在和罗斯福的较劲中,渐处下风,他个人也迫切需要某种成功所带来的转机,尤其需要在中东的成功。总之,无论从哪方面讲,英国都需要一次"罗马式"的胜利。

时势造就英雄,历史把重任压到了蒙哥马利的肩上,在此之前并不出名的蒙哥马利凭此一战奠定了其二战名将的基础。丘吉尔也对他寄予厚望,希望这位绰号"猴子"的将军能用他的智慧制服隆美尔这只狡猾的"狐狸"。后来的事实证明,蒙哥马利正是那种福将,他果真给英国带来了人们企盼已久的福音。

大战的烟尘掩盖不了双方准备决战前忙碌的身影,蒙哥马利明白这一次必须取胜,大英帝国已经再也输不起了。而这个时候,隆美尔却从未有过像现在这样的被动。经过连续数月猛攻猛打的德意军队已如强弩之末,由于希特勒此时正忙于苏德战场上的斯大林格勒战役,根本顾不上增援北非,与英美源源不断的补给相比,德意北非部队在托卜鲁克战役之后几乎没有得到什么补充。从表面上看,德意方面与美军方面各为 12 个师,但在部队实力上相差悬殊。英军每个师经过补充都齐装满员,12 个师拥有 23 万人;而德意方面的每个师仅有 6000 来人,12 个师才 8 万人。武器装备方面,蒙哥马利拥有 1400 多辆坦克,其中包括美国提供的新式"谢尔曼"重型坦克 300 辆;而隆美尔仅有 260 辆德国坦克和 280 辆意大利老式坦克。另外,长期跋涉征战的疲劳,沙漠的烈日风沙和缺水的干渴,使本来就不满员的德意军队内部还充斥着大量的病号。

形势看来不错,大英帝国在背运多时以后开始交上了好运,蒙哥马利决定利用这好运对德国人大打出手。1942 年 10 月 23 日晚 21 时 40 分,英军在月光下以猛烈的炮击为先导,发起了阿拉曼战役。冰雹似的炮弹带着曳光划破了埃及西部沙漠的寂静,映红了天空。20 分钟后,英军炮火已重创了敌军炮群。30 分钟后,英第八集团军全面发起进攻。一切都按蒙哥马利的计划进行。在沙漠航空队有力支援下,英军重创了隆美尔的主力装甲师。11 月 3 日下午,隆美尔不顾希特勒的不允许撤退的多次命令,率部全线撤退。

阿拉曼战役是德意法西斯军队在非洲失败的开始,也是盟军在这个地区赢得的最有决定性的一次战役。在战役中,德意军队阵亡万余人,伤1.5万人,被俘3万多人,共计损失5.5万多人。战后,蒙哥马利的参谋长德·甘冈评价说:"从这里开始,表明不列颠交上好运了。"在丘吉尔和所有英国人的心中,它也代表着命运的转机,英国确实值得为此鸣钟庆贺。

"沙漠之狐"栽沙漠:突尼斯战役

隆美尔是颇具传奇色彩的纳粹名将,他由于在非洲沙漠中的赫赫战功,赢得了希特勒的青睐而荣升元帅,同时也获得了"沙漠之狐"的美称。他在北非一连串的胜利使他成为德军心中的偶像,他走到哪里,哪里的德军就有了生气和信心。同样他的对手们对他也有一丝的畏惧,就连英美的报纸电台也情不自禁地渲染隆美尔的才能。但好运并不能总是向隆美尔一个人敞开大门,"沙漠之狐"最终却栽在北非沙漠中。

自隆美尔出征北非,德意两国在该地区的战略目标和作战步骤上一直存在分歧。由于两国利益不同,德国对北非和地中海战略目标从未有过全面而长远的打算,并一再与意大利发生矛盾冲突。意大利主要是将确保北非意大利帝国及其基地的安全问题置于整个战争计划的首位,而德国对北非地中海的兴趣不大,它介入的主要目的是出于意大利一旦丢失北非殖民地,就会背弃德国。所以,是让隆美尔进攻还是占领威胁其补给线的马耳他岛就成为两国争论的焦点问题。在决策中,两国间的协调主要是希特勒个人意志的反映,他向墨索里尼施加压力,仅凭一封信函便做出所谓重大决策,而且反复无常。正当他们为这一问题争论未决之时,德意联军攻占了托卜鲁克。在军事胜利的刺激下,希特勒做出了错误的判断,下决心不进攻马耳他岛,而向埃及方向扩大战果,推进到苏伊士运河并占领埃及。然而,轴心国虽然规定了北非新的作战目标,却没有给隆美尔增加一兵一卒。此时,隆美尔的军队已经接近了能量的极点。有些士兵在光天化日之下入睡,醒来时却成了英军的俘虏。疲劳几乎使士兵们躺倒,烈日和干渴也在无情地折磨着他们。7月1日,德军进攻阿拉曼,遭到了英军

隆美尔

的英勇还击,德军损失惨重,士兵们纷纷溃退。隆美尔有心亲自上阵,也被英军的炮火挡回。在以后的几天里,非洲军团损失惨重,双方在阿拉曼相持,隆美尔陷入了进退两难的被动局面。

这时,隆美尔的对手蒙哥马利接替了被德军击落座机而葬身海底的戈特将军出任第八集团军司令。随着战局的发展,物资的补给问题重新困扰着隆美尔。非洲军团与蒙哥马利第八军相比已经处于明显劣势。隆美尔只有 203 辆坦克可用于战斗,而英军部队却有 760 辆,而且盟军部队的援兵正源源不断地到来。8 月下旬,英国在东北非卸下了至少 50 万吨物资,而德意一共才卸下 1.5 万吨。在沙漠这种特殊的作战环境里,如此悬殊的吨位差别预示隆美尔将必败无疑。这正是轴心国放弃马耳他岛带来的恶果。在此情况下,意大利已无退路,它孤注一掷坚持要求隆美尔反攻。就这样,哈勒法山之战打响了。但非洲军团没有得到他们期待的胜利,却在蒙哥马利为其设置的雷区里成为英国飞机的活靶子。遭此劫难后,扼守阿拉曼阵地就成为隆美尔的唯一选择。而蒙哥马利绝不会就此罢休,他和他的士兵们绝不会忘记开战以来隆美尔使英国丢尽了面子,此刻正是教训这只狐狸的最好时机。在"伯敌伦"欺骗计划的掩饰下,英军为在阿拉曼的反击展开了紧锣密鼓的准备。正当隆美尔在奥地利伊斯塔特别墅养病时,英军对非洲军团展开了猛烈攻击。隆美尔立刻返回前线,呈现在他面前的除了遍布石头的荒凉沙漠和令人窒息的热浪以及无所不在的苍蝇和蚊子之外,还有营养不良但勇敢善战的士兵。英国飞机一架接一架地飞到德军阵地,投下成吨的炸弹,到处是燃烧的坦克和大炮。在英军强大的攻势下,非洲军团溃不成军,司令托马也投降了英国。就这样,隆美尔失去了阿拉曼,踏上了千里大溃逃的道路。在随后的突尼斯战役中,北非的德军全军覆灭,25 万人沦为俘虏。"沙漠之狐"终于被请出了沙漠。隆美尔的败北再一次证明,一个作恶的人,越是赢得痛快,败得也将是越惨,无论你多么狡猾,多么善于用兵。隆美尔的命运无法越过这一历史的规律,"沙漠之狐"的生命在法西斯的疯狂中陨落。

希特勒"望城莫及":莫斯科会战

1941 年,第二次世界大战硝烟正浓,战争狂人希特勒又在咆哮:"我是几个世纪乃至 1000 年来最伟大的德国人,我也是世界历史上嘴巴最大的人。"

自开战以来,德国已吞并了西欧、北欧和中欧的广大地区,现在英国和苏联是德国称霸欧洲的最后障碍。希特勒的如意算盘是:先将英国征服,再发兵莫斯科。但是未料到丘吉尔却是一块硬骨头,凭借大英帝国数百年的根基,就是不步法国

莫斯科会战

的后尘。眼见"海狮计划"在短时间难有作为,而战争的时间拖得越长对德国越不利,希特勒又决定先在东线和布尔什维主义算账,干掉俄国以后再来收拾英国。这样一开始德国就又重犯它在第一次世界大战时在两线同时作战的兵家大忌,也注定了它最终失败的命运。

征服莫斯科是希特勒一向的"雄心壮志",在其臭名昭著的《我的奋斗》中就鼓吹德国要"夺取阳光下的地盘",要从南斯拉夫人手中夺取新的生存空间。在希特勒的眼里,纳粹主义和共产主义是势不两立的,苏联辽阔的领土和丰富的资源也着实让人垂涎三尺,而且现在苏联是德国在欧洲大陆的最后一个劲敌,也是英国敢于和德国对抗的靠山,所以"对欧洲的统治权取决于同俄国的战争"。希特勒决定孤注一掷,于1940年年底正式批准侵苏的"巴巴罗萨"计划,这一决策使德军重蹈1812年拿破仑的覆辙,希特勒过高地估计了自己的力量和"闪电战"的作用,过低地估计了苏联的战争潜力和抵抗决心,从此走上了一条不归路。

1941年6月22日(星期天),苏联人民永远也不会忘记,这一天凌晨,当人们还在酣睡的时候,德国法西斯的飞机对苏联西部的重要军事目标进行了突然袭击,1小时后,德国150多个师以装甲部队为先导对苏联发动了全面进攻,"巴巴罗萨"行动正式开始。

由于德军预谋已久,最初的三周内,苏军被迅速击退,在各主要方向德军侵入苏联领土30至600公里,但是消灭苏军主力的目的并未达到,在几周之内夺占莫斯科的计划也未实现。这是希特勒所不能容忍的,希特勒首先把自己看成是一个军人,军队的任何失败,不管是多么微不足道,都会被看成对他个人的侮辱,其结果是感情常常取代理智,最后给作战指挥带来严重影响。他接过了德国陆军的指挥权后,在战机的把握上又犯了严重的错误,在斯摩棱斯克战役之后实行南北分兵,使本来可以在8月底发动的对莫斯科的进攻推迟到了10月。这1个多月的时间,对于分秒必争的战争来说是致命的。其结果是,苏军利用这段宝贵的时间构筑了更加坚固的防线,并调来了大量的预备队,使苏军能有比较充裕的时间组织防线。相反,剔除希特勒在巴尔干的延误,如果德军在夺取斯摩棱斯克之后,继续对莫斯科发动进攻,德军在冬季到来之前夺取莫斯科不是没有可能的。因为,即使在推迟了进攻和苏军布防更加严密的情况下,德军的先头部队也突击到了距离莫斯科仅 30 公里的地方。

苏联军民用自己的鲜血捍卫着祖国的荣誉,"俄罗斯虽大,但已无路可退,后面就是莫斯科!"这是首都保卫者的战斗口号,虽然数度告急,但是莫斯科这座英雄城市始终屹立不动。当 10 月底德军攻占莫斯科近郊时,希特勒的狂妄也达到了极点,他指示中央集团军群的博克元帅,不准接受苏军投降,并向世界宣布要在 11 月 7 日十月革命纪念日这天在莫斯科的红场举行总阅兵式。希特勒的美梦自然没有实现,苏联倒是在这一天举行了阅兵式,受阅部队直接开赴前线,此举大大地激励了全国军民的斗志。

俄罗斯冬季的严寒,对德军来说也是一个致命的威胁,这也正是希特勒暗中担忧的,当初以为苏德战争在 3 至 5 个月内就能结束,所以德军甚至连冬装也没有准备,现在战事久拖不决,肯定不是什么好兆头。而苏军这时已做好了反攻的准备,12 月 5 日,苏联红军冒着纷飞大雪,全线出击,重创德军,至次年 4 月 20 日,德军全面溃败,数十万德军终于进入了莫斯科城,但却是作为战俘被捉来的。苏军的胜利使德军"不可战胜"的神话破灭了,希特勒遭到了开战以来的首次重大失败,给备受战争折磨的苏联人民以极大的鼓舞,坚定了他们夺取最后胜利的信心。

苏德战场转折点:斯大林格勒会战

斯大林格勒,位于伏尔加河下游西岸、顿河大弯曲部以东约 60 公里处。提起顿河,常常会使人想起肖洛霍夫的那部不朽名著——《静静的顿河》。顿河那宽宽的、如一匹绿缎随风浮动的河面,静谧、安详,别有风韵。顿河发源于莫斯科西南的图拉州,弯弯曲曲流淌向南。进入罗斯托夫州,一个近 90 度的角转折向东去,沿着一条直线流出上百公里,进入斯大林格勒,然后一个大弯连着一个小弯,弯弯相接,曲折蛇行,在弯弯曲曲中慢慢地转头向南,画成一个大弧。就在这顿河大弯曲部西岸的平原上,苏德两军摆开了一个生死角斗的战场,从此,在斯大林格勒这座美丽的城市里,便开始了 200 多个血雨腥风的昼夜,苏德之间决定性的大会战,使这座英雄的城市以"撼不动的英雄城"而举世闻名。

德军受挫于莫斯科城下后,希特勒虽已意识到"闪电战"在辽阔的苏联大地上是行不通的,苏德战争势必转为一场旷日持久的战争。但是希特勒并不甘心就此罢手,于是将全面进攻改为重点进攻,进攻的目标选在斯大林格勒,这不仅是因为斯大林格勒是苏联欧洲部分东南部的政治、经济和文化中心,铁路和内河运输枢纽,欧亚两洲的咽喉,也是苏联重要的军事工业基地,在军事上具有重要的战略意义;而且它是以苏联领袖斯大林的名字命名,是斯大林的形象的象征,一旦攻克,对苏联人民的心理将是一个致命的打击。

1942年的春夏之交,德军开始新的进攻,在哈尔科夫大败苏军,重新夺取了苏德战场上的主动权。希特勒大喜过望,立即命令在苏德战场的南线展开大规模的进攻,B集团军群的第六集团军的滚滚铁流在保卢斯上将的率领下气势汹汹地直扑斯大林格勒,一马平川的俄罗斯草原,正是德国铁甲逞凶的好战场。7月17日,斯大林格勒会战正式开始,德军的战斗力还是很强的,最初的几周,苏军被迅速击退,德军节节胜利,希特勒受前线消息的刺激在"狼穴"中又狂性大发,下令德军要不停地进攻,不给苏军以喘息的时间,争取在月底拿下斯大林格勒。克里姆林宫里,斯大林心急如焚,作为苏联的最高统帅,他同样认识到斯大林格勒的战略地位,决不能让希特勒的阴谋得逞,斯大林格勒要成为埋葬德军的坟场。一方是志在必得,一方是誓死坚守,双方数百万人马在战场上进行历史上空前的大厮杀。

8月26日,德军在得到新的补充后,突破了斯大林格勒的西北防线,柏林的宣传机器已在高叫:"布尔什维克的堡垒已在元首的脚下。"在战斗最紧张的时刻,斯大林命令:"决不准后退一步!"这也是整个卫国战争期间最响亮的口号。同一日,朱可夫大将被任命为副最高统帅,飞抵前线指挥作战。德军的进攻势头再一次被遏止。希特勒对保卢斯的进展迟缓非常不满,也深恐冬季来临德军将重蹈莫斯科城下覆辙,遂于9月12日飞往乌克兰的文尼察,督促保卢斯向市区进攻,激烈的巷战由此达到白热化程度,但德军始终未能占领全部市区。而此时朱可夫的"天王星"反攻计划已经成熟,11月11日,"喀秋莎"火箭炮的火光映红了雪地,揭开了斯大林格勒大反攻的最壮观的一幕。苏联三个方面军的百万之众将德军33万人合围在狭小的地域之内,保卢斯所部已成瓮中之鳖。德军在严寒中总算是挨到了1943年年初,虽然希特勒仍要求被围德军作困兽之斗,但是此时这支号称德国精锐的残余之师已没有多少战斗力了。历史多少带有点嘲弄的味道来惩罚战争的始作俑者,就在1月30日希特勒在柏林庆祝纳粹党上台执政10周年之际,从斯大林格勒前线传来消息,刚被晋升为陆军元帅的保卢斯及其部属9万余众成了苏军的俘虏。德军在"整个东线的脊梁骨"最终被朱可夫一刀砍断。

德军在整个会战中共损失150万人,占其当时在苏德战场作战总兵力的1/4。德国由于斯大林格勒会战的惨败,宣布致哀3天。斯大林格勒会战使德军遭到沉重打击,元气大伤,粉碎了希特勒灭亡苏联进而称霸世界的狂妄企图,改变了苏德战场的战略形势,是苏联卫国战争的重大转折点,也是第二次世界大战的一个重要转折点。苏军从此掌握了战略主动权,苏德战争的进程开始发生根本转折。苏军 3 个方面军在斯大林格勒方向实施的反攻,随后发展成为整个苏军从列宁格勒到高加索山山前地带广阔战线上实施的总反攻。

陆战之王大对决:苏德库尔斯克坦克战

法西斯德军在斯大林格勒会战惨败后,被迫停止进攻,使得 1943 年年初的苏德战场出现了一个"宁静的春天",可是这表面的宁静背后一场更残酷的大战正在酝酿。希特勒并不甘心失败,现在可怕的严冬即将过去,气候对德军的进攻有利,希特勒统帅部决定利用德军在库尔斯克突出部地域的有利态势发动一次大规模夏季进攻,以夺取战略主动权,改善帝国内部困境并防止法西斯集团分崩离析。为此,德军统帅部制订了代号为"堡垒"的战役计划,希特勒倾其所有,将苏德战场全部坦克的 70%左右、作战飞机 65%以上都调往库尔斯克方面,总兵力达 90 万人以上,火炮和迫击炮约 1 万门,坦克和强击火炮 2700 辆,飞机 2000 多架。希特勒希望德军的新装备的"虎"式和"豹"式坦克能重现第三帝国装甲铁流的昔日雄风。

但希特勒做梦也没有想到,他的"堡垒"战役所要进攻的是一座真正攻不破的堡垒,苏军早就严阵以待,共有兵力 133.6 万人,火炮和迫击炮 1.9 万余门,坦克和自行火炮 3444 辆,飞机 2172 架。越战越勇的苏联红军这次同样不会让德国人讨到便宜。

7 月 5 日凌晨,德军的"堡垒"作战一切准备就绪。突然苏军阵地上万炮齐鸣,"喀秋莎"火箭炮喷出的复仇之火让正在集结的德军措手不及,苏军出敌不意的炮火反准备,使德军尚未进攻就损失惨重,整个计划也被迫迟延两个多小时。

7 月 7 日,南路德军向奥博扬发起强大的坦克冲击。德军 900 辆坦克在 40 公里的正面上,呈楔形队形滚滚向前。德军企图用"虎"式"豹"式厚厚的钢甲和猛烈的火力,撞开苏军的防线,然后直扑库尔斯克。近千辆坦克自北向南,像一群草原上发疯的野牛,挺着尖尖的利角一头撞向"堡垒"。苏军死守奥博扬,挡住去库尔斯克最近的道路,德国受阻后转头冲向普罗霍罗夫卡。7 月 12 日,第二次世界大战中规模最大的坦克决战在普罗霍罗夫卡爆发。决战的一方是德军的老牌劲旅,拥有 400 多辆(门)坦克和自行火炮,其中 100 辆是世界第一流的"虎"式坦克,德军虽疲惫不堪,但威风不减;决战的另一

库尔斯克坦克大对决

方是苏军坦克新秀近卫坦克第五集团军,刚刚荣获近卫军称号,斗志正旺,共有800辆坦克和自行火炮。从实力上看优越于德军,但德军新投入战场的"虎"式重型坦克性能优越,火力猛,防护力强。在远距离,"虎"式坦克的火炮可以轻而易举地击毁 T-34 型坦克,对苏军坦克造成了严重威胁。仇人相见,分外眼红,狭路相逢勇者胜。苏军抓住德军坦克速度慢的致命弱点,充分发挥 T-34 型坦克机动性好的特点,冲入德军坦克群,展开了坦克的肉搏战。坦克大战整整持续了 10 个小时,地面上坦克相互对射、撞击,空中飞机相互追逐,激烈交火。苏近卫坦克第五集团军最后成为"战场上的主宰"。德军终于支撑不住了,扔下熊熊燃烧的 300 多辆坦克,狼狈不堪,仓促退去。"普罗霍罗夫卡坦克大战是德军装甲兵这只天鹅临终前的美妙歌声"。

这场空前的坦克大战决定了德军在这次战役中的命运,苏军抓住战机立即全线反攻。恰在此时,又传来英美盟军在西西里岛登陆成功的消息,这对已溃不成军的德军来说无疑是雪上加霜,希特勒只好下令全线撤退。

库尔斯克一战,双方参加这一会战的兵力庞大,计有 400 余万人,火炮和迫击炮 69 万余门,坦克和自行火炮 1.3 万余辆,作战飞机约 1.2 万架。苏军共击溃德国30 个精锐师,其中包括 7 个坦克师。德军损失官兵 50 多万人,坦克 1500 辆,飞机3700 余架,火炮 3000 门。希特勒的进攻战略彻底破产,德国及其盟国被迫在第二次世界大战各个战区转入了防御,这对战争的以后进程产生了巨大影响。斯大林在战后给予此战高度评价:"如果说斯大林格勒会战预告了德国法西斯军队的覆灭,那么库尔斯克会战就把它推向了覆灭的边缘。"

盟军登陆北非洲:火炬计划

1942 年下半年,同盟国在经历了一系列的挫折之后,终于使战局开始稳定下来,并逐步在主要战场上转败为胜、转守为攻。第二次世界大战的重大战略转折来到了。英美盟军决定在这一年对德军进行反攻,但是,就战场的选择问题盟国内部吵得不可开交。

战局很明朗,要打败希特勒,盟军最终必须进入欧洲大陆作战。但由于希特勒在最初横扫欧洲,盟军在欧洲大陆那时尚无立足之地,而能使盟军进入欧洲大陆对德作战只有两处入口,一个是与欧洲大陆仅隔一条海峡的联合王国,一个是濒临地中海的北非。无论是通过哪一个入口进入,这都将是一场大规模的渡海登陆作战。那么,是从法国登陆,还是从北非登陆呢?

美国一向坚持"欧洲第一",所以积极主张从英吉利海峡渡海进攻法国本土,在别人还没有来得及提出计划之前，美国已相继抛出了"围歼""波利乐""痛击"系列作战计划，并鼓吹"要取得欧洲战场的军事成就，没有比实行这一计划更合理的其他途径了"，罗斯福总统也批准了上述计划。下一步，就是得赶紧向盟国兜售自己的行动计划，因为这一计划的关键是要取得英国的支持和配合，这样才能保证从英吉利海峡渡海成功。相比较而言，英国则更关心中东地区，因而对美国提出的进攻法国的计划表现得不是很积极。但是擅长外交的丘吉尔也知道美国得罪不起，无论从哪方面讲，要彻底打败希特勒都离不开美国的援助。所以他对美国提出的计划采取了极为谨慎的态度，既没有表示反对，也没有表示支持，而是提醒美国对这一计划的可行性进行仔细研究。英国人指出，在当前的形势下，登陆部队与德国守军相比将处于1:3的劣势；即使登陆成功，之后的固守也将消耗宝贵的运输船舶、人力物力资源和空中力量。实际上，在1942年进攻欧洲大陆是无法完成的计划，如果条件不成熟的情况下要强行登陆，这将会是一次灾难性的军事行动。丘吉尔将英国人的意见转给罗斯福，希望美国能认真考虑。

此时，英国在北非的战局吃紧，6月21日，德国攻占托卜鲁克，北非战事急转而下，这一地区突然变得备受关注。形势迫使英美当机立断，做出合理的选择。英军的失利，也让英国感到只有在北非重新赢得胜利，才能挽回大英帝国的面子。当时在的北非战斗，已不仅仅是个单纯的军事问题，而且也是个重大的政治问题。而在北非获胜的把握是很大的，为此，必须放弃把握不大的"痛击"计划。英国当时更加坚定地认为"北非是1942年的真正第二战场"，"是今年秋季可能实行的最可靠、最富有成果的攻击"。由于英国的不合作，美国一家孤掌难鸣，所提出的计划也被迫放弃。但是，正如罗斯福总统所说："美国总不能等到1943年才去打击德国"，既然"痛击"不成，那么美国只好选择和英国一道在北非行动。

经过讨价还价，美英终于达成一致意见：进攻欧洲大陆的时机尚不成熟，战略重心将转移到北非地中海战场。为了成功地在北非登陆，英美盟军制订了代号为"火炬"的作战计划，此役旨在夺取北非登陆场。而后，美英登陆部队与在埃及和利比亚作战的第7集团军协同行动，歼灭非洲大陆上的德、意军队，巩固中东，控制地中海，为尔后在意大利和巴尔干半岛的军事行动创造有利条件。8月14日，美国的

北非登陆战役

艾森豪威尔将军被任命为盟军总司令,英国的坎宁安海军上将被任命为盟军海军总司令。

为执行"火炬"计划,盟军动用了 13 个师,以及 300 艘战斗舰艇和 370 艘运输舰,编成东部、中部、西部 3 个特混舰队。分别运送部队在阿尔及尔、奥兰、卡萨布兰卡登陆。11 月 8 日登陆作战开始。由于美国在战前积极采取政治攻势,争取大部法军归附同盟国。所以除个别地方战斗比较激烈外,未遇到有效的抵抗。德国稍后虽进行了反击,但未能奏效。"火炬计划"胜利成功。

"火炬计划"的实施,是美英两国在大战中首次在军事上的统一行动,对战争的整个进程都有重要的影响。

首次渡海大登陆:诺曼底登陆战役

1943 年年底,西亚城市德黑兰迎来三位贵客——斯大林、罗斯福、丘吉尔,三位巨头将在这里举行历史性的会议,共同商讨对德作战问题。由于世界各地的反法西斯战场在这一年里都不断取得胜利,几位首脑的心情很好,会议的气氛非常轻松,久拖不决的在欧洲大陆开辟第二战场问题很快就取得了一致意见,一向不苟言笑的斯大林此时也不禁喜形于色,频频举杯表示祝贺。

形势的要求和伟人的决心都决定了 1944 年将是盟军的大反攻年,德国法西斯的灭亡已经为时不远了。很快代号为"霸王"的登陆作战计划就制订出来,该计划拟准备在 1944 年 5 月间英美军在法国北部登陆,在领导人选上,由于登陆部队是以美军为主,所以美国人当仁不让,两年前才刚晋升少将的艾森豪威尔将军再次官运亨通,有幸执掌联军的帅印,担负起指挥有史以来最大规模的登陆作战的重任。

这以后的半年内,盟军都在积极为"霸王"行动做准备,大批军队作战物资运进不列颠岛,整个英国南部几乎成了一座大兵营,虽然英国的绅士们看不惯美国大兵,但没人怀疑他们来此的目的,为了对付共同的敌人,英国人表现得很大度。到"霸王"行动发起之前,盟军已集结了 300 万部队,5000 艘舰艇,1000 架飞机。如此庞大的部队,对它的组织者来说是一次严峻的考验,英国的蒙哥马利抱怨:"没有盟军的联合作战是糟糕的,有了盟军的联合作战情况更糟糕。"艾森豪威尔不愧是一个伟大的将领,他不仅能与喜欢计较的英国人处理好各种关系,还将准备工作做得有条不紊。和盟军的强大实力相比,德军防御力量实在是少得可怜,在偌大的西线战场,总共只有 49 个师,而且严重缺乏海空力量。为了进一步削弱德国的力量,盟军在登陆前的两个月,对德军实施了代号为"运输行动"的大规模轰炸,同时还进行了代号为"刚毅行动"的对敌欺骗,"铁血将军"巴顿这回扮演了一次"骗子",狡猾的德国人再一次上当了。

如此大规模的行动,是没有什么秘密可言的。希特勒知道盟军早晚有一天要打回欧洲本土,为对付美、英军登陆,希特勒早在 1941 年 12 月就下令以最快速度构筑"大西洋壁垒",到 1944 年"大西洋壁垒"远未完成,但仍属较难攻破的防线。对于盟军的登陆地点,希特勒和他的前线指挥官们却未取得一致看法。最初,希特勒认为在加来地区可能性最大,因为此处离英国最近,历史上英国人的入侵都是通过此处登陆,就在登陆迫在眉睫之际,希特勒敏感的第六神经准确地预测到登陆地点在诺曼底,但是西线的高级将领对他们元首的所谓"预感"已不感兴趣了,而且在防御战略上也一直存在分歧,隆美尔主张依托抗登陆防御阵地歼敌于登陆海滩,而龙德施泰特则主张在美、英军登陆之后使用配置于纵深的大部队实施反突击。所有这些,对德军抗登陆防御的组织指挥,均带来不利影响。

大西洋的气候实在是糟透了,整个 5 月份就没有一个好天气,这让盟军统帅部伤透了脑筋,以至于"霸王"行动一再推迟,最后还是艾森豪威尔一锤定音,登陆时间定在 6 月 6 日。这一天,一声令下,人类有史以来最大规模的登陆作战开始了,数不清的飞机和军舰勇猛地扑向诺曼底。德军虽然早知道这一天会到来,但是事到临头还是猝不及防,在最初的几个小时里,德军的统帅部一片慌乱,前线指挥官隆美尔正在德国家中为妻子过生日,直到接到消息后才匆忙赶回前线,可是为时已晚。西线的最高指挥官龙德施泰特知道凭现有的兵力是不足以反击成功的,他马上将情况向希特勒报告,偏偏这时希特勒已睡觉了,无人敢去打扰。就在德国人失去方寸之时,盟军的登陆部队正迅速开进,英国人很快就按计划抢夺了滩头阵地,但美国人却相对麻烦得多,在付出了近万人的代价之后,盟军终于取得了立足点,开局不错,第一天就在德军的诺曼底防线上撕开了一个 80 公里的大口子。尽管希特勒严令死守,但他们的对手太强大了,盟军后续部队正源源不断地跟进,德军已是回天无力。

诺曼底登陆战役

到 7 月 18 日,诺曼底登陆作战胜利结束,整个西欧已处在盟军的兵锋之下。

攻老巢灭亡纳粹:柏林之战

1945 年春,苏、美、英等盟国军队分别从东西两面进入德国本土作战,苏军进抵奥得河、尼斯河一线,距柏林仅 60 公里;盟军先头部队也前出到易北河附近,距柏林 100 至 120 公里。在东西夹击之下,德国法西斯的灭亡已为时不远,进攻柏林的最后决战就要到来。军事上陷于腹背受敌的德国,政治局势面临绝境,人力物力资源完全枯竭,士气低落,败局已定。但希特勒困兽犹斗,竭力拖延战争,指望反法西斯同盟内部发生分裂而使战争出现转机。

苏军最高统帅部为彻底消灭法西斯德军,结束欧洲战争,且鉴于英国首相丘吉尔力促英美军队先于苏军攻占柏林,决心快速实施攻克柏林的战役。为进行柏林战争,苏军投入 3 个方面军,他们拥有火炮 41600 门,坦克与自行火炮 6200 辆,作战飞机 7500 架,与德军相比已占据压倒优势。由于拥有兵力兵器的绝对优势,统帅部决心在宽大正面同时实施数个猛烈突击,合围柏林德军集团,而后将其分割并逐一消灭。苏军已经为进攻柏林做好了最后的准备。德意志第三帝国就要迎来可怕的末日。

4 月 16 日,白俄罗斯第一方面军和乌克兰第一方面军同时发动进攻,经激烈战斗,分别于 19 日和 18 日突破奥得河—尼斯河防御地区。18 至 19 日,白俄罗斯第二方面军在北面强渡东奥得河,抢占强渡西奥得河的出发阵地。4 月 19、20 日,乌克兰第一方面军的坦克部队从南面进抵柏林接近地,21 日突入柏林南郊;白俄罗斯第一方面军的突击部队于 20 日率先炮击柏林市区,21 日从东面突入柏林,开始市区交战。24 日,两个方面军的部队在柏林东南会合,合围德军法兰克福—古本集团约 20 万人;25 日又在柏林以西会合,封闭对柏林的包围圈,使柏林守军 20 万人成为瓮中之鳖。同日,乌克兰第一方面军的部队在易北河畔的托尔高与美军会师。此时,位于北部的白俄罗斯第二方面军于 20 日发动进攻并顺利西进,强渡西奥得河,连续突破德军防线,牵制了德第三装甲集团军和相当一部分预备队,保障了白俄罗斯第一方面军右翼在柏林北面的有效攻击。4 月 20 日,苏军的炮弹划破长空,第一次飞向柏林。进入柏林后,苏军对被围集团采取多路向心突击和分割围歼的战法,对企图突围的德军集群有效地实施战役迂回和分割包围,

苏军攻占柏林

于 4 月 26 日至 5 月 1 日消灭柏林南面的法兰克福—古本集团。与此同时,对柏林城区的强攻则采用割裂防御和各个歼灭的战术,逐街逐屋强攻占领。

这次战役,苏军消灭德军 70 个步兵师、23 个装甲师和摩托化师,俘虏其官兵约 48 万人,缴获火炮和迫击炮 8600 门、坦克和强击火炮 1500 余辆、飞机 4500 架。苏军损失 30.4 万人、坦克和自行火炮 2000 多辆、火炮和迫击炮 1220 门、飞机 527 架。这次战役的结束,是法西斯德国灭亡的标志,德国这个欧洲战争的策源地,此时只能无可奈何地品尝着自己酿成的苦酒, 苏军的炮火也把希特勒及其同党无情地推进历史的垃圾堆,最终赢得了柏林,也迎来了"二战"胜利的曙光。

太平洋舰队噩梦:珍珠港之战

1941 年 12 月 7 日,这是一个令所有美国人刻骨铭心的日子。这天,美国夏威夷海军基地——珍珠港,遭到了日军的毁灭性打击。这是一场真正的战斗,进攻的一方突然袭击,近乎疯狂,另一方则毫无招架之力,等待挨打。在没有对攻的残酷屠杀中,美国人被山本五十六玩了一个"通吃"。

事实上,对珍珠港发动进攻,早已在山本五十六的酝酿之中,所谓的"攀登新高山"计划就是袭击珍珠港的计划。但为了掩人耳目,日本在战前还是放出了"和平"的烟雾。1941 年 1 月,野村山吉郎出任驻美大使,并担负与美谈判的使命。而这时,日本内阁中的战争狂人东条英机早已决心南下,美日之战不可避免。而野村则受到了美国的热情欢迎,他们用礼炮迎接这位"和平使者",罗斯福还和野村动情地回忆起彼此间的交往。但实际上,美日谈判只是日本的缓兵之计,日本的炮口在谈判的同时指向了美国。

应该说,美国并不是一无所知。山本的计划在上报给及川海相时走漏了风声,以至于在山本上书后的 20 多天里,袭击珍珠港竟成了东京街头的传闻,美国大使格鲁也获得了这一消息并及时电告华盛顿。美国国务院把格鲁的电文抄送到陆军部和海军部,要求进行译解,而专家们的意见是驻日大使所说内容纯属"虚构"。海军作战部长斯塔克还给美国的珍珠港海军司令金梅尔发了电报称格鲁电报内容不可信,并指出根据当前掌握的资料看,不认为日本对珍珠港的行动迫在眉睫,在预计的将来也看不出有这种计划。

1941 年 10 月 31 日,日本参谋本部召开部长会议,决心于 12 月初发动战争,尔后同美国的谈判纯属外交伪装。日本人演起了双簧,一方面,野村在记者招待会上心虚地表白"为什么一定要打仗呢",另一方面南云中将率领日本海军联合舰队扑向珍珠港。东洋盗贼磨刀霍霍,山姆大叔却怀抱猎枪打盹儿。

在战争迫在眉睫之时，美国多少也察觉到了一些异样。他们通过分析情报大致判断出日本要发动战争，罗斯福也感到"同日本方面签订协定是没有丝毫希望的"，"日本随时有可能以突然袭击的办法开始新的征服行动。保卫我们国家的安全掌握在陆海军的手中"。罗斯福指出，"因为日本人不宣而战是臭名昭著的"，他要求大家研究对策，而美国的军界首脑面红耳赤地争论的主要问题却是怎样对付日本对东南亚的进攻。这时日本另一个使者来栖三郎又适时地出现在华盛顿的街头，以"和平特使"的身份兜售着"和平"言论。日本人更会瞒天过海，就在南云舰队已经起锚之时，日本东京还在制造"和平"气氛。

偷袭珍珠港

然而一切假象终究无法阻挡日本的开战决心。为了消灭夏威夷群岛珍珠港的美军太平洋舰队主力，日军早已组成了一支航空母舰突击编队，主要由 6 艘航空母舰（共载飞机 360 架）、两艘战列舰、3 艘巡洋舰、9 艘驱逐舰和 10 艘潜水艇组成。该突击编队于 1941 年 11 月 26 日从千岛群岛出发，于 12 月 7 日隐蔽地驶至距离珍珠港 230 海里的海域。6 时，日军第一突击机群（183 架飞机）起飞，7 时 55 分飞临珍珠港上空，首先对停泊在珍珠港内的美军大型舰艇和陆上的机场进行猛烈的轰炸。1 小时后，第二批突击机群 168 架飞机再次轰炸港内目标。与此同时，潜入港内的日本潜艇，也以鱼雷向美舰发起攻击。至 9 时 30 分，突袭全部结束。在 95 分钟的袭击中，日军共发射鱼雷 50 枚，投炸弹 100 余吨，击沉、击伤美军各种舰艇 40 余艘，击毁击伤飞机 300 架，伤美军 4500 多人，美军太平洋舰队遭到了极其重大的损失。而日军仅死亡 40 余人，损失飞机 29 架，特种潜艇 5 艘。日军袭击美国太平洋舰队的胜利，使双方海上力量的对比发生了有利于日本的变化，日本一时夺取了制海权，这就为尔后日军在太平洋西部的军事行动创造了有利条件。日本偷袭珍珠港，宣告了太平洋战争的爆发。12月 8 日，日本对美国宣战，同一天，美国国会通过决议对日宣战。

日本海军的厄运：中途岛海战

1941 年 12 月 7 日，日本成功偷袭珍珠港。此后，日本海军所向披靡，成了太平洋上的"无敌舰队"。不断涌来的胜利冲昏了海军大将山本五十六的头脑，他决定下一步进击中途岛。1942 年 4 月 28 日，美国用 B-52 重型轰炸机向东京投下了炸弹，虽然没有取得什么实际效果，却大大刺痛了日本人的神经，也刺激了死要面子活受罪而心理又极其脆弱的日本军人，这就更坚定了山本进击中途岛的决心。1942 年夏，日本出动联合舰队 10 万余人，舰艇 350 艘，飞机 1000 多架，发动了空前规模的中途岛战役。

虽然山本为中途岛海战制订了周密的行动计划，但存在于日本海军中的盲目乐观和骄傲自大情绪成为日本失败的重要因素。对于在太平洋海域扫荡战中晒黑了皮肤、养壮了身体的日本海军官兵来说，没有人会相信进军中途岛将会是灾难临头。甚至有一个水上机队狂妄地说："6 月中旬以后，凡寄交本队的邮件，收件地址一律写中途岛。"也许正是联合舰队的这种盲目自大在捉弄山本吧，他的整个作战部署，竟一直用原来的密码下达，虽然海军军令部决心改用"吕密码"和乱数表，但山本一直忙于协调中途岛的作战行动，忽略了这件事。这就给对手尼米兹将军提供了难得的机会。尼米兹受命于危难之际，其预见能力是出类拔萃的，他想到日本的目标可能会是中途岛，但不敢确定。于是，他决定利用他的"秘密武器"来解决这一难题，这就是罗奇福特的密码破译小组。1942 年 4、5 月期间，日本联合舰队异常频繁而神秘的电报，引起了罗奇福特的高度警觉。破译小组通过侦获到的大量无线电密码通信，初步掌握了日本海军近期将在太平洋中部采取一次大规模军事行动的迹象，但对日军将要进行作战的地点，他们还没有弄清，但在截获的一系列日本人的来往电报中经常提到"AF"两个字母。他们初步判断"AF"指的是一个日本人将要进攻的地点，根据日军电文所透露的种种迹象来看，"AF"很可能是指中途岛或附近地区。但这个初步判断必须查实无误，因为它直接关系到整个舰队的作战部署。如果"AF"指的不是中途岛，而是中途岛以外的地方，那将使作战部署落空，发生重大错误。所以，罗奇福特又想出了狡诈的一招。他们用浅显的英语拍出了一份作为诱饵的无线电报："由于中途岛上的淡水设施发生了故障，岛上的淡水供应越来越困难。"两天后，日军就通过侦听通信队向总部发报称："AF"很可能缺乏淡水。一切立时真相大白了。"AF"就是日军给中途岛起的代号。罗奇福特小组以此为突破口，顺藤摸瓜，一下子破译了反映日方舰队作战计划的所有通信。这样，尼米兹不仅清楚地掌握了日军夺取中途岛的战略企图，而且还查明了参战的兵力、数量、进攻路线以及大致上的作战时间，甚至连对方各舰舰长的名字都了如指掌。

查清山本的进攻计划后，尼米兹采取措施加强中途岛的防御，并加紧修复在珍珠港被日本炸毁的伤残航母。在加强中途岛附近警戒的同时，尼米兹以集中兵力从侧翼伏击日本舰队的战术，将斯普鲁恩斯的第十六特混舰队和弗莱彻的第十七特混舰队集结于中途岛东北 200 海里的海域待机。6 月 4 日，南云忠一的航母舰队进入美的口袋。在美国的攻击下，南云的"赤诚"号、"加贺"号、"苍龙"号、"飞龙"号全部沉入海底,南云舰队随之消失在日本海军的建制中。此时,山本意识到中途岛之战,日本的失败已经无可挽回。6月6日,山本率领舰队回撤,此时这支舰队已是面目全非。在舰队撤退行驶过程中,美国飞机又进行了一次攻击,将"三隈"号巡洋舰炸沉,并重创"最上"号。整个中途岛之战,日军共损失航母4艘,重型巡洋舰1艘,作战飞机300多架,官兵死亡2000多人。更重要的是,日本半数的航母和舰载机驾驶员失损,日本失去了在太平洋战争初期所具有的海空控制权。从此,日本被迫停止了在战略上的全面进攻,转而采取守势,太平洋战争开始出现转折。

蒙巴顿种下仇恨:印巴战争

印度和巴基斯坦都有充分的理由痛恨一个名叫蒙巴顿的英国人,两国间几十年冲突不断,多次爆发战争,这一切都是当初这位英国伯爵惹的祸。第二次世界大战结束后,印度人民的反英斗争运动日益高涨,英国为保持自己在印度的利益和地位,指使其在印度的末代总督蒙巴顿炮制了所谓的"蒙巴顿方案",将统一的印度一分为三,即印度自治领、巴基斯坦自治领、土邦。并规定土邦有权自主决定加入印度和巴基斯坦,或者两者都不加入,以此制造纠纷,从中渔利。第一、第二次印巴战争是因克什米尔土邦的归属问题而发生的。

克什米尔,全名查谟和克什米尔,位于喀喇昆仑山之南的喜马拉雅山区,介于印度、巴基斯坦、中国和阿富汗之间,北距苏联边境只有14.5公里,战略地位十分重要。历史上,英、俄、美等列强十分重视该地区的战略价值。英国在19世纪初曾把克什米尔地区作为它在中亚对抗沙皇俄国的"前沿阵地"和通向中国西藏地区的"金门"。沙皇俄国也曾企图将该地区据为己有,借以南下印度洋并与英美对抗;美国在"二战"之后也企图将该地区作为立足南亚和对付苏中社会主义阵营的军事基地。根据"蒙巴顿方案"的规定:穆斯林占多数的地域应划归巴基斯坦,但同时又规定,克什米尔可以自由加入印度或巴基斯坦,或者保持中立。巴基斯坦认为克什米尔大多数居民信仰伊斯兰教,归属巴基斯坦是天经地义的;但印度却坚持认为,穆斯林不是一个独立的民族,而印度却是一个独立的民族,克什米尔属于印度文化,因而归属印度也是顺理成章的。印度总理尼赫鲁就出生在克什米尔,他多次宣称,决不让自己的故乡落入他人之手。两国在此问题上都态度强硬,互不相让,1947年10月,双方最终为此发生第一次大规模武装冲突。后在联合国印巴委员会的调解下于1949年年初实现停火。同年7月,划定了停火线,巴基斯坦控制的地区约占全面积的五分之二,人口约占四分之一。印度约占全面积的五分之三,人口约占四分之三。印巴双方在各自控制区内分别成立了政府。但双方都没有放弃对克什米尔的

印巴战争场景

主权要求,这预示着克什米尔地区还会继续爆发冲突。印巴冲突给南亚地区的稳定投下了一层阴影,而大国势力对这一地区的干涉更增加了它的复杂性。

1965 年,印、巴围绕克什米尔问题形势又趋紧张,印度决心以武力来实现它的目标。9 月 6 日晨,第二次印巴战争爆发,印军越过国界向巴基斯坦领土拉合尔和锡亚耳科特地区发动大规模进攻。7 日至 9 日,又先后进犯东巴的卡里干则和西巴的海德拉巴地区。巴军进行了反击,使战争呈僵持状态。美苏认为印巴两败俱伤不符合自己的战略利益,9 月 23 日,联合国安全理事会通过决议,使双方宣布停火。但这次战争使两国间的仇恨加深一层,为 6 年后第三次印巴战争埋下了伏笔。

第三次印巴战争仍可追溯到"蒙巴顿方案",根据此方案,巴基斯坦由互不相连的东、西巴基斯坦组成,东、西巴虽然同属伊斯兰教,但中间隔着印度,相距很远,而且语言、文化及种族不同,在政治、经济上地位也极不平等。巴基斯坦将首都设在西巴,法定语言用乌尔都语,而不用孟加拉语。东巴出口的黄麻的收益主要用来建设西巴,军队和政府成员大多是西巴人。因此,东巴人认为自己只受到二等公民的待遇,逐渐转向支持倡议东巴自治的以拉赫曼为首的"人民联盟"。巴基斯坦的统一受到了严峻的挑战。当时执政的叶海亚军人政府对此实行了严厉的镇压,其结果不仅没有控制东巴局势,反而使之更加动荡。印度早有使巴基斯坦分裂之心,眼下巴的内乱给它提供了一个绝好的机会。印度政府声称对东巴的局势"不能袖手旁观",其总理甘地也公开表示支持拉赫曼的"民主行动"。1971 年 4 月,在印度的一手策划下,旨在干涉巴内政、分裂巴基斯坦的"孟加拉国临时政府"成立,并在政治上大造侵巴战争的舆论。同年 8 月,印度与苏联签订了带有军事同盟性质的《和平友好合作条约》,在苏联的支持下,印度的侵略气焰更加嚣张。11 月,印度就开始了它蓄谋已久的侵巴战争。巴基斯坦在这次战争中遭到了空前的惨败,印度入侵东巴的阴谋得逞,遂于 12 月 17 日宣布实行单方面停火,巴鉴于战败,也被迫接受了印方的建议。一个在战火中诞生的新国家——孟加拉国宣告成立,从而重新划定了南亚次大陆的版图。战争的结局极大地削弱了巴基斯坦的地区性战略地位,使东巴成为孟加拉国,而印度从此奠定了印度洋地区性军事强国的地位。

历次印巴战争并没有缓解印巴两国之间的根本矛盾,也丝毫无助于两国克什米尔争端的解决。第三次印巴战争之后,虽然大规模的冲突没有发生,但两国的军备竞赛一时也没有停止,以至于在90年代后期相继进行了核武器试验,让全世界都为此而感到震惊。可以预言,印巴之间新的武装冲突只是个时间问题。

美国人伤心之战:越南战争

越南战争是美国历史上最长的也是损耗最大的战事。在这场二战后最大规模的局部战争中,美国在政治上和军事上都败得很惨,使越战成为美国本世纪历史上最悲惨的一章,时至今日,越战结局的阴影仍难以消融,始终笼罩在美国人的心里,美国数百万人怀有"越南情结",特别是在越战中死伤的军人亲人,"越战伤疤"是当今美国政坛的一个有影响力的问题。美国人难以摆脱越战的痛苦"遗产"。

对于美国来说,越战的确是一场不堪回首的战争。1961年5月14日,美国总统约翰·肯尼迪下令派遣100名"绿色贝雷帽"特种部队官兵进入南越,拉开了对越南军事干预的序幕,但美国人没有想到,这一打就是14年,而且使自己身陷其中,难以自拔。美国起初想打"特种战争",即美国出钱出枪,协助南越军队进行反游击战,但在越南人民武装力量的抗击下遭到了失败。

正当美国政府面对战场上的失败时,1963年11月22日肯尼迪总统遇刺身亡,接任的约翰逊决心扩大侵越战争,他先制造了两次北部湾事件,把战火烧遍越南国土,侵越战争向大规模的局部战争不断升级。美国决心"南打""北炸",于1965年2月7日开始大规模轰炸越南北方,并派地面部队进入越南,发动"旱季攻势"。在激烈的交战中,美军没占到什么便宜。单是在"北炸"中美军就损失飞机900余架和1000多名飞行员,美国不断向越南增兵也无济于事。随着美军投入兵力的不断增加,美国国内反战呼声也随之增长,美国主张扩大战争的"鹰派"和主张以谈判方式结束战争的"鸽派"也不断向政府施压。约翰逊声称不会改变有限战争的既定政策,于是号称"越战之父"的国防部长麦克纳马拉被迫下台,美国在深不可测的越南战争泥潭中愈加深陷而不可自拔,美国为此付出的经济代价也在增长。在这种情况下,美国在巴黎与越南进行了旷日持久的和谈。1969年1月,尼克松入主白宫,决心调整对越战略,从越南战场彻底脱身。但美并不肯放弃自己的利益,谈判斗争几经曲折,

美国士兵在越南战场

最后终于在 1973 年 1 月草签了《关于结束越南战争与恢复和平协议》。1975 年 3 月,北方的越南人民军对南越政权发动了最后的致命一击,美国出动大批运输机冒着越南北方军队的炮火封锁,抢运美国公民和南越政权头目,200 余万越南人逃亡海外,4 月 30 日,越南战争终于画上了句号。

越南战争是一场代价骇人的战争,美国为此付出了沉重的代价。越战期间美国一共向东南亚地区派了 340 万军队,其中 240 万直接参加了越战,有 4.7 万名美国军人阵亡,另有 1 万多人在战争中死于事故和疾病,负伤者近 30 万人。美国政府为这场未见过胜利影子的战争花费了 2000 亿美元,损失了大量的武器装备,其中仅飞机和直升机就被击落了 9000 多架。越战导致军费开支的急剧膨胀,1974 年美国的国防预算由 1965 年的 470 亿美元猛增至 776 亿美元,但美国民众对政府处理国家安全事务的能力仍然普遍不满。越战失败后,美军陷入了空前的沮丧,大失败的阴影如同魔鬼一样无法驱除,支撑美国军事野心的军事实力也大大下降。越南战争也给美国带来了一系列社会问题。战后美国社会普遍存在"越南战争综合征",人们对越战抱有不同的看法,心理上还不平衡。在越战的支持者与反对者之间的鸿沟仍然很深,一辩论起就面红耳赤,没完没了。在越战老兵中,有 1/3 的人患有不同程度的"创伤后紧张紊乱综合征",他们当中还有不少人至今仍不可思议地生活在丛林中,摆脱不了战争的梦魇。这些被恐惧打上深深烙印的老兵回到国内后,成千上万人被送进了监狱,一般都是因为轻率的暴力行为。他们无法驱除越战的阴影,只有靠酗酒和吸毒摆脱痛苦,结果只能在痛苦中越陷越深,直到妻离子散。据统计,越战老兵除 5.8 万人倒毙越南战场外,另有 30 万人因酗酒过量、事故或凶杀暴毙,10 万人自杀身亡。美国五角大楼公布的消息说,在 1968 至 1972 年间,在越南参战的美军官兵中,约有 60%的人抽大麻,30%的人吸食过海洛因。越南战争的严酷事实,对美国社会所产生的深远影响永远都难以消除,美国败了,彻底干净地败了,越南战场的的确确是美国人的伤心地。

建桥头堡的美梦:苏联入侵阿富汗之战

阿富汗地处西亚最东部,北接苏联,西邻伊朗,东部与南部与巴基斯坦和克什米尔地区相连,东北部与中国接壤。阿富汗是中东通往亚洲东部和东南亚的陆上交通要冲,著名的"丝绸之路"就通过阿富汗北部平原,是苏联前出波斯湾,南下印度洋的捷径,战略位置极为重要,历来为兵家必争之地。从 17 世纪起,沙皇们就梦想征服阿富汗,南下印度洋,寻找"不冻港"。从军事上连接三大洋,控制海上通道。彼得大帝曾宣称:"当俄国可以自由进入印度洋的时候,它就能在世界建立军事和政治统治。"而经阿富汗从阿拉伯海进入印度洋是一条最便捷的路径。历代克里姆林宫的主人也都把阿富汗看作是自己南下印度洋的"跳板",为了和美国争夺世界霸权,苏联制定了雄心勃勃的南下战略。其主要目的是控制中东地区,掠夺石油及其他资源,封锁海上通道,入侵阿富汗是实现这一战略的重要步

苏军入侵阿富汗

骤。占领阿富汗,苏联就等于建立了印度洋的桥头堡,直接威胁西方的"石油生命线",同时,苏联的边界也向前推了650公里,距波斯湾只有500公里的距离。从阿富汗基地起飞的米格飞机,可以飞抵波斯湾口的咽喉要道,并能在那里巡航。

　　为实现对阿富汗的控制,在20世纪50年代,苏联就以经济援助为由,控制阿富汗的经济命脉,通过军事援助,控制阿富汗的军队。同时,在政治上开展颠覆活动,扶植亲苏政权。进入20世纪70年代后,美苏在世界范围内的争霸愈演愈烈,波斯湾地区的战略重要性更加突出,当时在苏联掌权的勃列日涅夫对阿富汗更加重视,但阿富汗的查希尔国王实行的对外政策具有明显的排苏倾向,于是克里姆林宫加紧扶植和支持阿国内的反国王势力,被认为亲苏的前首相达乌德正是苏联中意的对象,1973年7月,在苏联的一手策划下,达乌德乘查希尔国王去意大利治病之机,在国内成功地发动政变。但这一次克里姆林宫看走了眼,达乌德上台之后很快就改变了其亲苏的立场,强调阿富汗的独立,并逐步和美国改善关系,这是苏联所不能容忍的,于是转而在1978年4月又支持塔拉基发动政变推翻达乌德政府,同年12月签订了具有军事同盟性质的《苏阿友好睦邻合作条约》,为对阿富汗进行军事干涉制造了依据。塔拉基上台之后,果然积极投靠苏联,伊斯兰传统的绿色被苏联的红色所代替,阿富汗的国旗改为红色,街道两边的门窗涂成了红色,首都喀布尔成了"红色的海洋",阿富汗差不多沦为"苏联的一个加盟共和国"。莫斯科在阿富汗赢得了满意的一分。但是塔拉基与昔日的盟友、现任总理兼国防部长阿明的矛盾却日益严重。阿明大权独揽,塔拉基实际上成了徒有虚名的"精神领袖",二者矛盾最终到了不可调和的地步。在这场权力之争中,克里姆林宫选择了他们认为一向听话的塔拉基,并密谋除掉阿明,不想事情败露,阿明先下手为强,抢先铲除了塔拉基。虽然勃列日涅夫第一个给阿明发来贺电,但阿明知道苏联人向来是靠不住的,上台以后一直对克里姆林宫心怀芥蒂,公开逼迫苏联撤换大使,限制苏联军事人员入境,声称要与美国关系正常化。同时在国内采取了一系列人事变动措施,在各部

门安插亲信,撤换亲苏分子,并暗中指派保安人员监视苏联在阿人员的活动。苏联曾邀请阿明访苏,也遭到了拒绝。这一切,使苏联极为不满,勃列日涅夫唯恐阿富汗由一个"亲苏派"掌权的附庸国,变成一个由"排苏派"或"独立派"掌权的不服从其指挥的国家,更不允许阿富汗变成一个亲美的国家。因此,苏联决定除掉阿明,出兵进行武装占领。

这一年,美国和伊朗因人质问题吵得不可开交,伊朗国内出现动乱,阿富汗的近邻巴基斯坦、伊拉克等国均有内部困难,无暇他顾。西欧各国路途遥远,鞭长莫及。而且此时阿富汗国内局势更趋动荡,形成了天下大乱的局面。在全国 28 个省中,已有 25 个省卷入了武装斗争的洪流。阿苏边境是有边无防,纵深内也未构筑任何防御工事。苏联在军事上对阿富汗占压倒优势,可以有把握速战速决。苏联认为这是出兵阿富汗的最好时机。

1979 年 12 月 27 日,苏军在精心的准备下,对喀布尔进行了闪击,阿明死于非命,一周之内,苏军就完成了对阿富汗的占领。当克里姆林宫沉浸在一片狂欢之中时,他们没有意识到真正的战斗还没有开始。阿富汗如同一个大泥潭,苏联将深陷其中难以自拔,并为此付出了沉重的代价。1988 年后,苏军被迫分批从阿撤军。

耗时八年拉锯战:两伊战争

1980 年,中东这个"火药桶"又一次被点燃,使得海湾地区再度成为全世界所关注的热点中的热点。9 月 22 日晨,伊拉克军队突然向伊朗发动全面进攻,在一周之内深入伊朗境内 15 至 30 公里,打得伊朗军队措手不及。一些军事分析家、政治家和新闻记者据此预言,训练有素、装备精良的伊拉克军队只需几个星期就能赢得战争。但是恰恰相反,这场战争成了一场拉锯式的消耗战,一打就是 8 年。

这场战争的爆发既有历史原因也有现实原因,这中间还夹杂着民族纠纷、宗教矛盾、领土争端、个人恩怨等,使得战争的原因更加纷繁复杂。伊朗人多数是波斯民族,伊拉克人是阿拉伯民族,在历史上,两个民族曾多次兵戎相见,相互都有被统治的经历,都视对方为宿敌,结怨很深。围绕半条阿拉伯河的主权归属问题,两国斗了 70 年。伊朗一直要求河的后一段以主航道中心线为边界,双方共管;伊拉克则认为整个阿拉伯河应归自己管辖。1975 年,在阿尔及利亚总统布近丁斡旋下,签订了《阿尔及尔协议》,协议规定,两伊以河中心为界,作为补偿,伊朗让出原属伊拉克的扎固高斯、赛义夫、萨阿德等四个地区(总面积为 300 平方公里),并承诺不支持伊拉克的库尔德族反政府武装。但协议签订后,伊朗迟迟不交割土地。伊拉克认为自己受了"奇耻大辱"。霍梅尼掌权后,伊拉克多次提出修改协议,重新划定边界,但遭到拒绝。伊拉克总统萨达姆决心"以战斗收复领土"。不仅如此,两国长期存在的宗教矛盾更趋激化,伊朗人90%以上属什叶派,国家政权也掌握在什叶派的领袖霍梅尼手中;伊拉克政权却一直掌握在逊尼派手中,而且它基本上是一个世俗的国家。这和霍梅尼要在海湾地区建立一个以伊朗为中心的、政教合一、神权至上的"大伊斯兰联邦"的目标是相违背的,所以霍梅尼上台后即声称要"输出伊斯兰革命",号召各地什叶派起来夺权。为报当年被萨达姆驱逐出境的一箭之仇,霍梅尼将伊拉克作为"输出革命"的第一站。

霍梅尼的这种做法,不仅伊拉克不能容忍,而且也引起了向来保守的其他海湾国家的反感,这给萨达姆发动战争提供了借口。为了获得阿拉伯国家的支持,萨达姆又将自己打扮成阿拉伯的民族英雄,声称要为阿拉伯夺回被伊朗霸占的原属阿拉伯的领土阿布穆沙、大布通、小布通三个小岛。这一着果然一试就灵,萨达姆在阿拉伯世界赢得一片赞誉之声。萨达姆自恃伊拉克是海湾的头号军事强国,又有阿拉伯国家的大力支持,便准备对立足未稳的霍梅尼政权动武,一举打败伊朗,进而称霸海湾。于是在1980年9月22日,伊拉克军队贸然向伊朗发动进攻,两伊战争由此全面爆发。

在战争的最初,伊朗军队节节败退。伊拉克在一周之内深入伊朗境内15至30公里,占领了390多平方公里的土地,控制了阿拉伯河东岸地区。但伊朗很快就扭转了这种被动局面,到10月底就阻挡了伊拉克军队的全面进攻。战争并没有像伊拉克所希望的那样,伊朗在进攻面前会承认战败并求和。整个1981年,两伊战争处于相持状态。伊朗采用人海战术,伊拉克利用武器装备的优势,进行了一些激烈的战斗,双方互有胜负。1982年4月,伊朗军队发动"圣城"战役,一举收复了霍拉姆沙赫尔及全部失地。在战局不利的情况下,伊拉克宣布单方面停火,但伊朗人杀得兴起,对伊拉克的建议根本不予理睬,并挟新胜的余威向伊拉克境内大举进攻,却也未能讨到便宜,战争呈胶着状态。

1983年到1988年期间,战争同时在陆上和海上展开。陆上战斗大多是"袭城战",在海上双方展开了"油轮战"。这不仅给两国的经济造成巨大的损失,也给中立国的油轮带来严重的威胁。美苏两国以此为借口,争相护航,并在海湾地区明争暗斗,使海湾局势进一步复杂。

两伊武装冲突,引起了国际社会的严重关注,1987年7月20日,联合国安理会全体一致通过了要求伊朗、伊拉克立即停火的决议,即598号决议。伊拉克在第二天就作出了反应,表示欢迎安理会的决议。一年之后,伊朗迫于战争形势非常不利,在国际上形象孤立,国内经济衰败、政局不稳,人民厌战情绪加剧,军队损失惨重,于 1988 年 7 月 18 日,宣布接受 598 号决议。霍梅尼说:"接受这一现实比喝毒药还要厉害,为了使真主满意,我要把它喝下去。"两伊终于在血战 8 年之后实现停火。

制空制海新较量:英阿马岛战争

1982 年的世界本来就不太平,一场新的局部战争在南大西洋一隅的马尔维纳斯群岛突然爆发,尤让世人感到震惊。

马尔维纳斯群岛,英国人叫它福克兰岛,位于麦哲伦海峡东南 450 公里处的南大西洋,它扼守南大西洋和南太平洋的航道要冲,控制两洋航线,战略位置非常重要。历史上的马岛一直命运多舛,其归属几易其手。最终在 1833 年,英国以该岛为英国人最早发现为借口,强行占领了马岛。

英国占领马岛后,150 年来,英国和阿根廷双方一直为马岛的归属争议不休,不断进行谈判,但毫无结果。1982 年 2 月,阿根廷强硬派总统加尔铁里上台后,表示要"采用其他手段"解决问题。4 月 2 日,阿军在精心准备之后开始行动,驻守马岛的约 200 名英国守军在稍作抵抗后宣布投降。与此同时,另一批阿军也占领了距马岛 180 公里的南乔治亚岛。

阿根廷终于在 150 年后重占马岛。消息传到阿根廷首都布宜诺斯艾利斯时,阿根廷人像看足球赛一样疯狂了,数十万群众自发聚集在总统府前的"五月广场"上,齐唱国歌,高呼口号,庆祝胜利,外长门德斯神采飞扬地说:"今天是我一生中最幸福的一天。"总统加尔铁里虽然一方面担心英国人不会就此善罢甘休,但很快民众的情绪就使他感到阿根廷人的爱国热情足以融化英国的飞机军舰,没有什么可担心的;另一方面,他又天真地认为"女人是不会走入战争的",想必英国远隔重洋,不会为这样一个荒无人烟的小岛而大动干戈。一连几天,整个国家都沉浸在一片欢庆的气氛之中,民心士气达到了历史上的最

英阿马岛战争

高点。

与此相反,在南大西洋突变的风云面前,由于精神上毫无准备,英国首都伦敦却呈现出前所未有的震惊和慌乱。各大报纸几乎都以醒目的通栏标题报道了同一个内容:"福克兰岛被阿根廷夺去。"

在舆论的巨大压力下,保守党政府出现了执政以来的最大危机。素以"铁娘子"而闻名于世的英国首相撒切尔夫人立即采取对策。4月3日,撒切尔夫人在议会发表了激动人心的讲话,她坚定地宣称,决心派兵远征,以武力重新夺回马岛,她大声疾呼:"支持我吧,支持我就是支持英国!"在反驳"女人不会走入战争"时,她神色坚定地回答道:"请你提醒他们注意,梅厄夫人和甘地夫人都曾毫不迟疑地走入战争,并且都赢了!"雷鸣般的掌声从议会大厅传出,英国议会以全票一致通过首相的提议,这对在以往任何事情都要先吵一通的英国议会来讲,实在是一个绝无仅有的奇迹。

英国既有铁的首相,又有铁的决心,它还需要一个铁的将领,皇家海军少将伍德沃德在危难之际奉命挂帅出征。

无论从哪方面讲,英国在这场战争中的动员工作都将永载史册,短期内就有约60艘民船被征用和改装,和皇家海军一起组成"二战"后英国最大的特混舰队,杀气腾腾地扑向他们之中谁也不熟悉的远方岛屿。

4月24日,特混舰队抵达马岛海域,次日,英军一鼓作气拿下了南乔治亚岛,为特混舰队取得了一个立足点和前进基地,这也是英国人的首次胜利,它增强了英军的信心。阿根廷这时在狂热之后逐渐清醒过来,发现自己正处于英军的威胁之下,盟友们这时都背弃自己而去,就连刚激发起来的民族热情也消失于无形之中。从5月1日起,两军进行了激烈的海空大战,英军"竞技神"号和"无敌"号航空母舰上的飞机不断向马岛进行攻击,让阿国尝到了不少苦头。但阿空军的报复很快就落到英国人的头上,一枚"飞鱼"导弹将英驱逐舰"谢菲尔德号"击沉,接着"考文垂号""大西洋运送者号"都相继葬身海底。尽管如此,阿军的自杀性攻击终于使自己成了强弩之末,再也没有力量来打破英军的海空封锁。形势变得对英国有利,伍德沃德决定发动登岛作战。

5月26日,英军对马岛的守军发动最后攻势,将阿军合围于斯坦利港内,并不断地对阿军进行心理战,当时正值第十二届世界杯足球赛期间,英军播音员天天在喊"阿军兄弟们,回家看足球去吧",更让阿军军心涣散,斗志瓦解。在英军强大的攻势面前,阿军于6月14日宣布投降,这样,战斗决心更坚决,武器更精良,士兵素质更好的英国赢得了胜利。

"外科手术式"空袭:美国对利比亚的"黄金峡谷"行动

1986 年是联合国确定的"国际和平年",然而世界依然没有实现和平,就在这一年,向来有点霸道的"山姆大叔"用他那把锋利的军刀给地中海南岸小国利比亚做了一次"外科手术",使"国际和平年"的光彩顿时黯然失色。

当今世界头号强国为什么要对一个小国如此大动肝火?这还得从卡扎菲上台说起。位于非洲北部的利比亚,北濒地中海,战略地位十分重要。在 20 世纪 60 年代末以前,利比亚政府曾长期奉行亲美政策。美国在离利比亚首都的黎波里仅 60 公里的惠勒斯建立了一个庞大的军事基地。它是美国在非洲的最大基地,也是美国在非洲和中东进行军事干预的桥头堡。1969 年 9 月 1 日,27 岁的上尉卡扎菲发动政变成功,成为一国至尊。卡扎菲上任后,立即改变亲美立场,下令驱逐所有外国驻军和关闭全部外国军队设在利比亚的军事基地。更令美国气愤的是,卡扎菲还向全世界宣告:美国是阿拉伯国家的

"珊瑚海"号航母上的舰载歼击机

"头号敌人",如果美国不撤出他的国家,他就要把学校变兵营,让住宅变战壕,为在自己的国土上赶走最后一个入侵者而流尽最后一滴血。于是两国关系更趋恶化。与此同时,卡扎菲加强了同苏联的关系,大量购买苏联武器,聘请苏联顾问,并在国内部署了苏制萨姆地空导弹。这种亲苏反美的政策使华盛顿简直是气急败坏。1979 年 11 月,伊朗爆发了大规模反美事件,卡扎菲带头响应。利比亚的示威者一把火烧毁了美国驻利比亚的大使馆。美国立即报复,总统下令关闭驻利比亚首都的使馆。1981 年,美国命令驻美国的利比亚外交官离开美国。同一年,在锡德拉湾上空,美国海军的喷气式飞机击落了两架利比亚飞机,借口这两架飞机曾向美国飞机开火。卡扎菲则发誓"要消灭我们在任何地方的敌人"。1982 年 3 月,美国禁止从利比亚进口石油,利比亚原是美国的第三大石油供应者,经济上受到

不小的打击。

到了 1986 年,两国的关系更加紧张。1 月 7 日,美国总统里根命令在利比亚的 1500 余名美国公民离开利比亚,冻结利比亚在美国的财产。1 月 26 日,卡扎菲宣布,如果他的国家遭到袭击,利比亚准备袭击美国在欧洲各地的军事基地。

导致美利大规模武装冲突的导火线,是 1985 年 12 月底罗马和维也纳机场发生两起恐怖分子袭击民航办事处的惨案,遇害死亡的 20 人中,有 5 名是美国人。尽管这次卡扎菲没有幸灾乐祸而是表示谴责,但美国人不容分说,一口咬定卡扎菲参与此事,里根决定借机狠狠地教训一下卡扎菲。代号为"草原烈火"的行动计划很快制订出来,"珊瑚海"号和"萨拉托加"号航空母舰战斗群奉命前往地中海"显示实力",以传递"对恐怖主义采取行动的强有力的措施"。倔犟的卡扎菲岂可忍受美海军在自己家门口耀武扬威?利比亚国家虽不大,但是胆量还是有的。为了对付美国可能的侵犯,卡扎菲部署了苏制导弹,重申沿海 200 海里海域为本国的领海,以北纬 32°30′为界线,宣布此线为不可逾越的"死亡线"。里根对此根本不予理睬,蓄意挑衅,令其舰船上的飞机进入"死亡线",引诱利比亚攻击,以便借机向利比亚进行大规模军事进攻。3 月 24 日,双方首次交火,两天之内,利比亚损失惨重,伤亡 200多人,5 艘导弹巡逻艇被击沉、击伤,12 个导弹发射架和一座雷达被摧毁。美国扬扬得意地收兵回营,以为这一下教训了卡扎菲,恐怖活动从此可以大大收敛。但是卡扎菲天生不服输,发誓"要在全世界报复美国"。4 月 2 日和 5 日,接连发生了美国一架班机空中爆炸事件和西柏林夜总会爆炸事件。很明显,这是针对美国来的,美国又咬定这两起恐怖活动是根据卡扎菲的指示进行的。里根恼羞成怒,认为仅仅教训一下已远远不够,决心彻底干掉卡扎菲。代号为"黄金峡谷"的空袭利比亚的作战计划立即付诸实施。4 月 15 日凌晨,美军战机突然袭击利比亚,前后只花了 12 分钟,就严重摧毁了设在巴卜阿齐齐耶兵营的卡扎菲的总部、两个机场、1 个港口、1个训练基地,炸毁各种飞机 37 架。卡扎菲虽然侥幸躲过一劫,却炸死了他的一个养女和炸伤他的两个儿子。

1986 年,被玷污了的"国际和平年"终于在美利的激烈冲突中结束了,但是矛盾却没有得到解决,新一轮的恐怖主义浪潮又席卷全球,美国又在酝酿对利的再次打击。

杀鸡用了宰牛刀:美国入侵巴拿马之战

1989 年年底,美国突然袭击巴拿马,抓走了总统诺列加,并以贩毒、受贿等十项罪名判处 145 年监禁。美国入侵巴拿马,固然有方方面面的原因,但最主要的是为了保住其对巴拿马运河的既得利益。

20 世纪初开通的巴拿马运河,在经济上和军事上都有极其重要的意义。它在美洲中部将太平洋与大西洋联结起来,大大缩短了两洋的航程。美国作为世界霸主,其全球战略中也必然有巴拿马这一环。从运河开挖那天起,美国就凭借其军事经济实力控制了巴拿马运河,同时也控制和操纵着巴拿马政权,成为运河的主要受益者。运河每年收益 3 亿多美元,绝大部分为美国所得;美国还把运河西岸 16.1 公里的范围划为"运河区",设立美军南方司令部,不许巴拿马人入内,"运河区"成为国中之国。但是随着巴拿马的民族斗争和国际和平主义的高涨,迫使美国于 1977年与巴拿马政府签订了新的运河条约,规定 1999 年 12 月 30 日将巴拿马运河的主权交给巴拿马。这就意味着巴拿马运河将成为巴拿马的内河,这是美国人不愿意看到的。对于美国来说,运河是它的生命线,失掉了运河的管理权,会给它带来严重的政治、经济和战略后果。因此,美国历届总统都把目光紧紧地盯着巴拿马,操纵巴拿马政权,使之确保掌握在亲美的人手中。时任巴拿马总统的诺列加也不例外,同样是靠美国主子的撑腰才爬上了总统宝座。哪知道诺列加上台以后,有时就不那么听话了,他竟然积极宣扬要在 2000 年的第一天将巴拿马运河收回,他还胡作非为,大肆进行毒品走私,把大量毒品运到美国。

这是美国不能容忍的,因此美国人采取了诸多手段来对付诺列加。里根政府时代,美国司法部对诺列加贩卖毒品进行起诉并私下与他谈判,只要他放弃权力,美国就撤销起诉,可谈判没有结果。美国又对巴拿马实行经济制裁、外交诱逼、军事威胁,都没达到目的。美国中央情报局采取了旨在推翻诺列加的秘密行动,多次政变都失败了。布什上台后,更加支持巴拿马反对派的倒诺行动。1989 年 10 月 3 日,巴拿马部分中下级军官发动政变失败后,布什批准一项 300 万美元的专款,供策动第二次政变使用。与此同时,美国开始向巴拿马增兵 4500 人,空运了大量坦克、装甲车和武装直升机,做好了直接入侵巴拿马的准备。

但是,要入侵巴拿马必然会遭到世界舆论的谴责,布什需要一个借口。美国的主要借口就是"打击毒品走私"。毒品走私是 20 世纪 80 年代以来最容易引起公愤的国际问题之一。美国指责诺列加参与了国际毒品走私活动,同哥伦比亚贩毒集团有牵连,把"毒犯"缉拿归案,就

F-117 隐形战机投掷精确制导炸弹

成了出兵的重要理由。但这还不够,美国还需要更体面的借口。机会终于来了。12月16日晚,4名美国军官身着便衣去巴拿马城里吃饭,在经过巴拿马国防军司令部所在的某街时与巴拿马国防军士兵发生冲突,美国中尉帕兹受重伤,后来死在医院。美国国防部立即扬言要保护"美国人身安全"进行"自卫"。一个美国军人的死就成为美军入侵巴拿马的导火线。1989年12月20日凌晨1时,美军的F-117隐形战斗轰炸机潜入巴拿马领空,轰炸了驻里奥阿托的巴拿马军高炮阵地,拉开了入侵序幕,随后美国参战的陆、海、空军兵分五路扑向巴军各军事要地。美国仅用8个小时就击溃了巴军进攻,15个小时摧毁了主要军事设施,推翻了诺列加政权,诺列加躲进梵蒂冈使馆避难。很快美国人就发现了诺列加的行踪。为了逼迫梵蒂冈使馆交出诺列加,美国与梵蒂冈进行了谈判并向罗马教皇施加压力;美军还在使馆外不停播放摇滚乐曲和抨击诺列加的新闻,在此情况下,梵蒂冈使馆只好"体面地"交出了诺列加。诺列加一出使馆便被戴上手铐,随后被押到霍华德空军基地,然后被一名禁毒品局特工逮捕,等待他的是一辈子都服不完的徒刑。这场战争给巴拿马带来了深重的灾难,巴拿马人民也永远都不会忘记美国布什政府给他们带来的耻辱。

中东油库大危机:伊拉克入侵科威特之战

在中东这块古老而辽阔的土地上曾有过一个文明发达的阿拉伯帝国,只是后来被奥斯曼帝国所吞并。直到19世纪,大部分阿拉伯人还是衰落的奥斯曼帝国的臣民。20世纪初,阿拉伯人开始了新的复兴运动,他们想借助英、法等西方列强的力量来振兴自己,但到头来,英、法却用武力分割了北非和中东地区,通过疆界的划分来达到对广大的阿拉伯土地和穆斯林实行分而治之。由英、法包办划分的阿拉伯各国的疆界,后来给中东乃至整个阿拉伯世界带来了深重的灾难。科威特的主权和边界争端就是一个突出的例子。在历史上,科威特曾有一段时间是伊拉克巴士拉省的一部分。1899年,科威特沦为英国殖民地。1932年,伊拉克首相赛义德提出划分伊拉克与科威特的疆界,得到了科威特埃米尔艾哈迈德·萨巴赫的确认。但国界却一直没有最后勘定。1939年,科威特又成了英国的"保护国"。第二次世界大战后的1960年,英国宣布承认科威特的自治权。

1961年年初,科威特从英国殖民统治下独立出来,正式成为一个独立的王国。但以前曾统治过科威特一段时间的伊拉克和沙特阿拉伯,在科威特的归属问题上产生了争执,英国又趁机出兵"保护"科威特。1961年7月20日,阿拉伯国家联盟宣布接纳科威特,同时要求英国立即从科威特撤军。同年9月9日,英国从科威特撤出了全部军队。1962年1月，科威特召开制宪会议，讨论宪法的制定。当年11月，科威特颁布了宪法，规定科威特为由萨巴赫家族掌管的埃米尔王国。尽管如此，它与伊拉克、沙特阿拉伯的纠纷仍然没有得到彻底解决。伊拉克要科威特"归还"海上通道布比延岛和沃尔拜岛地区以及其他一些战略要地，遭到了科威特的拒

萨达姆号召伊拉克国民开展"圣战"

绝。从此之后，伊科边界争端便不断发生，1973年更是发展到了武装冲突。

1979年，萨达姆·侯赛因出任伊拉克总统之后，科威特王储兼首相萨阿德访问伊拉克，提出彻底解决伊科边界问题，萨达姆当即表示同意。于是，伊科两国决定成立以内政部长为首的联合委员会，负责解决由来已久的伊科边界问题。然而，萨达姆这样做，只不过是故意向科威特丢了个媚眼儿，他并不急于在这个时候解决伊科边界问题。因为他所谋求的是地区霸主，主宰中东事务。他把伊朗看作是他夺取霸主交椅的主要障碍。于是在第二年就向伊朗出兵，想在征服伊朗之后再解决伊科问题。所以，他向科威特丢个媚眼儿，却又不动真格的，故意吊着科威特的胃口，以获取科威特对他的资助。

萨达姆的"媚眼儿"果然使科威特患上了"单相思"。两伊开战后，科威特紧紧站在伊拉克一边，向伊拉克提供了大量的经济援助。1988年8月20日，两伊实现了停火，科威特认为解决伊科边界问题的时机来到了。科威特王储兼首相萨阿德和埃米尔萨巴赫先后访问伊拉克，明确提出彻底解决伊科边界问题，但遭到了伊拉克的拒绝，科威特8年所付出的巨额援助，换来的却是横眉冷眼。

到了1990年，世界政治动荡加剧，美以联盟在中东的势力增加，阿拉伯世界内部矛盾更为复杂，萨达姆加紧了他称霸海湾的战略步伐。这年5月28日，萨达姆把各主要阿拉伯首脑请到巴格达，说是召开一次非正式首脑会议，讨论阿拉伯民族面临的紧迫问题。会上，萨达姆以盟主的口气抱怨阿拉伯联盟内部不团结的现象，弦外之音是：我们伊拉克为保卫阿拉伯民族的利益，同伊朗打了8年仗，为大家在前方流了8年血，欠了你们几个钱，你们都不肯放过，非要让偿还不可，这还算什么"盟友"？他还强烈谴责某些海湾国家只顾自己赚钱，超额生产石油，导致国际市场上油价一跌再跌，损害了阿拉伯民族的利益。他愤怒地质问科威特埃米尔贾比尔："你知道市场上油价每跌1美元，伊拉克一年的损失是多大吗？是10亿美元。你应该对此负责。"贾比尔拒绝了萨达姆的指控，列举了大量的事实证明科威特在两伊

战争期间对伊拉克财政和物质上的巨大援助。与会的首脑们心里非常清楚,萨达姆要敲诈他们的资金,尤其是现钱,以缓解伊拉克国内严重的经济困难。萨达姆的专横与野心,使这次首脑会议不欢而散。

尴尬的首脑会议之后,伊拉克对科威特步步紧逼:1990 年 7 月 17 日,萨达姆指控科威特伙同阿联酋滥售石油,造成油价下跌,致使伊拉克蒙受了 140 亿美元的损失,要求科威特必须如数赔偿。18 日,伊拉克外长阿齐兹指控科威特在边境油田"偷来"了伊拉克价值 24 亿美元的原油,也要科威特如数赔偿。

科威特明白了,伊拉克的指控,其目的是不但要一笔勾销它欠科威特 130 亿美元的债务,还要科威特倒贴它一大笔钱。科威特深感冤枉,但又惹不起伊拉克。于是只好请求联合国来协助解决科伊纠纷。萨达姆对科威特这种做法非常愤怒,于 7 月 23 日气势汹汹地指责科威特寻求联合国来解决伊科纠纷。第二天,他就向伊科交界处调兵遣将了。

萨达姆向科威特索取的的确不只是金钱,他还要科威特的土地和港口,要科威特丰富的石油资源。他要科威特割让或"租借"位于阿拉伯河以西的布比延岛和沃尔拜岛,以保证伊拉克有一个稳定的出海港口,以便它自由顺畅地出卖石油。多年来,伊拉克没有直接的海上通道,所产的石油都是通过设在沙特阿拉伯和土耳其的输油管道向外销售的。如果有了布比延岛和沃尔拜岛这两个出海港口,就可以减少外界对它的制约因素。其实,在两伊战争期间,科威特就曾让伊拉克使用这两个岛,伊拉克还在岛上建起了海军基地和石油化工设施,并建有一个港口。可萨达姆觉得,对这两个岛只有使用权还不够,还应该对它拥有主权才行。伊拉克还提出要科威特把位于伊科边境地带同鲁迈拉油田相连接的一块科威特油田让给伊拉克,以增加自己的石油拥有量。伊拉克的石油储量为 142.8 亿吨,而比它小得多的科威特的石油储量就有 134.8 亿吨。据有关人士透露,科威特石油的实际储量,远远大于它公布的这个数字,很可能超过沙特成为世界第一大产油国。如果把伊科两国的石油储量相加,就占去了全世界石油储量的 20%。这也是萨达姆对科威特垂涎的重要原因。在强大的利益驱使下,伊拉克突然对科威特下手,只用了 10 个小时的时间,就把科威特吞并了。萨达姆迈出了称霸海湾地区的重大步子,导致了海湾危机。

联军解放科威特:"沙漠风暴"计划

1990 年 8 月 2 日凌晨,当科威特居民还在酣睡之时,伊拉克坦克的履带碾碎了他们的美梦。仅仅 10 个小时,伊拉克这头"海湾雄狮"就将它的这位富得流油的近邻一口吞下。科威特沦陷的消息一传出,世界一片震惊,突如其来的海湾危机,引起了国际社会的强烈反应,使世界陷入一片忙乱之中。

美国首先表现出了异乎寻常的强烈反应。8月2日伊拉克入侵科威特后的几个小时,美国总统布什就发表讲话,强烈谴责伊拉克的入侵。他说,伊拉克占领科威特,并企图通过恫吓或侵略支配沙特阿拉伯,从而对美国的国家利益构成了真正的威胁,"这是不能容忍的",美国需要对此作出明确的反应。在危机发生后不到一小时,美军"独立"号航空母舰战斗群就奉命驶向海湾地区,"艾森豪威尔"号航空母舰战斗群也紧急出动。

8月5日,伊拉克入侵科威特的第三天,美国国防部长切尼前往沙特阿拉伯与法赫德国王会谈。美军要在海湾对伊拉克采取行动,不能没有海湾国家的支持;而伊拉克吞并了科威特,着实让沙特阿拉伯胆寒,它正需要美国的保护。会谈很快就达成了协议,沙特同意美军使用其港口和机场以应付危机。8月7日,布什总统正式签署实施"沙漠盾牌"计划,其公开使命是防止伊拉克入侵沙特,并采取一切手段迫使伊拉克从科威特撤军。由参谋长联席会议主席鲍威尔出任总指挥,由沙漠作战经验丰富的美军中央司令部司令施瓦茨科普夫将军担任中东地区美军总指挥,负责指挥美国派驻沙特防御伊军入侵的所有武装力量。30小时之后,美军第一批战斗机和第八十二空降师一部抵达沙特。

为了争取更多的合作伙伴,伊拉克入侵之后,美国四处活动,借机扩大自己的影响。世界各国对海湾危机的态度,虽然出发点和具体的政策、主张不尽相同,但绝大多数国家都反对伊拉克的入侵行为。在美国的号召下,先后有106个国家和地区参与对伊的经济制裁,出现了东西方联袂和南北方呼应的局面,并有37个国家出兵和美军一起组成多国部队,共同对付伊拉克,这种形势对美军显然非常有利。到1月17日,美军在海湾的总兵力达到45万人,多国部队共70万人。多国部队约有坦克3500辆,作战飞机1300架,武装直升机1400架,各类舰艇245艘,其中6艘航空母舰。伊拉克驻科威特战区54万人,约有4000辆坦克,750架飞机(大部分在伊拉克境内),70艘舰艇。经过紧锣密鼓的调兵遣将、训练演习,美军完成了进攻性部署,对伊已形成了重兵压境之势。海湾上空,硝烟弥漫,黑云滚滚,两军对峙,剑拔弩张。

对于多国部队咄咄逼人的"沙漠盾牌"行动,伊拉克毫不示弱,尤其是联合国678号决议通过后,伊拉克愤怒地称它是"最后通牒",并举行了声势浩大的示威游行。8月7日,美国总统布什正式签署"沙漠盾牌"行动。计划实施后,伊拉克总统萨达姆公开说,美国部队如果进攻伊拉克,一定要叫美国人"躺在棺材里回国"。伊拉克电台广播也宣称"美国及其盟国部队将无法打赢对伊拉克的战争,数以千计的美国及其盟国部队将丧身异域,躺在棺材里回家"。为对付美军的进攻,伊拉克不断向科威特增兵,到战争爆发前,伊部署在科境内的兵力达55万,坦克装甲车6700多辆,火炮3100门,战机250架,并在防御前沿修筑了一条"固若金汤"的"萨达姆防线"。美国花费大量心血的"沙漠盾牌"行动,根本就未能使伊拉克屈服。

随着海湾危机的逐步升级,联合国秘书长德奎利亚尔于1991年1月13日前往巴格达,为避免战争作最后的努力,但结果仍是不欢而散,和平的大门也随之关死。此时离安理会678号决议所规定的最后撤军期限只有两天时间,海湾战争的爆发处于读秒阶段。1991年1月17日当地时间3时许,美军战斗轰炸机从沙特阿拉伯起飞,开始对伊拉克军队进行大规模的空袭。整个空袭包括"沙漠风暴"计划四个作战阶段的前三个,美军称之为空中战局。按计划三个阶段同时开始,齐头推进,逐一达到既定目标。通常的空袭模式是,由EF-111、EA-6B和EC-130H等电子战飞机先开辟通路,担负攻击任务的F-117、F-111DAEAF、A-6、A-10、AV-8B、F-15E、B-52等型飞机攻击各指定目标,F-14、F-15C、F-16和FAA18等飞机则担负掩护任务。日出动量达2000至3000架次。据美军统计,至地面进攻开始时,科威特战区伊军部队54万人中伤亡达25%以上,重装备损失达30%至45%。

为了实施地面进攻作战,美中央总部陆军也制订了具体战役计划,这就是"沙漠军刀"计划。计划决定,由5个军队集团执行地面作战任务。从1月17日空袭之日开始至2月24日进行了大规模部署调整。2月24日当地时间凌晨4时整,多国部队向伊军发起了大规模诸军兵种联合进攻,将海湾战争推向了最后阶段。多国部队首先在战线中部发起攻击,以吸引伊军统帅部注意力。随后,东西两端开始行动,以造成西端"关门",东端"驱赶"之势。在这种情况下,担负主攻的美第七军发起决定性攻击。先向北,随后向东,歼击伊军主力部队。伊军在多国部队进攻面前进行了顽强抵抗,后逐渐向北和西方向撤退,并点燃了科威特油田的大量油井。28日晨,科威特城已全部被阿拉伯部队控制,多国部队也大多完成了各自任务。鉴于此,布什总统下达了当日当地时间8时暂时停火的命令。整个地面进攻历时100小时。暂时停火以后,伊拉克表示接受美国提出的停火条件和愿意履行联合国安理会历次通过的有关各项决议,多国部队解放科威特的战斗胜利结束。

兄弟间民族仇杀:波黑内战

萨拉热窝,这座瓦尔特曾经誓死保卫过的英雄城市,在平静了46年之后,又经历了一次战火的洗礼。当人们再次高唱"啊,朋友再见吧"时,他们所进行的已不是抗击法西斯侵略者的斗争,而是一场昔日兄弟之间的民族仇杀,是一场彻头彻尾的内部混战。这就是二战以后欧洲大陆上爆发的最大规模的战争——波黑内战。

波黑，全称波斯尼亚和黑塞哥维那，是前南斯拉夫的一个共和国，位于素有欧洲的"火药桶"之称的巴尔干半岛。第二次世界大战后的冷战期间，在华约和北约两大军事集团对峙的情况下，这个地区的局势曾一度相对稳定，"火药桶"也相对沉寂。东欧剧变、苏联解体、华约在巴尔干的影响自动消失，战后美苏在这一地区的争夺即告结束。牵制巴尔干这个"火药桶"的两极力量突然断裂，各种旧有的矛盾开始死灰复燃，"火药桶"趁势开始冒烟并着火。前南斯拉夫止不住的动乱和不断升级的战争再次使"火药桶"的阴影笼罩在世界的上空。

战火首先在克罗地亚点燃，并很快燃烧到波黑境内，而且愈演愈烈，成为世纪末欧洲的一大军事热点。铁托这位具有铁一般意志的共产主义战士，如果英灵在天有知，虽死亦难瞑目。在他去世后仅仅 11 年时间，他亲手创立的南斯拉夫共和国已是面目全非，真正地四分五裂、土崩瓦解，在世界的舞台上彻底地消失了。更有甚者，打响内战第一枪的地方，正是这位前领导人的故乡克罗地亚。克罗地亚是前南斯拉夫的第二大共和国，也是前南斯拉夫经济最发达的地区，其中信奉天主教的克罗地亚人占 78%，信奉东正教的塞尔维亚人占 12%，主要居住在与塞尔维亚共和国和波黑共和国接壤的东部和东南部。历史上克塞两族的恩恩怨怨割不断，理还乱。在"一战"后的南斯拉夫王国，塞尔维亚推行"大塞尔维亚主义"，对其他民族百般压迫和歧视，造成这些民族对塞尔维亚的恐惧和仇视，其中受害最深的就是克族。在二战期间，在法西斯的支持下，"克罗地亚独立国"更是实行"种族清洗"政策，大肆屠杀塞尔维亚人。正是由于克塞两族的历史恩怨，当 1991 年 6 月 25 日克罗地亚宣布独立时，克罗地亚境内的 60 万塞尔维亚人出于对克当局的极端民族主义政策和对历史悲剧重演的恐惧，遂组织成立塞尔维亚族自治区和政府，并建立自己的武装，主动出击。有道是，卧榻之旁，岂容他人酣睡？克境内的塞族独立，遭到克当局的坚决反对，马上派兵进行镇压，塞尔维亚族武装奋起反抗，从此导致南社会进入动荡与内乱。为制止克、塞两族之间的武装冲突，南斯拉夫人民军驻军奉命进驻冲突地区。因为驻扎在克罗地亚境内的 22 万人民军中大部分是塞族人，克当局认为联邦军保护塞族、镇压克族，视其为占领军，因而克武装力量又同联邦军发生冲突，人民军也被迫应战，冲突很快从塞族聚居区迅速扩大到克罗地亚内地，大规模的内战也由此而起，随即便酿成了真正的民族战争，一直持续 1 年半之久。

一波未平，一波又起。克罗地亚境内的硝烟尚未散尽，波黑境内又响枪声，先是不同的民族集团之间的个别冲突，继而发展成为大规模的流血战斗，到 1992

年 4 月已演变成为名副其实的内战。位于前南斯拉夫中部的波黑共和国,面积不大,首都就是人们所熟知的萨拉热窝,它是一个信仰不同宗教的多民族混居的共和国,其中信奉天主教的克罗地亚族约占 17.3%,信奉东正教的塞尔维亚族约占 31.4%,信奉伊斯兰教的穆斯林族约占 43.7%。穆斯林族原本也属于塞族,前南斯拉夫领导人出于削弱和牵制最大的共和国塞尔维亚的考虑,20 世纪 70 年代把波塞境内信仰伊斯兰教的塞族列为单独的穆斯林族。于是占波黑人口的大多数的穆斯林成了波黑的最大民族。按宗教信仰来划分民族,这是前南斯拉夫的独创,而且它只在波黑这样做了,因此形成了波黑特有的民族矛盾。第二次世界大战中,在德国的扶持下,穆斯林族和克罗地亚族一起对塞族进行大屠杀,使波黑的民族矛盾变得更加尖锐。1992 年 3 月 1 日萨拉热窝巴什查尔希亚教堂的枪声是这场大规模内战的导火线,这一天也正是波黑进行全民公决的日子,一对塞族青年在婚礼上倒在血泊之中,这起惨案引发了本就心存不满的塞族人的愤怒情绪。因为一旦波黑独立,穆斯林族便占主导地位,对此,塞族人是坚决反对的。并且有言在先,如果波黑从南斯拉夫独立出去,塞族就从波黑独立出去。3 月 2 日,萨拉热窝电台刚刚将"3·1"惨案的消息播出,萨拉热窝各处迅即响起了密集的枪炮声。3 月 3 日,当波黑共和国在占 43%的穆斯林族和占 17%的克罗地亚族支持下宣布独立后,波黑塞族针锋相对,联合波黑境内刚刚成立的五个塞尔维亚自治区宣布成立波黑塞尔维亚共和国,决意脱离波黑而独立。以后便爆发了武装冲突,战火迅速向波黑全境蔓延,不断升级,波黑陷入全面内战。

依然矗立在那里的瓦尔特的塑像目睹了这一幕兄弟相残的悲剧,萨拉热窝在哭泣。波黑内战的一方是得到克罗地亚当局支持的波黑穆斯林和克罗地亚武装力量,另一方则是有塞尔维亚作坚强后盾的波黑塞尔维亚族的地方武装部队。穆斯林族和克罗地亚族在反对塞族武装这一目标上是一致的,但交战半年后,克、穆两族的矛盾和分歧也日益加深,此时塞族、克族和穆斯林三方已基本上控制了本民族占多数的地区。其中塞族控制 63.5%的领土,克族控制了 30%的领土。但是占波黑人口 43.7%的穆斯林大约只控制不到 10%的领土,其所占领土与其人口比例很不相称,且相当分散。结果因领土问题导致克、穆同盟破裂并陷入混战,交战两方变成了三方。战争越发变得惨烈。

波黑境内大规模的内战,给战后保持了 40 多年和平和稳定的欧洲来了严重的挑战,也引起了国际社会的密切关注。从战争一爆发,各大国就开始介入,经过一波三折,历经多年的波黑战乱终于在西方各国的干预下强行得以制止。但这只是暂时的弹压而已,引发这场冲突的根本矛盾并没有得到彻底消除,波黑内战的任何一方都没有如愿以偿,而且谁也没有改变原来的立场,战争的阴影仍笼罩着波黑。

只因总统不听话:车臣战争

俄罗斯联邦车臣共和国是俄罗斯联邦 89 个主体中的一个,位于海拔 4493 米的高加索山脉北侧,南与格鲁吉亚为邻,北与俄罗斯的斯塔夫罗尔边疆接壤,东、西两面分别为俄罗斯联邦塔吉斯坦和印古什共和国。其中车臣人占 53%,印古什人占 12%,其他为塔吉斯坦、俄罗斯等民族。车臣人信奉伊斯兰教,以尚武、善战闻名于世。19 世纪中叶并入俄罗斯之前,车臣尚处于宗教部落制度时期,主要从事农牧业活动,与外高加索和中东地区有一定的经济来往,各部落间经常发生冲突。历史上,沙皇在高加索进行了长达 50 年的战争,终于在 1859 年使车臣并入俄国版图。

十月革命后,1921 年车臣并入戈尔斯克自治共和国,不久分离出来成立自治区。1936 年成立车臣–印古什自治共和国。1942 年至 1943 年,车臣部分地区被德军占领。1944 年 2 月苏联政府以车臣"同敌人合作",并以"维护国家安全"为由,将车臣人、印古什人迁往哈萨克斯坦等中亚地区(车臣后来的总统杜达耶夫就是随父母移往哈萨克斯坦的)。1957 年苏联政府为此事平反,恢复了车臣的名誉,重新成立车臣–印古什共和国,允许车臣人、印古什人返回家园。

车臣盛产石油和天然气,首府格罗兹尼是俄罗斯通向外高加索的必由之路,地下是几条重要油气管的交汇处。俄罗斯通往外高加索的铁路、公路、石油管道均贯穿车臣境内,故素有"连接外高加索的生命线"之称。1991 年,"车臣全民族大会"领导人杜达耶夫利用苏联解体前的有利时机,推翻了车臣合法政府,宣布"车臣独立",杜达耶夫当选为车臣–印古什共和国总统。俄联邦一直不承认车臣主权地位及杜达耶夫总统的合法性。俄联邦政府强调,车臣是俄联邦不可分割的一部分,坚决反对地方分离主义。此后,车臣拒不签署联邦条约,拒不上交联邦预算,拒不参加联邦选举。俄联邦当局试图与车臣签订双边条约,以给车臣更大的自治权换取其放弃独立,但遭到杜达耶夫的拒绝。1991 年,叶利钦总统宣布在车臣实行"紧急状态",并下令军队立即进驻车臣。但此举遭到车臣人的强烈反抗。稍后,苏联解体,俄罗斯忙于内政外交,无暇顾及车臣。1994 年,俄罗斯社会逐渐稳定,车臣问题被再次提上日程。考虑到历史上沙皇曾与高加索国家交战数十年,代价巨大,以及一些

车臣战争

其他背景和原因,俄政府在很长一段时间没有直接出兵,而是采取扶持车臣反对派的办法。但是并未收到预期的效果。万般无奈之下,俄总统叶利钦于 1994 年 12 月 9 日下令解除车臣"非法武装"。12 月 11 日,俄罗斯军队进入车臣,并向杜达耶夫反政府武装发出最后通牒,在遭到断然拒绝后,俄政府军展开进攻,但车臣境内多山,时值隆冬,给俄军造成诸多不便。车臣武装不仅从正面抗击俄军,还广泛采用游击战术,与俄军周旋,俄军为此付出了重大代价。战事的进展远比俄政府预料的缓慢和困难。直到 1995 年 1 月 19 日俄军才占领车臣总统府大楼。但杜达耶夫方面发言人仍宣称,总统府被占领并不意味着军事行动的结束。格市"相当大的一部分地区"目前仍然被车臣武装和"民兵"控制。车臣的军事行动并没有结束,而"仅仅是开始"。舆论也普遍认为,俄军尽管在军事上取得了一些胜利,但是,要完全解决车臣事件,还为时尚早。

在出兵车臣问题上,俄内部意见不一。总统、总理以及主要内阁成员积极主张出兵车臣,认为这一行动"完全符合俄罗斯宪法","政府已忍了 3 年,再也不能听之任之了"。但议会、多数党派和社会舆论则呼吁和平解决,反对诉诸武力。多数议员对政府不同议会商量就向车臣出兵深为不满。一些议员要求修改宪法,以加强议会对权力机构行动的监督。1994 年 12 月 24 日,俄国家杜马召开有关车臣局势的两院联席会议,邀请叶利钦总统出席。叶利钦认为在当时的"危险时刻"举行这种会议将破坏联邦一级的局势稳定,离解决车臣问题越来越远,"因而拒绝出席"。国家杜马 1995 年 4 月 12 日通过了反对使用武力解决国内问题的决议,使社会舆论基本上是一边倒,反对当局对车臣诉诸武力。军队上层对出兵也存在严重分歧。国防部两名副部长公开批评动用军队的做法;前线总指挥沃罗比约夫上将不执行进攻车臣的命令,提出辞职;577 名拒绝到车臣作战的军官被解除了职务,其中的 11 人被起诉。派往车臣的俄军中的多数官兵,缺乏实战经验,不知为何而战,士气不高,战斗力不强。随着局势的发展,美国等西方国家以及欧安组织、欧洲联盟等则批评俄政府"严重侵犯人权",违反了俄罗斯应对欧洲安全承担的义务;有的还提出由欧安组织派调查团赴俄,对车臣问题进行干预。同时,西方也开始从经济上向俄国施加压力。美国国会中一些议员称车臣危机将成为美向俄提供经济援助的"障碍"。欧盟宣布推迟批准同俄签署的有关经贸合作的协议,并暂停审议加入欧洲委员会的问题。独联体各国表态比较谨慎,但普遍对事态的发展感到忧虑和不安。乌兹别克总统卡时莫夫还指责俄罗斯。伊斯兰国家反应强烈,沙特阿拉伯、伊朗、印尼、利比亚等指责俄国政府对车臣的行动。伊斯兰会议组织发表声明,对车臣危机表示"严重关切"。俄国家杜马国际事务委员会主席卢金认为,车臣问题久拖不决,已使俄罗斯的国际威望受到严重打击,俄同欧美、东欧、独联体各国及穆斯林国家的关系将因车臣危机而出现新的麻烦和问题。

普京时期,对车臣采取了强硬的立场,杜达耶夫反政府武装遭到沉重的打击,俄政府基本上控制了车臣局势,但要完全"恢复宪法秩序",巩固联邦政府在车臣的统治,处理好当地俄罗斯民族同其他民族的关系,妥善安置难民,恢复被战火破坏的经济,都是在短期内难以实现的。

北约血洗南联盟:科索沃战争

科索沃是南斯拉夫联盟塞尔维亚共和国的一个自治省,位于塞尔维亚共和国的西南部。它东南部与马其顿共和国接依,西南部与阿尔巴尼亚相邻,西部与黑山共和国交界,居民90%为阿尔巴尼亚族。进入20世纪90年代以后,科索沃境内民族分裂主义势力日益膨胀,由此而产生了科索沃危机。这一危机正好被以美国为首的北约所利用。冷战后,美国希望通过扩大北约的职能范围,使其成为自己独霸全球的工具,在联合国安理会"不听话"的情况下,利用北约来达到自己的目的。波黑战争和科索沃危机正是北约新战略的试金石,通过在波黑、马其顿,随后在科索沃驻军,力争将俄罗斯从其传统的势力范围巴尔干地区排挤出去;同时,美国要肢解南联盟或使其屈服,从而将整个巴尔干地区完全纳入北约战略体系之中,完成东扩和对俄罗斯的战略挤压。因此,以美国为首的北约从一开始就积极卷入科索沃危机,使其逐渐国际化,并着手准备对南联盟动武。

1999年1月,美国以武力强迫科索沃冲突双方依美国的方案到法国的朗布依埃进行谈判。谈判中,南联盟表示其他条款均可接受,只有北约军队进驻科索沃这一涉及南领土主权的条款不能接受,谈判最终破裂,北约于是迫不及待地对南联盟动武。1999年3月23日,以美国为首的北约以"保护人权"之名,组成新的"八国联军",悍然对南联盟开始大规模的空袭。这是北约组建50年来,首次未经安理会授权而对一个主权国家发动的军事进攻。这一公然干涉他国内政、严重践踏国际法准则的行为,对国际关系产生了恶劣的影响,引起了全世界的担忧和愤慨。

北约的空袭大致分为三个阶段。第一阶段是3月24日到27日,共进行了四轮,目标集中在南联盟的防空体系、指挥和控制中心、军工厂和在科索沃的塞族军队。

3月28日,北约开始了第二阶段空袭,目标转为对北纬44°以南的南人民军地面部队和军用物资进行攻击,企图破坏南联盟的战争机器,迫使南联盟屈服。4月13日,美国总统克林顿宣布对南联盟的空袭进入第三阶段。一方面,扩大空袭范围,增加空袭强度,北约对南联盟境内的所有军事目标进行24小时不间断轰炸;另一方面,为了削弱南联盟人民的抵抗意志,北约还对南联盟的民用设施,如桥梁、铁路、公路、工厂、电视台、通信系统和电力系统等进行狂轰滥炸。此外,美国还向巴尔干派遣地面部队和"阿帕奇"攻击直升机,为地面进攻做准备。

据统计,北约在这次战争中共派遣飞机 1000 多架,舰艇 40 多艘(其中美国约 730 架飞机、24 艘舰艇,北约其他国家约 300 架飞机、20 艘舰艇。飞机共出动 32000 架次,投弹 13000 吨,使用了大量杀伤性能极强的新式武器,造成南联盟 1800 多名平民丧生,6000 多人受伤,近百万人沦为难民,20 多家医院被毁,300 多所学校遭破坏,还有 50 多座桥梁、12 条铁路、5 条公路干线、5 个民用机场被炸毁,39%的广播电视传播线路瘫痪,大批工厂、商店、发电厂被毁,直接经济损失达 2000 多亿美元,这一数字超过了南斯拉夫在整个第二次世界大战中遭受的损失。至于军人的损失,北约方面虽然宣称南联盟军队有 5000 人丧生,万人受伤,但南联盟只承认有 462 名军人和 114 名警察部队人员在空袭中死亡。

南联盟军民不畏强暴,英勇抗战,击落了包括美国人自诩"击不落"的 F-117A 隐形战斗机在内的 61 架北约飞机,以及无人驾驶飞机 30 架、直升机 7 架、巡航导弹 200 多枚。以美国为首的、拥有 19 个成员国的全球最大军事集团,经过 78 天的狂轰滥炸,使用了包括 B-1B 和 B-2 战略轰炸机在内的世界上最先进的武器,付出了约 130 亿美元的高额战费,竟不能使一个只有 10 万平方公里的小国屈服,使北约丢尽了脸面。北约绕过联合国,对一个主权国家大打出手的做法遭到国际社会的强烈反对。尤其是北约在 5 月 7 日出动 B-52 战略轰炸机、用 5 枚导弹对我驻南使馆进行袭击,造成 3 名记者死亡、20 多位外交人员受伤、馆舍严重毁坏,北约的这一野蛮暴行遭到了中国人民和世界爱好和平人士的强烈谴责,北约在外交上越来越孤立。迫于压力,北约不得不重新回到联合国的渠道和政治解决的道路上来,6 月 10 日,联合国安理会以 14 票赞成、1 票弃权的表决结果通过了由西方 7 国和俄罗斯提交的科索沃问题决议。表决之前,南联盟开始从科索沃撤军,北约宣布暂停对南的空袭。至此,北约对南联盟的空袭结束。6 月 20 日,北约正式宣布结束对南轰炸。

科索沃战争的规模虽属局部,但影响却十分深远:联合国宪章和国际法准则受到了粗暴的践踏,联合国的权威大大受损,以美国为首的北约开了干涉别国内政的危险先例,利用霸权主义和强权政治恣意妄为。战争表明,世界多极化和单极化的斗争从幕后走到了前台,诉诸武力,越来越可能成为美国建立单极格局的主要手段,美国的霸权主义和强权政治成为世界动荡不安和局部战争频出的主要根源。

难解的世纪恩怨:中东战争

中东地区是欧洲人以欧洲为中心而提出的一个地理概念,包括埃及、叙利亚、约旦、巴勒斯坦、以色列等 18 个国家和地区,处于东半球大陆的中心和欧洲侧翼,是亚、非、欧三大洲的汇合点和交通枢纽,被称为"世界的十字路口",战略地位显赫。巴勒斯坦则位于中东的中心地带,西濒地中海,南邻西奈半岛,扼亚、非、欧三洲要冲,是联结东西部阿拉伯国家的纽带。长期以来,这里的人们连年被战争的噩梦萦绕。中东确是一个资源丰富的"石油库",但同时又是个名副其实的"火药库";在这里,阿拉伯人和犹太人势不两立,阿以冲突一直是全世界注目的战争热点。

阿拉伯人和犹太人的矛盾,是当代中东的主要问题之一。大国的争夺,更加剧了这一问题的复杂性。为了分析说明冲突的原因,首先需要追溯一下犹太人的历史。犹太人古称希伯来人,公元前 1025 年,犹太人在巴勒斯坦建立了统一的希伯来王国,后分裂为以色列和犹太两个王国。公元前 6 世纪,巴比伦王国灭亡犹太王国后,开始了犹太史上的"巴比伦之囚"时代,这是犹太人的第一次大流散。在马其顿帝国和罗马帝国统治时期,犹太民族进一步向世界各地流散,到 20 世纪初,犹太人在政治、经济上几乎没有什么联系了。犹太人在离开巴勒斯坦以后,在长达两个世纪的流浪岁月里,处境非常悲惨。欧洲各地的"排犹运动"使犹太人不断地遭到迫害甚至屠杀,这种迫害始于罗马帝国把基督教当作国教之日,以后愈演愈烈。这使得流散各地的犹太人产生了强烈的复国主义思想,犹太人认为逃脱种族迫害的唯一出路是离开欧洲,创建自己的国家。1896 年,西奥多·赫茨尔在他的小册子《犹太国:现代解决犹太人问题的一种尝试》中明确地提出这个主张。不久,这本小册子便成为犹太复国主义的经典,书中提出了返回耶路撒冷、重建犹太家园的口号,得到世界各地犹太人的大力支持,从此,一个"返回耶路撒冷,创建国家"的犹太复国主义运动开始兴起。1897 年,在赫茨尔主持下,欧美犹太复国主义者在瑞士的巴塞尔召开全世界犹太人代表大会,建立了世界犹太复国主义组织。大会通过的纲领声称:"犹太复国主义的目标是在巴勒斯坦为犹太民族建立一个由公共法律所保障的犹太人之家。"犹太复国主义组织主席钱姆·魏兹曼说:"巴勒斯坦是一个没有人民的国家。""与此同时,却有一个没有国家的犹太族人民,因此,应当把珍珠镶到戒指上。"

犹太复国主义运动兴起之时,正是世界资本主义向帝国主义过渡时期,它们之间争夺殖民地的斗争空前尖锐。英帝国主义为了争夺中东霸权,积极支持犹太复国主义运动,企图借助犹太复国主义把势力伸向巴勒斯坦。1917 年,英国炮制了支持犹太复国主义的《贝尔福宣言》,声称:"英王陛下政府赞成在巴勒斯坦建立一个犹太人的民族之家,并将尽最大努力促其实现。"第一次世界大战结束,国际联盟同意了英国政府的这项建议,并于 1923 年指令英国代"国联"托管巴勒斯坦地区。这项决定使散居世界各地的犹太人欢欣鼓舞。长期的没有祖国的流浪生活,使他们深深体会到一个民族没有国家的痛苦;在很多地方所受到的对异教徒的无端歧视与凌辱,又使他们把宗教和祖国视为最崇高的信念。20 世纪 20 年代,流亡各地的犹太人如潮水一般涌回巴勒斯坦,准备投入建设国家的行列中。1922 年,国际联盟决定把巴勒斯坦作为英国的委任统治地。英国统治期间,进一步在巴勒斯坦扶植犹太复国主义,大批犹太人从世界各国迁来巴勒斯坦定居。巴勒斯坦的犹太居民从 1917 年《贝尔福宣言》发表前的 5 万人增加到 1939 年的 44.5 万人。此时,英、犹联手,夺取巴勒斯坦阿拉伯人的土地,把许多巴勒斯坦人赶出家园,在阿、犹两个民族之间播下了仇恨的种子。

第二次世界大战期间,美国为扩张在中东的利益和排挤英国,也大力支持犹太复国主义,赞成向巴勒斯坦无限制移民和建立犹太人国家,犹阿之间的矛盾进一步加深。1947 年 11 月 29 日,第二届联大通过巴勒斯坦分治的决议。决议规定英国对巴勒斯坦的委任统治应于 1948 年 8 月 1 日前结束,并撤出其军队;两个月在巴勒斯坦地区建立两个国家——阿拉伯国和犹太国。这个分治决议的实质,是分裂巴勒斯坦,使阿犹矛盾急剧恶化,中东战祸由此而一发不可收拾。当时,巴勒斯坦地区的阿拉伯人约有 120 多万,占总人口的 2 / 3 之多,但"分治决议"拟议中的"阿拉伯国"的领土只占巴勒斯坦总面积的 43%,而且分割成互不相连的几个大小碎块,大部分是丘陵和贫瘠地区;而犹太人只有 60 万,不到总人口的 1 / 3,拟议中的"犹太国"的领土却占巴勒斯坦总面积的 57%,而且大部分是肥沃的沿海地带。这个公然偏袒犹太复国主义的决议引起了阿拉伯世界的强烈不满, 而犹太人却认为这是建国的大好时机,1948 年 5 月 14 日,英国结束对巴勒斯坦的委任统治,同日,犹太人的领导人本·古里安在巴勒斯坦的特拉维夫宣布成立以色列国。阿拉伯世界对此作出迅速反应,第二天,阿拉伯联盟国家联合出兵巴勒斯坦,决心以武力解决,但以色列在西方的支持下,以一敌六,最终取得了第一次中东战争的胜利。然而战争远未结束,以色列在战争中侵占了大片阿拉伯领土,数百万巴勒斯坦人无家可归,而联合国决议中规定的阿拉伯国家也没有建立,巴勒斯坦人又在为他们的生存而战。和平,对犹太人和阿拉伯人来说都是一样遥远。

打着反恐的旗号:阿富汗战争

2001 年 9 月 11 日,世界第二高的建筑,美国的金融中心世贸大厦被恐怖分子劫持 4 架飞机撞击并倒塌,美国国防部所在地五角大楼被撞掉一角,这就是震惊世界的"9·11 事件"。事件发生后,世界一片哗然,美国总统布什宣称"这是一种战争行为",全国上下立即开展了严密的调查,种种迹象表明,这场恐怖袭击是以拉登为首的"基地"组织策划并实施的。于是,美国政府要求"基地"组织的庇护者阿富汗塔利班政权将拉登交给美国处置,遭到塔利班的拒绝,于是美国声称,不交出拉登就武力打击塔利班,迫使其就范。而塔利班表示随时准备与美国打一场"圣战"。于是,双方剑拔弩张,战争一触即发。

美对阿军事打击于2001年10月7日开始,至12月24日结束。美国及其盟国在阿的周边部署了近8万人的兵力,其中美军约5万余人,先后出动了5个航母编队、4个两栖戒备大队,以及500多架战机。整个战争分为三个阶段。在第一阶段,美主要是对塔利班的防空设施、塔利班和"基地"组织的部队、训练营地实施精确空中打击。空袭的第一天,美英军队就投入了较大的空袭力量,仅第一个波次,就出动了15架轰炸机、25架航母舰载机和各种舰艇,投掷和发射"战斧"式巡航导弹50枚以及大量"联合直接攻击弹药"等,对阿首都喀布尔的塔利班国防部大楼、防空基地、雷达设施和机场,坎大哈的塔利班总部电台、指挥中心、通信设施、机场,塔利班精神领袖奥马尔的住宅以及拉登"基地"组织的训练营等重要目标,实施突然精确打击;紧接着,又出动30多架战机,以猛烈的火力连续实施了3个波次的攻击,先后发射导弹、炸弹200多枚,使许多主要目标在短时间内遭到严重破坏。经过打击,美军完全掌握制空权,并且使塔利班的指挥控制系统瘫痪。在第二阶段,美军用特种部队为空袭指示目标,支援反塔联盟地面作战,反塔联盟先后攻占了马扎里沙里夫、喀布尔、昆都士和坎大哈等大城市。美军的空中打击造成塔利班部队和"基地"组织上万人死伤,使塔利班面临前所未有的压力。经过第二阶段的打击,塔利班占领的主要城市和阵地都落入美军和北方联盟之手,其残余力量躲到山区继续周旋,战场局势已被美军控制。在第三阶段美军主要是清剿塔利班和"基地"组织残余分子,抓捕奥马尔和拉登。以空袭行动达成搜剿的火力围剿,是此阶段美军对阿军事打击的主要样式。美军在地面部队投入较少的情况下,每当发现敌残余分子藏匿的山区,即迅速调集数架战机,以猛烈密集的空中轰炸,从外向里,逐步缩小包围圈,将残敌压缩在一个较小的范围内,为特种作战部队和北方联盟地面清剿创造有利条件。

美军方获得一份拉登可能藏匿在阿富汗东部贾拉拉巴德东南约96千米的托拉博拉山区的情报。这一地区,地势险要,山洞、坑道等既设工事数量多且极为复杂,敌情不明。同时,美军特种作战部队和北方联盟兵力有限,无力实施大规模的兵力搜剿。为此,美军每天出动100多架次战机,昼夜不

美军在阿富汗

停对托拉博拉山区的洞穴、坑道等人员可能藏匿的地点实施梳篦式火力打击,有时一天竟投掷 230 至 240 枚炸弹。12 月中旬,北方联盟的武装力量和近百名特种作战人员及时利用空袭效果不断向托拉博拉山区纵深推进,使拉登"基地"组织的残余分子被围困在约 2.4 平方千米的区域内,而且包围圈越来越小。在这次火力与地面结合的搜缴行动中,炸死"基地"组织残余分子数百人,俘虏近百人,只有少数残余分子逃脱。经过第三阶段的作战,塔利班武装和"基地"组织成员被基本歼灭,美军取得了战争的决定性胜利。

萨达姆彻底垮台:伊拉克战争

2003 年 3 月 20 日,大多数伊拉克人还在睡梦之中。凌晨 5 点 30 分,强烈的爆炸声响彻首都巴格达和南部城市巴士拉的大街小巷,时隔 12 年之后,代号为"斩首"行动的空袭再次拉开了美国进攻伊拉克的序幕。所不同的是,这一次,萨达姆的对手已换成了老布什的儿子小布什。

伊位克藏有大规模杀伤性武器并暗中支持恐怖主义,是小布什为这次进攻寻找到的新借口。众所周知,2001 年 9 月 11 日,是改变历史的一天。这一天,基地恐怖分子劫持 4 架美国飞机,分别撞向纽约世贸中心和美国国防部的五角大楼。"9·11"是美国历史上最为严重的恐怖袭击事件。自从发生"9·11"事件以后,美国打击恐怖主义和主导全球战略的心情更加迫切,而美国的老对头萨达姆一直在挑战美国的霸权。这一挑战和伊拉克量达 1200 多亿桶的石油储藏以及反恐的迫切心情关系密切,美国与老盟友英国以萨达姆政权和恐怖组织基地有联系,并违反联合国决议,拥有大规模杀伤武器为由,决心推翻萨达姆政权,结束他 24 年的统治。一时间海湾地区战云密布,硝烟再起。

伊拉克战争从 2003 年 3 月 20 日至 5 月 1 日,共持续 43 天。美军的主要目标是推翻萨达姆政权,一切作战行动都围绕着攻占巴格达进行。战争共分为四个阶段。第一阶段,向巴格达高速推进。3 月 20 日,美军共实施了三轮空袭,轰炸了伊中部和南部 20 多个城市,主要目标是总统府、伊政府机构所在地、伊军指挥控制系统和防空系统等。在空袭后的 12 小时,美地面部队即开始行动,从伊科边界向伊拉克进发。第二阶段,调整部署与待机歼敌阶段。美军地面部队有目的地转入调整部署、休整部队、实施再补给阶段。第三阶段,攻陷巴格达和提克里特。美军通过空袭已经消灭或击溃了巴格达守军的大部。在这一阶段,美军的主要任务是,消灭伊军残部,首先攻占巴格达,而后进军并攻克萨达姆故乡提克里特。从 3 月 30 日到 4 月 4 日,美军经过短时休整后开始向巴格达挺进,第三机械化步兵师首先歼灭了

伊拉克战争爆发

"麦地那"师，攻占了卡尔巴拉，接着又跃进到距巴格达 10 千米的萨达姆国际机场；美海军陆战队则越过萨达姆在巴格达外围防御的"红色警戒线"和底格里斯河，切断了库特与巴格达之间的公路。这样，美军就从南、北、西三个方向对巴格达形成了包围。从 4 月 5 日到 9 日，美军地面部队在没有遇到顽强抵抗的情况下，就进入并占领了巴格达。4 月 5 日，49 岁的第三机械化步兵师师长比福德·布朗特少将得知巴格达市内已无重兵防守，于是就派两个坦克营进入市内，到达离市中心不远的居民区。6 日和 7 日，美军装甲部队又两次出入巴格达市中心，"炫耀武力"。8 日，以萨达姆为首的伊领导人集体"蒸发"。9 日，美军完全占领了巴格达，用坦克拉倒了巴格达市中心广场的萨达姆塑像，象征着萨达姆政权的倒台。4 月 10 日到 13 日，美军又毫不费力地攻占了提克里特。至此，美英联军的主要作战行动基本结束。第四阶段，肃清残敌和维护稳定。在这一阶段，美英联军除了对付零星的、无组织的抵抗外，主要任务是维持社会秩序。

伊拉克战争是一场高度信息化的高技术战争，它代表着战争形态的发展方向，集中体现了世界新军事革命的最新成果。伊拉克战争虽然结束了，但伊拉克的战乱仍在继续，美军伤亡很大，有 3 万名伊拉克平民也在战乱中失去了宝贵的生命。2011 年，美国完全撤出伊拉克，但伊拉克国内仍然动荡不安。只要有战争的地方，就有流血和死亡，不管这些战争武器多么先进，也不管发动战争的人有多少冠冕堂皇的理由。不过我们相信，战争终有一天会消亡，因为人类社会战争的发展历史告诉我们，只有和平，才是人类唯一智慧的选择。